Produkt für Motorradfahrer im Programm hat – eine Zeitschrift. Auch dort legen wir großen Wert auf Benutzerfreundlichkeit. So sind die Tourenverläufe der beschriebenen Reisen auf Karten gedruckt, die sich austrennen lassen und in jeden herkömmlichen Tankrucksack passen.

Auch beschränken wir uns in der Zeitschrift bewußt auf Touren und Reisen in Mitteleuropa, die jeder Nachfahren und vor allem auch bezahlen kann.

Ebenfalls im Frühjahr erscheint unser erster Motorradreiseführer (Südtirol/Dolomiten) mit Tourentipps auf einer eigenen Karte (1:200.000), Übernachtungsmöglichkeiten und einer bisher in diesem Bereich nicht gekannten Fülle an Informationen nicht nur zum Motorradfahren

Liebe Motorradfreunde,

es ist wieder soweit, unsere beiden Hotel- und Campingführer Deutschland/Frankreich und Alpen (Schweiz, Österreich und Oberitalien) erscheinen passend kurz vor Saisoneröffnung. Denn die Vorfreude, das Träumen, Planen und Schmöckern ist für viele Motorradfahrer schon fast so schön wie die eigentliche Tour.

Auch in diesen beiden Ausgaben findet ihr Hotels, Pensionen und Campingplätze für jeden Geschmack und Geldbeutel. Anschauliche Übersichtskarten erleichtern die Suche und viele nützliche Tipps und Informationen zu bekannten Tourengebieten helfen bei der Auswahl.

Sicherlich haben viele von euch schon bemerkt, dass **motorradfreizeit** seit Ende letzten Jahres ein neues

Im Internet findet ihr unter: **www.motorradfreizeit.de** einen großen Datenpool zum Thema Motorradfreizeit und aktuelle Infos, oder kommt auf unseren Stand, bei einer der zahlreichen Messen die wir besuchen.

Eine schöne Motorrad-Saison,

euer *motorradfreizeit*-team

Impressum

motorrad**touristik**

Hotelführer für Motorradfahrer

Deutschland - Frankreich

Herausgeber

Christina und Alexander Obermair,
Matthias Hepper

Verleger

Dicom GmbH, motorradfreizeit,
Haindlfingerstr. 20
D-85406 Palzing/Zolling
Tel: 08167-696370, Fax: 08167-696372
www.motorradfreizeit.de

Chefredaktion:

Matthias Hepper, Oppenweiler

Titelfoto:

Matthias Hepper, motorradfreizeit

Satz/Layout

Alexander Obermair, Sigrid Müller

Scans/Belichtung

Alexander Obermair,
Werbepark GdBR, 85399 Hallbergmoos

Druck

Karo Druck, Pillhof 25, I-39010 Frangart

Wir danken den jeweiligen Fremdenverkehrs-
ämtern für die Unterstützung.

Inhalt

rwahl für Frankreich: „0033" anschließend e „0" der Orts-/Regionsvorwahl weglassen.

Unterkunftsverzeichnis

Schleswig Holstein, Hamburg, Bremen, Niedersachsen

Ort	Katalogseite	Hotel/Camping
Altenau	18	H
Augstfelde/Plön	8	C
Bad Bodenteich	12	H
Bad Grund	15	H
Bad Lauterberg	15	H
Bad Rothenfelde	18	H
Bergen	11	H
Bodenwerder	16	H
Boffzen/Höxter	16	H
Braunlage	17	H
Bückeburg	13	H
Celle	11	H
Clausthal-Zellerfeld	17	H
Cuxhaven	11	H
Dersau	8	H
Dibbersen	10	H
Essel	11	H
Grömitz	8	H
Hamburg	9	H
Hannover	13	H
Herzberg	14	H
Hesel	10	H
Husum	9	H
Jagel	9	H
Krummesse	10	H
Lauenförde	16	H
Nörten-Hardenberg	14	H
Northeim	14	H
Osterode	15	H
Ottenstein	14	H
Schönberg/Kalifornien	8	H
Soltau	12	H
St. Andreasberg	15	H
Uetze	13	C
Wietzendorf	12	C
Wildemann	18	H

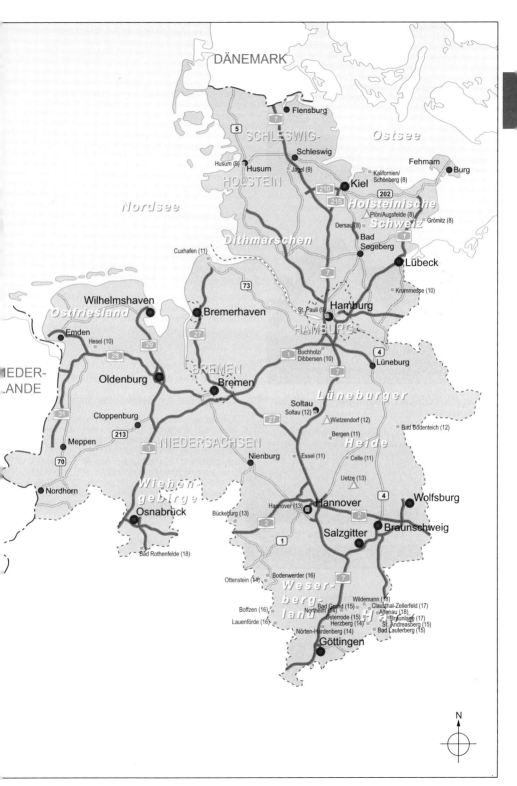

Grömitz Hotel See Deich *** Blankwasserweg 6-8, D-23743 Ostseeheilbad Grömitz Tel. 04562-2680 Fax 268200

Unterkunft: ÜF Zimmerzahl: 4 EZ, 20 DZ, 2 App., 2 Suiten
Zimmer mit: DU/WC, Telefon, Radio, TV, Minibar **Sonstiges:** Frühstücksbuffet, Parkplatz, Garage
Betriebsferien: 6. Januar bis 15. Februar 2000.

Unser Haus liegt ca. 100 m vom Hauptbadestrand und ca. 2 Min. vom beheizten Meerwasserfreibad entfernt. Bei uns beginnen Sie den Tag mit einem reichhaltigen Frühstücksbuffet in gemütlicher und ruhiger Atmosphäre. Mittags und abends verwöhnen wir Ihren Gaumen gerne mit allerlei kulinarischen Köstlichkeiten aus Küche und Keller Bei uns kocht der Chef noch selbst! An unserer gemütlichen Hausbar ist immer etwas los.

ÜF 70 - 90 DM

Garage und Stellplatz vorhanden. Besitzer fährt selbst Motorrad.

Schönberg/Kalifornien

Pension Heckmann

Deichweg 23, D-24217 Schönberg/Kalifornien
Tel. + Fax 04344-1021
Unterkunft: ÜF Zimmerzahl: 2 EZ, 11 DZ **Zimmer mit:** DU/Bad/WC, Radio, TV **Sonstiges:** Aufenthaltsraum, Parkplatz, Garage
Betriebsferien: November bis März.

Traumhafte Lage direkt am Deich, nur wenige Schritte bis zum Strand. Optimaler Ausgangsort für Tagestouren durch die Holsteinsche Schweiz, durch die Probstei, nach Kiel, Fehmarn u.v.m.

* Kieler Woche 17. bis 25. Juni 2000 *

ÜF 36 - 67 DM

Abschließbare Garage im ÜP enthalten. Trockenraum vorhanden.
Behilflich bei Tourenplanung. Besitzer fährt selbst Motorrad.

Augstfelde/Plön Campingpark Augstfelde ***** D-24306 Augstfelde/Plön Tel. 04522-8128 Fax 9528

Größe/Boden: 23 ha große Spiel- u. Liegewiese mit 3 Badestellen, 500 Stellplätze, 2 Mietcaravans, vorrangig Wiese, Abstellplatz mit festem Untergrund f. Motorräder vorhanden **Sanitär/Energie:** 58 WK, 43 DU, 60 WB, 31 GB, 73 Sitz-WC, Sanitärkabine f. Rollstuhlfahrer, Ausguß f. Chemikal-WC, Entsorgungsmöglichkeit f. Wohnmobile, 100 Stromanschlüsse mit 10 A, 130 CCE-Stromanschlüsse mit 10 A **Verpflegung:** Lebensmittelversorgung, Imbißmöglichkeit, Gaststätte/ Restaurant **Allgemeines:** Hunde erlaubt, Betriebszeiten: 1. April bis 24. Oktober, Mittagsruhe 13:00 bis 14:30 Uhr.

Preise/Person/Nacht: Zelt + Motorrad 21 - 23 DM, Motorrad 13 DM, Zelt + Auto 22 - 24 DM, Auto 14 DM, Zelt 17 - 19 DM, Caravan/Wohnmobil 21 - 24 DM

Dersau

Flair-Hotel „Zur Mühle am See" ***

Dorfstr. 47, D-24326 Dersau Tel. 04526-3050 Fax 305205
e-mail: jahn@dersau.de, http://www.dersau.de
Unterkunft: Ü, ÜF, HP, VP **Zimmerzahl:** 2 EZ, 32 DZ, 1 App.
Zimmer mit: Dusche/WC, Telefon, Radio, TV
Sonstiges: Aufenthaltsraum, Frühstücksbuffet, bei HP/VP Menüwahl, Massage im Haus, Solarium, eigener Badestrand, Liegewiese am See, Boot, Parkplatz, Garage

Ganzjährig geöffnet.

p.P.: Ü + ÜF 65 - 85 DM, HP 90 -110 DM, VP 100 - 120 DM
Pauschalangebote auf Anfrage
Stellplätze und abschließbare Garage kostenfrei vorhanden.
Trockenraum für Lederkleidung.

Jagel Hotel Zum Norden

B77 Nr. 29, D-24878 Jagel Tel. 04624-80787 Fax 80788
e-mail: r.nadolny@t-online.de   www.adr.de/norden

Unterkunft: Ü, ÜF, HP
Zimmerzahl: 1 EZ, 12 DZ, 3 DZ als Dreibettzimmer nutzbar, 1 App.
Zimmer mit: z.T. DU/Bad/WC, z.T. Etagen-DU/-bad/WC, TV
Sonstiges: Aufenthaltsraum, Frühstücksbuffet, Parkplatz, Garage, Wasserski-Lift 1 km vom Haus

Wir liegen im Herzen von Schleswig-Holstein,nur 7 km von Schleswig entfernt. Nordsee, Ostsee und Dänemark sind in 30 Min. zu erreichen.

p.P.: ÜF 45 - 70 DM, HP + 15 - 30 DM, VP + 30 - 50 DM
Sonderpreise bei Gruppen und längerem Aufenthalt!

Garagennutzung im ÜP enthalten. Besitzer ist begeisterter Biker und hilft bei der Tourenplanung!

Husum Theodor Storm Hotel

Neustadt 60-68, D-25813 Husum Tel. 04841-89660 Fax 81933
e-mail: info@theodor-storm-hotel.de
www.theodor-storm-hotel.de

Unterkunft: ÜF, HP, VP
Zimmerzahl: 9 EZ, 47 DZ
Zimmer mit: DU/Bad/WC, Telefon, Radio, TV, Minibar, Fön, Modem-Faxanschluß
Sonstiges: Frühstücksbuffet, bei HP/VP Menüwahl, Gasthausbrauerei, Biergarten

Tradition und Moderne verbinden sich in unserem komfortablen Hotel mit unvergleichlichem Charme.

Am Rande des Zentrums, nur wenige Gehminuten von Schloß, Fußgängerzone und vielen Sehenswürdigkeiten entfernt und idealer Ausgangsort für Ausflüge an der Westküste Schleswig-Holsteins.

In Husums Brauhaus können Sie unsere selbstgebrauten Bierspezialitäten genießen.

ÜF: EZ ab 105 DM, DZ ab 160 DM, HP + 28 DM, VP + 50 DM

Abschließbare Garage und überdachter Stellplatz (kostenlos für Motorräder), Trockenraum, Motorradwerkstatt nebenan.

Hamburg Hotel Stern *

Reeperbahn 154, D-20359 Hamburg Tel. 040-31769990 Fax 31769999

Unterkunft: Ü, ÜF
Zimmerzahl: 35 EZ, 265 DZ
Zimmer mit: teilweise Dusche/Bad/WC, teilweise Etagendusche/-bad/WC, TV

Sonstiges: Frühstücksbuffet, Parkplatz

Eröffnet: 1. April 1999!!!

Ü 50 - 115 DM, Frühstück exclusiv 7,50 DM

Dibbersen — Hotel-Rest. Frommann

Harburger Str. 8, D-21244 Dibbersen Tel. 04181-2870 Fax 287287

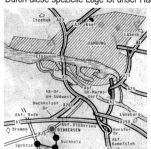

Unser, seit 1656 von der Familie Frommann geführter Familienbetrieb, liegt nur 34 km vor den Toren Hamburgs am Rande der Nordheide. Durch diese spezielle Lage ist unser Haus der ideale Ausgangspunkt für Touren in die Nord- und Südheide, das alte Land, nach Hamburg, an die Nord- und Ostsee, nach Lüneburg ... u.v.m.

Für das leibliche Wohl unserer Gäste sorgt unser Küchenteam mit nationalen und regionalen Spezialitäten.

Ganzjährig geöffnet.

Unterkunft: ÜF
Zimmerzahl: 19 EZ, 30 DZ
Zimmer mit: Dusche/Bad/WC, Telefon, TV
Sonstiges: Aufenthaltsraum, Frühstücksbuffet, Kegelbahn, Hallenschwimmbad, Hotelbar, Parkplatz, Garage

ÜF 50 - 70 DM im DZ, 72 - 80 DM im EZ

Behilflich bei Tourenplanung.

Krummesse — Landhotel Klempau's Gasthof ***

Lübecker Str. 5-7, D-23628 Krummesse Tel. 04508-264+77210 Fax 460

www.KIEKIN-Hotels.de/klempau
Unterkunft: ÜF, HP, VP
Zimmerzahl: 1 EZ, 11 DZ, 3-/4-/5-Bettz. mgl.
Zimmer mit: DU/Bad/WC, Telefon, Radio, TV, teilw. Minibar **Sonstiges:** Aufenthaltsraum, Frühstücksbuffet, Kegelbahn, Solarium, Fitneßraum, Gartenterrasse, Radverleih, Parkplatz, Garage. Pauschalangebote bitte anfordern!
Ganzjährig geöffnet.

Unser Ort ist der ideale Ausgangspunkt für Touren zur Ostsee, in die Holsteinische Schweiz, nach Mecklenburg Vorpommern, zur UNESCO Weltkulturstadt Lübeck, zur Inselstadt Ratzeburg, nach Schwerin und Hamburg. Kruggerechtigkeit mit Familientradition seit 1577.

ÜF 49,50 - 90,00 DM, HP + 22 DM, VP + 38 DM, Geführte Motorradtour durch den Naturpark Lauenburg'sche Seen „Der Weg ist das Ziel" mit ÜN + HP 99 DM p.P.

Abschließbare Garage für's Krad kostenlos. Trockenraum für Lederkleidung vorhanden. Besitzerehepaar fährt selbst Motorrad. Behilflich bei Tourenplanung

Hesel — Hotel "Alte Posthalterei"

Leeraner Str. 4, D-26835 Hesel Tel. 04950-2215 Fax 3512

e-mail: alte-posthalterei@gmx.de
www.alte-posthalterei.de

Unterkunft: ÜF, HP, VP **Zimmerzahl:** 8 EZ, 10 DZ **Zimmer mit:** DU/Bad, Telefon, Radio, TV **Sonstiges:** Aufenthaltsraum, Parkplatz, Garage, Frühstücksbuffet, Sauna, Sonnenbank, Hallenbad

ÜF 70 EZ, 120 DZ, HP + 17 DM, VP + 29.50 DM

Hotel liegt in Ortsmitte, trotzdem sehr ruhig. Von hier aus erreicht man schnell die ostfriesische Küste und die Inseln, ebenso das Rheider- und Ammerland. Sehr gute Küche, Chef kocht selbst, große Speisenkarte, viele Fischgerichte. Wechselnde Tagesmenüangebote bis 22:00 Uhr (Suppe, Hauptgang, Dessert 15.80 DM). *Tourenberatung, Garage u. reichlich Stellplätze vorh. Hausprospekt wird gerne zugeschickt! Chef und Sohn sind selbst Biker!*

Cuxhaven Ringhotel Seepavillon Donner ****

D-27472 Cuxhaven Tel. 04721-5660 Fax 566130

Unterkunft: ÜF, HP, VP
Zimmerzahl: 20 EZ, 20 DZ, 6 App., 4 Suiten
Zimmer mit: Dusche/Bad, Telefon, Radio, TV, Frigo-Bar
Sonstiges: TV-Raum, Aufenthaltsraum, Parkplatz, Garage, Früh-stücksbuffet, bei HP/VP Menüwahl, Solarium, Fitneßraum, Saunen mit Meeresblick, Dampfsauna, Whirlpools, Nichtraucherzimmer, Schiffs-fahrten, Nationalpark, Wattenmeer

Gehobene Ausstattung, ruhige Lage direkt an den Anlegern nach Helgoland, Neuwerk, Hamburg - sehr gute Fischküche. Sonnenterrasse mit Blick auf den Jachthafen und den Weltschiffahrtsweg.

ÜF 100 - 135 DM EZ, 170 - 316 DM DZ, HP + 31 DM, VP + 42 DM Pauschalangebote auf Anfrage.

Besitzer fahren selbst Motorrad. Abschließbare Garage, Stellplatz im Freien und Trockenraum vorhanden.

Celle   Ferienhof Knoop ****

Lachtehäuser Str. 28, D-29223 Celle Tel. 05141-930400 Fax 930402

Unterkunft: ÜF
Zimmerzahl: 1 EZ, 1 DZ, 2 FeWo
Zimmer mit: DU/Bad/WC, Telefon, Radio, TV, Minibar
Sonstiges: Frühstück, Aufenthaltsraum, Spielplatz, Liegewiese, histori-scher Gewölbekeller aus dem Jahr 1848, Parkplatz, Garage

Ganzjährig geöffnet.

Der Bauernhof liegt in der Südheide, 3 km östlich von Celle. Trotz Stadtnähe ein vollbewirtschafteter Bauernhof. Nach Absprache wird das „Heu-Hotel" angeboten.. Durch einen Wiesenpfad ist die Stadt auch zu Fuß zu erreichen.

ÜF 50 - 80 DM, FeWo/2 Pers. 85 - 100 DM + 50 DM Endreinigung

Bergen   Hotel-Restaurant Kohlmann

Lukenstr. 4 + 6, D-29303 Bergen Tel. 05051-98760 Fax 987650

e-mail: hotel.kohlmann@t-online.de   www.hotel-kohlmann.de

Unterkunft: Ü, ÜF, HP, VP **Zimmerzahl:** 3 EZ, 4 App., 16 DZ
Zimmer mit: Dusche/Bad/WC, Telefon, Radio, TV, Minibar
Sonstiges: Aufenthaltsraum, Frühstücksbuffet, bei HP/VP Menü-wahl, 4 Bundeskegelbahnen, Kaffeeterrasse, Parkplatz, Garage

Ü 69 - 89 DM, ÜF 75 - 95 DM, HP + 25 DM, VP + 45 DM
Kinderermäßigung in App. 30% bis 12 Jahre.

*Abschließbare Garage ohne Aufpreis. Stellplätze und Trockenraum vorhanden. Behilflich bei Tourenplanung.
Ab 2 Nächten Kegelbahnbenutzung frei!*

Essel   Akzent-Hotel Heide-Kröpke ****

Esseler Damm 1 OT Ostenholzer Moor, D-29690 Essel

Tel. 05167-9790 Fax 979291

e-mail: heide-kroepke@t-online.de   www.heide-kroepke.de

Unterkunft: Ü, ÜF, HP, VP
Zimmerzahl: 6 EZ, 45 DZ, 5 App., 4 Suiten
Zimmer mit: DU/Bad/WC, Telefon, Radio, TV, Minibar
Sonstiges: Aufenthaltsraum, Frühstücksbuffet, bei HP/VP Menüwahl, Hallenbad, Sau-na, Whirlpool, Kegelbahn, Tennisplatz, Garage, Park-platz

Ü 65 - 120 DM, 85 - 140 DM
HP + 38 DM, VP + 55 DM

Behilflich bei Tourenplanung. Abschließbare Garage, Stellplatz und Trockenraum vorhanden.

Idealer Standort in der südlichen Lüneburger-Heide zum Besuch des Serengeti-, Vogel-, Heide- oder Wild-Parkes. 50 km zum Expo-Messe-Gelände. 35 km zur Stadt Celle.
Ganzjährig geöffnet.

Bad Bodenteich

Landgasthof Schafwedel

Schmölauer Str. 18, D-29389 Bad Bodenteich
Tel. 05824-964410 Fax 964417
Unterkunft: ÜF **Zimmerzahl:** 2 EZ, 2 DZ, 2 App.
Zimmer mit: DU/Bad/WC, Telefon, TV **Sonstiges:** Parkplatz

Das ideale Urlaubsparadies für Naturliebhaber am Rande der Lüneburger Heide. Exzellente Küche mit Wild-, Steak- und Fischspezialitäten. Idyllischer Bier- und Kaffeegarten.

ÜF: EZ 60 DM, DZ 100 DM

Soltau   Pension Landhaus Hubertus   Harmelinger Horstweg 18, D-29614 Soltau, Tel. 05191-4655 Fax 72334

Unterkunft: ÜF, HP **Zimmerzahl:** 3 EZ, 13 DZ, Familienzimmer
Zimmer mit: Dusche/WC, Telefon, überwiegend TV
Sonstiges: Aufenthaltsraum, Tennisplatz, Grillplatz, Fernsehraum, Tischtennis, Kaffeeterrasse, Beachvolleyballplatz

ÜF 44 - 80 DM, HP 60 - 96 DM

*Behilflich bei Tourenplanung. Abschließbare Garage, Stellplatz, Trockenraum u. kleine Werkstatt vorhanden.
Besitzer fährt selbst Motorrad.*

Am Rande eines kleinen Heidedorfes, in unmittelbarer Waldnähe, zwischen Soltau u. Bispingen, finden Sie unsere ruhig gelegene Pension.
Idealer Ausgangspunkt für Ausflugsziele in der Umgebung.

Soltau   Hotel-Pension Herz der Heide ***   Ernst-August-Str. 7/9, D-29614 Soltau Tel. 05191-2248 Fax 17765

e-mail: herzdheide@aol.com

Unterkunft: Ü, ÜF
Zimmerzahl: 5 EZ, 5 DZ, 3 Mehrbettzimmer, 1 FeWo, 3 Suiten
Zimmer mit: Dusche/Bad/WC, Telefon, Radio, TV, Minibar
Sonstiges: Aufenthaltsraum, Frühstücksbuffet, Sauna, Solarium, Fitneßraum, Garage

Ganzjährig geöffnet.

Ü 45 - 120 DM, ÜF 55 - 165 DM

Tourenberatung, abschließbare Garage, überdachter Stellplatz, Werkzeug, Trockenraum. Chef + Chefin sind selbst Biker. Pauschalen für Motorradfahrer!

Wietzendorf   Südsee-Camp   Im Lindhorstforst 15, D-29647 Wietzendorf Tel. 05196-980116 Fax 980299

www.suedseecamp.de

Geöffnet: ganzjährig
Stellplätze: 600

Sonstiges: Campingplatz der Spitzenklasse
Badesee - Sandstrand - Subtropisches Spiel- & Spaßbad mit Sauna - Sportplätze - Reiterhof mit 100 Pferden - Diskothek - Bus-Touren - vielfältige Gastronomie -Touren-Service - gute Verkehrslage - viel Natur rund um den Südsee-Camp - Wohnwagen- und Chaletvermietung - NEU schwedische Holzhäuser-Vermietung. Infomappe anfordern.

Stellplatz pro Nacht: inkl. Zelt, Motorrad u. 1-2 Personen
                                          17 - 20 DM

Hannover

Hotel Atlanta-Garni ***

Hinüberstr. 1/Ecke Schiffgraben, D-30175 Hannover
Tel. 0511-33860 Fax 345928

e-mail: atlanta.hotel@t-online.de   www.hannover.de/hotel-atlanta

Unterkunft: ÜF
Zimmerzahl: 20 EZ, 13 DZ, 3 Mehrbettzimmer
Zimmer mit: Dusche/Bad/WC, Telefon, Radio, TV
Sonstiges: Frühstücksbuffet, Parkplatz, Garage
Betriebsferien: 22. Dezember bis 2. Januar.

ÜF 145 - 360 DM

*Es stehen abschließbare Garagen zur Verfügung.
Trockenraum für Lederkleidung vorhanden.
Besitzer ist Moped- u. Cabriofahrer!*

Uetze   Campingpark Irenensee ****

Dahrenhorst 2a, D-31311 Uetze Tel. 05173-98120 Fax 981213

e-mail: meinecke@irenensee.de
www.irenensee.de

Größe/Boden: 43 ha, 590 Stellplätze, 4 Mietzelte, 2 Bungalows, 10 Mietcaravans, vorrangig Wiese, Abstellplatz mit festem Untergrund für Motorräder vorhanden

Sanitär/Energie: 60 WK, 80 DU, 80 WB, 8 GB, 33 Sitz-WC, Sanitärkabine f. Rollstuhlfahrer, Ausguß f. Chemikal-WC, Entsorgungsmöglichkeit f. Wohnmobile, 590 Stromanschlüsse mit 10A, 500 CCE-Stromanschlüsse mit 16A, 200 Ab-/Frischwasseranschlüsse

Verpflegung: Lebensmittelversorgung, Imbißmöglichkeit, Gaststätte/Restaurant Betriebszeiten: 9:00 - 18:00 Uhr.

**Der Familienplatz an der Nahtstelle zwischen
Harz und Heide**

**Freizeitprogramme für Kinder und Erwachsene.
12ha See mit Wassersport.**

**Idealer Stop für die Expo2000
mit Messe-Shuttle**

4 Bikerhütten bis 5 Personen mit Lagerfeuerplatz.

Preise/Person/Nacht: Zelt + Motorrad 8,10 DM + Pers.-Geb., Motorrad 3 DM, Zelt + Auto 9,60 DM + Pers.-Geb., Auto 4,50 DM, Zelt 5,10 DM, Caravan/Wohnmobil 9,60 + Pers.-Geb.

Bückeburg   Hotel-Rest. Große Klus ***

Am Klusbrink 19, D-31675 Bückeburg-Röcke
Tel. 05722-95120 Fax 951250

e-mail: grosse-klus@t-online.de   www.klus.de

Unterkunft: ÜF, HP **Zimmerzahl:** 3 EZ, 15 DZ **Zimmer mit:** DU/Bad/WC, Telefon, Radio, TV **Sonstiges:** Frühstücksbuffet, bei HP Menüwahl, Restaurant, Bierstube, Sommergarten, Parkplatz, Garage

Familienbetrieb. Ruhige Lage am Waldrand. Ganzjährig geöffnet. Günstiger Ausgangspunkt für Touren durch das Weserbergland entlang der Weser bis zur Nordsee.

ÜF 80 - 190 DM, HP + 30 DM

Bückeburg — Hotel Ambiente ****

Herminenstr. 11, D-31675 Bückeburg Tel. 05722-9670 Fax 967444

e-mail: ambiente.hotel@t-online.de
www.schaumburg.de.ambiente.htm
Unterkunft: ÜF ,HP, VP
Zimmerzahl: 3 EZ,31 DZ,1 App.,1 Suite

Zimmer mit: Dusche/Bad/WC, Telefon, Radio, TV, Minibar
Sonstiges: Aufenthaltsraum, Frühstücksbuffet, bei HP/VP Menü-wahl, Sauna, Whirlpool, Parkplatz, Garage. Ganzjährig geöffnet.

Tiefgarage (abschließbar, bewacht), Trockenraum.
Angebot: Bückeburger „KultTour"!

Ottenstein — Pension Haus am Schneiderbrunnen

Schneidertrift 7, D-31868 Ottenstein OT Lichtenhagen
Tel. 05286-561 o. 0170-3530788 Fax 284

e-mail: m.welz@t-online.de
www.home.t-online.de/home/m.welz@t-online.de/hp1.htm
Unterkunft: ÜF, HP o. VP ab 10 Pers. **Zimmerzahl:** 2 EZ, 8 DZ
Zimmer mit: DU/Bad/WC **Sonstiges:** Aufenthaltsraum, bei HP/VP Menü-wahl (auch vegetarisch, Vollwertkost), großer Garten, herrliche Aussicht, Tischtennis, beh. Freibad und Tennisplatz im Ort.
Betriebsferien: 20. bis 27. Dezember.
Ein beliebtes Ausflugsziel für Motorradfahrer - der Köterberg (497m) - ganz in der Nähe

ÜF 38 DM, HP 55 - 62 DM, VP 70 - 77 DM, HP o. VP ab 10 Pers.

Ottensteiner Hochebene (350 m), kurvenreiche Höhenstrecke mit herrlicher Aussicht. Abschließbarer Stellplatz vorhanden.

Herzberg — Hotel „Zum Paradies" ***

Siebertal 2, D-37412 Herzberg Tel. 05521-2483 Fax 2644

e-mail: hotel.zum.paradies@harz.de www.hotel.zum.paradies.harz.de
Unterkunft: ÜF, HP, VP **Zimmerzahl:** 2 EZ, 9 DZ **Zimmer mit:** Tele-fon, Radio, TV, Dusche/WC **Sonstiges:** Parkplatz, Garage nur f. Motorräder, à-la-carte-Restaurant der gehobenen Kategorie

Fachwerkhaus mitten im Wald, im Nationalpark Harz. Idealer Aus-gangspunkt für traumhafte Touren. Sehr ruhig gelegen an der kristall-klaren Sieber. Kaffeeterrasse, klassische Küche mit traumhaften Wildgerichten, nur Fachpersonal. Eigentümer ist Küchenmeister und Eurotoques-Chef.

ÜF 60 - 75 DM

Besitzer fährt selbst Motorrad. Stellplatz u. abschließbare Garage vorhanden, behilflich bei Tourenplanung, kurvenreiche Fahrstrecke direkt ab Hotel durch idyllische Landschaft.

Northeim — Waldhotel Gesundbrunnen ***

Am Gesundbrunnen, D-37154 Northeim Tel. 05551-6070 Fax 607200

e-mail: gesundbrun@aol.com   www.gesundbrunnen.de

Unterkunft: ÜF, HP, VP **Zimmerzahl:** 30 EZ, 54 DZ **Zimmer mit:** DU/Bad/WC, Telefon, Radio, TV **Sonstiges:** Frühstücksbuffet, bei HP/VP Me-nüwahl, Sauna, Kegelbahn, Kegelbar, Sonnenterrasse, Parkplatz, Garage

Das zentral und absolut ruhig gelegene Hotel ist mit komfortablen Zimmern ausgestattet. Je nach Jahreszeit und Gusto bieten wir verschiedene Aktionen an, wie Candle-Light-Dinner, Grillabende sowie nationale und saisonale Spezialitäten.

ÜF 110 DM EZ, 165 DM DZ, HP + 35 DM, VP + 69 DM

Behilflich bei Tourenplanung. Abschließbare Garage, Stellplätze. Sonderpreise für Motorradfahrer (Club-Angebote).

Nörten-Hardenberg — Hotel Restaurant Rodetal

Rodetal 1, D-37120 Nörten-Hardenberg

e-mail: rodetal@aol.com
Unterkunft: Ü, ÜF, HP, VP **Zimmerzahl:** 9 EZ, 9 DZ
Zimmer mit: DU/Bad/WC, Telefon, Radio, TV **Sonstiges:** Früh-stücksbuffet, bei HP/VP Menüwahl, Parkplatz, Garage
Unser Hotel und Restaurant liegt in schöner waldreicher Gegend zwischen Harz und Weser.

Tel. 05594-95220 Fax 952220

Ü 75 - 80 DM, ÜF 90 - 95 DM, HP 20 - 25 DM, VP 30 - 45 DM

Besitzer fährt selbst Motorrad. Garage für Motorräder gratis.
Auf Restaurantpreise für Motorradfahrer 5%!

Bad Lauterberg

Unterkunft: ÜF, HP, VP
Zimmerzahl: 1 EZ, 17 DZ
Zimmer mit: DU/Bad/WC, Telefon, Radio, TV
Sonstiges: Frühstücksbuffet, bei HP/VP Menüwahl, Terrasse, Cafégarten,

Hotel Riemann
Seb.-Kneipp-Promenade 1, D-37431 Bad Lauterberg

Parkplatz, Garage.

Ganzjährig geöffnet.

Zentrale ruhige Lage. Familienbetrieb. Veltins- und Königs-Pils vom Faß.

Tel. 05524-92790 Fax 3448

ÜF: EZ 75 DM, DZ 135 DM, HP 95 - 175 DM, VP 112,50 - 210 DM

Abschließbare Garage, Stellplatz und Trockenraum. Sonderangebote auf Anfrage.

Bad Lauterberg Landgasthof „Am Zoll" ***
Am Zoll 5, D-37431 Bad Lauterberg Tel. 05524-3587 Fax 80654

ÜF 50 - 65 DM
HP 60 - 75 DM
VP 70 - 85 DM

Unterkunft: ÜF, HP, VP **Zimmerzahl:** 3 EZ, 21 DZ, 2 App., 3 Suiten **Zimmer mit:** DU/Bad, TV, teilw. Frigo-Bar **Sonstiges:** Aufenthaltsraum, Parkplatz, Garage, Frühstücksbuffet, bei HP/VP Menüwahl, Motorroller-/Fahrrad-/Kanuverleih, Luftpistolen-Schießstand, Garten, Tanzveranstaltungen

30 Min. von der Autobahn Hannover/Kassel - Abfahrt Göttingen/Braunlage (von Süden kommend) und Seesen (von Norden kommend). Barbis liegt am Eingang zum Naturpark Harz. Beginnen Sie direkt hinter unserem Haus mit Ihrer Entdeckungswanderung durch den Harz. In unseren Räumlichkeiten verfügen Sie über Bierstube, Restaurants, Antik-Stube und Saal bis 300 Personen. Unsere Küche ist bekannt gut. Auf unserer Speisekarte finden Sie Wildgerichte aus eigener Oberharzer Jagd und viele internationale Gerichte sowie frische Harzer Bachforellen.

Chef fährt auch Motorrad. Garage und Stellplätze bewacht, Tourenplanung für Gäste. Sonderangebote für Biker anfordern!

St. Andreasberg

Unterkunft: ÜF **Zimmerzahl:** 10 DZ auch als EZ möglich **Zimmer mit:** DU/Bad/WC, Telefon, Radio, TV **Sonstiges:** Aufenthaltsraum, Frühstücksbuffet, Hallenbad, Sauna, Solarium, Parkplatz, Garage

Behilflich bei Tourenplanung, abschließbare Garage, Parkplatz, Trockenraum. Besitzer fährt selbst Motorrad.

Hotel garni „Vier Jahreszeiten"

Quellenweg 3, D-37444 St. Andreasberg Tel. 05582-521 Fax 578

Komfortable Zimmer. Sehr ruhige Lage in Waldnähe. Garten mit Liegewiese. Gasthäuser in unmittelbarer Nähe. Zentrale Lage für Touren im ganzen Harz und Umland.

ÜF 45 - 65 DM p.P. ,Sommer- und Herbstangebote

Osterode Hotel Jägerhof

ÜF 40 - 65 DM , HP 59 - 84 DM, VP 69 - 94 DM

Sösetalstr. 33, D-37520 Osterode-Riefensbeek Tel. 05522-4125 Fax 73715

www.touronline.de/harz/hotel/jaegerhof
Unterkunft: ÜF, HP, VP **Zimmerzahl:** 3 EZ, 11 DZ, 3 3- u. 1 4-Bettzi. **Zimmer mit:** teilw. Etagen-dusche, teilw. Dusche/Bad **Sonstiges:** TV-Raum, Aufenthaltsraum, Parkplätze u. Garage am Haus

Oberhalb des Sösestausees, umgeben von hohen Bergwäldern, am fischreichen Fluß Söse liegt unser familiärer Jägerhof, eine Oase der Ruhe u. dennoch nur wenige Minuten von den nächsten Städten u. vielen Sehenswürdigkeiten des Harzes entfernt.
Wir bieten 1- bis 4-Bettzimmer mit o.g. Ausstattung (auch stufenlos im Erdgeschoß) sowie einfachere Zimmer für das kleinere Budget. 65 Restaurantplätze, bekannt gute deutsche Küche, Kaffeegarten, Terrasse am Fluß. Im Ort: Waldschwimmbad, Grillplatz, Kinderspielplatz, Kegeln, Reiten, Tanz- u. Heimatabende, Wildbeobachtungen, Wald- u. Fischereilehrpfade, Kutsch- und Planwagenfahrten.
Tourenplanung, Trockenraum, sichere Stellplätze und Garage vorhanden.

Bad Grund Frühstückspension Hagzissa
Helmkampfstr. 48, D-37539 Bad Grund Tel. 05327-1298 Fax 1298

Unterkunft: ÜF
Zimmerzahl: 2 EZ, 5 DZ
Zimmer mit: Dusche/WC, Radio, TV
Sonstiges: TV-Raum, Aufenthaltsraum, Parkplatz, Garage
Klein aber fein. Ein Haus zum wohlfühlen. Individuelle Betreuung. Frühstück zum Sattessen. Ruhige Nebenstraße. Zum Zentrum 5 Minuten. Grillplatz vorhanden. Bitte Hausprospekt anfordern. Die ganze Familie fährt Motorrad, nur die Wirtin nicht.

Trockenraum für Lederbekleidung, abschließbare Garage und Stellplatz vorhanden. Sonderangebote für Motorradfahrer!

ÜF ab 3 Tagen 30 DM, sonst 35 DM

Bodenwerder **Hotel Haus Hubertus **** Alpkestr. 30, D-37619 Bodenwerder Tel. 05533-5636 Fax 5636

Unterkunft: ÜF, HP, VP
Zimmerzahl: 3 EZ, 5 DZ, 1 Dreibettzimmer
Zimmer mit: Dusche/WC, Radio, TV, Balkon
Sonstiges: Aufenthaltsraum, TV-Raum, Frühstücksbuffet, Café mit hausgebackenem Kuchen, Parkplatz, Garage

Abseits vom Verkehr direkt am Wald und dennoch leicht zu erreichen, bieten wir Ihnen größte Ruhe.
Café vom 1. November bis 1. März geschlossen.

ÜF 58 - 68 DM, HP + 16 DM, VP + 34 DM

Behilflich bei Tourenplanung.
Abschließbare Garage, Stellplatz und Trockenraum vorhanden.

Boffzen **Hotel Steinkrug** Am Steinkrug 4, D-37691 Boffzen/Höxter Tel. 05271-95700 Fax 49348

Unterkunft: Ü, ÜF, HP, VP
Zimmerzahl: 2 EZ, 9 DZ, 1 App.
Zimmer mit: Dusche/WC, Telefon, TV
Sonstiges: Terrasse, Parkplatz

Der „Steinkrug" gehört zu den schönst gelegenen Häusern, am Rande des wild- und waldreichen Sollings.
Unsere bekannt gute Küche mit diversen Spezialitäten sowie hausgebackenen Kuchen und Torten wird auch verwöhnten Ansprüchen gerecht. Betriebsferien: November.

Ü + ÜF 50 - 54 DM, HP + 17 DM, VP + 30 DM
Überdachter Motorradstellplatz vorhanden.

Lauenförde **Villa Löwenherz** Würgasser Str. 5, D-37697 Lauenförde Tel. 05273-7567 Fax 7847
www.villa-loewenherz.de

Unterkunft: ÜF, HP
Zimmerzahl: 5 EZ, 12 DZ, 3- u. 4-Bettzimmer, Matratzenlager
Zimmer mit: z.T. DU/Bad/WC, z.T. Etagen-DU/-bad/WC
Sonstiges: Aufenthaltsraum, Frühstücksbuffet, Bar, TV-Raum, Parkplatz

Betriebsferien: Januar und Februar.

Wir sind Deutschlands erstes und einziges Hotel
nur für Motorradfahrer!

In der Villa bieten wir Übernachtungsmöglichkeiten in Doppel- oder Mehrbettzimmern sowie im preiswerten Matratzenlager mit eigenem Schlafsack.

Spezielle Wochenend- und Urlaubspauschalen, jeweils inklusive reichhaltigem Frühstücksbuffet und gutem Abendessen sorgen für einen gelungenen Aufenthalt sowohl am Wochenende als auch in der Woche zum Ausspannen für einige Tage.

Tourenvorschläge zur Freizeit- und Tagesgestaltung. Urige Atmosphäre abends in unserer „Ranch" mit großer Theke, Kamin, Kicker, Billard, Dart und vielen anderen Spielmöglichkeiten.

Außerhalb der Villa sind Bier- und Kaffeegarten, Sommerschwimmbad und Liegewiese Garanten für Erholung und nette Gesellschaft.

ÜF 24 - 40 DM, HP + 12 DM
SO - FR 5 Tage HP im Zimmer 199 DM von Mai bis September!

Clausthal-Zellerfeld

Hotel Goldene Krone ***

Kronenplatz 3, D-38678 Clausthal-Zellerfeld Tel. 05323-9300 Fax 930100

e-mail: goldene.krone@t-online.de
home.t-online.de/home/goldene.krone
Zimmerzahl: 4 EZ, 17 DZ, 1 4-Bettzi., 3 Suiten
Zimmer mit: DU/ Bad/WC, Telefon, TV
Sonstiges: Frühstücksbuffet, Hallenbad mit Sauna und Solarium 300 m entfernt, Parkplatz, Garage

Mit dem Hotel „Goldene Krone" verfügt Clausthal-Zellerfeld, die kleine feine Hochschulstadt im Oberharz, über ein Hotel und eine Tagungsstätte besonderer Attraktivität.

Clausthal-Zellerfeld

Unterkunft: ÜF **Zimmerzahl:** 4 EZ, 14 DZ, 3 App.
Zimmer mit: DU/Bad/WC, Telefon, Radio, TV **Sonstiges:** Aufenthaltsraum, Frühstücksbuffet, Parkplatz, Garage
Unser Haus liegt im Herzen des Harzes in der Bergstadt Clausthal-Zellerfeld, einem idealen Ausgangspunkt für zahlreiche schöne Touren.

Harzhotel Der kleine Prinz

Goslarsche Str. 20, D-38678 Clausthal-Zellerfeld
Tel. 05323-96610 Fax 966110
ÜF 98 - 150 DM
Pauschalangebote bei uns zu erfragen.

Behilflich bei Tourenplanung, abschließbare Garage, Stellplatz, Trockenraum. Besitzer fährt selbst Motorrad.

Braunlage   Maritim Berghotel ****   Am Pfaffenstieg, D-38700 Braunlage Tel. 05520-8050 Fax 3620

Unterkunft: ÜF, HP, VP
Zimmerzahl: 36 EZ, 265 DZ, 8 Suiten
Zimmer mit: DU/Bad, Telefon, Radio, TV
Sonstiges: Parkplatz, Garage, Frühstücksbuffet, bei HP/VP Menüwahl, Sauna, Schwimmbad, Fitneßraum, Massagepraxis (bei allen Kassen zugelassen), Beautystudio, FR/SA /SO Tanz mit internat. Kapelle Arrangements ab 2 Tage auf Anfrage.

In 80 Meter über Braunlage gelegen, direkt am Wald. Großer Panoramablick über den Ort und auf den Wurmberg. Zimmer mit obiger Ausstattung. Spezieller Tip: Zur Weltausstellung 2000 in Hannover ist das Maritim Berghotel idealer Ausgangs- und Übernachtungstreffpunkt auf Ihrer Tour!

ÜF ab 147 DM p.P. i. EZ, ab 122 DM p.P. i. DZ, HP + 43 p.P, VP + 75 pP.

Trockenraum für Lederkleidung, abschließbare Großraum-Tiefgarage. 10 Min. entfernt vom Motorradtreffpunkt „Torfhaus".

Braunlage   Hotel-Gasthof Zur Erholung ***   Lauterbergerstr. 10, D-38700 Braunlage Tel. 05520-93000 u. 1379 Fax 575

Unterkunft: ÜF, HP, VP **Zimmerzahl:** 6 EZ, 27 DZ, 2 Whg.
Zimmer mit: Dusche/Bad, Telefon, TV

Hallo Motorradfreunde, Ihr seid herzlich willkommen! Kostenlose Garagen, gemütliche Gaststube und sehr gutes Restaurant.

ÜF 50 - 65 DM, HP + 20 DM, VP + 35 DM

Rustikal-modern eingerichtete Gästezimmer, großer hoteleigener Park mit Hütte, Teich und Liegewiesen im Herzen des Harzes in reizvoller Landschaft. Kabinenseilbahn auf den 1000 m hohen Wurmberg.

Besitzer - sen. und jun.- fahren selbst Motorrad.
Behilflich bei Tourenplanung.

Braunlage   Hotel PANORAMA   Herzog-Johann-Albrecht-Str. 61, D-38700 Braunlage Tel. 05520-2291 Fax 1231

Unterkunft: ÜF, HP
Zimmerzahl: 4 EZ, 15 DZ
Zimmer mit: Dusche/Bad, Telefon, TV, Frigo-Bar
Sonstiges: Aufenthaltsraum, Parkplatz, Garage, Sauna, Solarium, Massage

Sie wohnen direkt am Wald und genießen den Panorama-Blick auf Braunlage und die umliegenden Berge. Die Ruhe unseres Hauses wird Sie vom Streß befreien. 500 m zum Zentrum.

ÜF 49 - 65 DM, HP + 14 DM

Abschließbare Garage und Trockenraum für Lederkleidung vorhanden.

Braunlage   Kurhotel Hohenzollern ***

Dr.-Barner-Str. 10-11, D-38700 Braunlage Tel. 05520-3091 Fax 3093

www.harztourist.de/hotel/braun/hohenzollern

Unterkunft: ÜF
Zimmerzahl: 13 EZ, 21 DZ, 3 Suiten
Zimmer mit: DU/Bad/WC, Telefon, Radio, TV
Sonstiges: Aufenthaltsraum, Frühstücksbuffet, Terrassen, Park,

Hallenbad (7x13m), Sauna, Lift, Restaurant, Parkplatz, Garagen. Ganzjährig geöffnet.
Ruhige zentrale Lage an einem Südhang.

Tourenberatung.

ÜF: EZ 95 - 112 DM, DZ 156 - 200 DM

Altenau   Hotel-Pension Sachsenross

Kleine Oker 46-48, D-38707 Altenau Tel. 05328-201 Fax 8422

www.harztourismus.com/sachsenross

Unterkunft: ÜF, HP **Zimmerzahl:** 6 EZ, 20 DZ, 1 FeWo
Zimmer mit: DU/WC, Telefon **Sonstiges:** TV-Räume, Frühstücksbuffet, Sauna, Tennisplätze, Freibad, Solarium, Parkplatz

Betriebsferien: 1. November bis 15. Dezember.

Großer Parkplatz auf eigenem Grundstück. Waldbad + Tennisplätze 50 m vom Haus. TV-Räume für Raucher und Nichtraucher. Bierbar, Grillplatz + Grillhütte. 5 Min. vom Motorradtreff „Torfhaus".

ÜF 40 - 80 DM, HP 55 - 95 DM

Trockenraum für Lederbekleidung vorhanden.

Wildemann   Haus Sonnenglanz

Im Sonnenglanz 1, D-38709 Wildemann Tel. 05323-98910 Fax 989118

Unterkunft: ÜF
Zimmerzahl: 2 EZ, 1 2-Bettzimmer, 5 DZ, 1 App., 2 FeWo
Zimmer mit: teilw. Etagen-DU/-bad/WC, teilw. DU/Bad/WC
Sonstiges: Aufenthaltsraum, Sauna, Darts, Tischtennis, Garten, Terrasse, Getränkekühlschrank, Parkplatz
Ganzjährig geöffnet.

Gemütliche Familienpension in ruhiger Lage abseits der Hauptstraße direkt an der Innerste, nur wenige Schritte zum Wald.

ÜF 30 - 37 DM

Stellplatz und Trockenraum vorhanden.

Bad Rothenfelde   Hotel im Haus Deutsch Krone

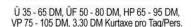

Sonnenhang 15, D-49214 Bad Rothenfelde Tel. 05424-610 Fax 1459

e-mail: hoteldeutschkrone@t-online.de www.hoteldeutschkrone.de
Unterkunft: Ü, ÜF, HP, VP **Zimmerzahl:** 40 EZ auch als 2-Bettzimmer, 32 DZ, 1 App., 4 FeWo **Zimmer mit:** DU/Bad/WC, Telefon, TV
Sonstiges: Aufenthaltsraum, Frühstücksbuffet, b. HP/VP Menüwahl, Sauna, Schwimmbad, Solarium, Beauty-Farm, Massageabt., Parkplatz
Ruhige Lage direkt am Waldrand. Restaurant mit Bierstube u. Terrasse. Gutbürgerliche Küche. Organisation von Stadtführungen, Fackelwanderungen, Gradierwerksbesichtigungen u. vieles mehr...
Wir freuen uns auf Ihren Besuch!

Ü 35 - 65 DM, ÜF 50 - 80 DM, HP 65 - 95 DM, VP 75 - 105 DM, 3,30 DM Kurtaxe pro Tag/Pers.

Behilflich bei Tourenplanung. Stellplätze und Trockenraum für Lederbekleidung vorhanden.

alles rund um die freizeit mit dem motorrad

www.motorradfreizeit.de

Mecklenburg-Vorpommern, Berlin, Brandenburg, Sachsen, Sachsen-Anhalt, Thüringen

Hotel/Camping ─────────────┐
Katalogseite ─────────┐   │
Ort ───────────┐   │   │

Ort	Katalogseite	Hotel/Camping
Brotterode	29	H
Burg Kauper	23	H
Dargun	21	H
Dillstädt	28	H
Dresden	25	H
Eisenach	29	H
Elbingerode	25	H
Freital	26	H
Gebersdorf	29	H
Glowe	22	H
Greifswald	21	H
Heringsdorf	21	H
Ilmenau	29	H
Jüterbog	24	H
Kolkwitz	24	H
Kölpinsee	21	H
Langen-Brütz	22	H
Leipzig	27	H
Lichtenhain (SN)	26	H
Meiningen	29	H
Mildenau	28	H
Mühlhausen (TH)	30	H
Oberhof	28	H
Oybin/Lückendorf	27	H
Pesterwitz	26	H
Plauen-Neundorf	27	H
Quedlinburg	24	H
Rostock/Reutershagen	22	H
Schwerin-Banzkow	23	H
Stadtilm	29	H
Steinbach-Hallenberg	28	H
Tabarz	31	H
Vetschau	23	H
Waren/Müritz	21	H
Warnemünde	22	H
Warnstedt	24	H
Weimar	31	H
Wernigerode	24	H
Wilhelmsthal	30	C
Winterstein	30	H
Wismar-Wohlenberg	23	H
Wittenberg Lutherstadt	24	H
Zinnowitz	21	C
Zittau	27	H
Zwickau	28	H

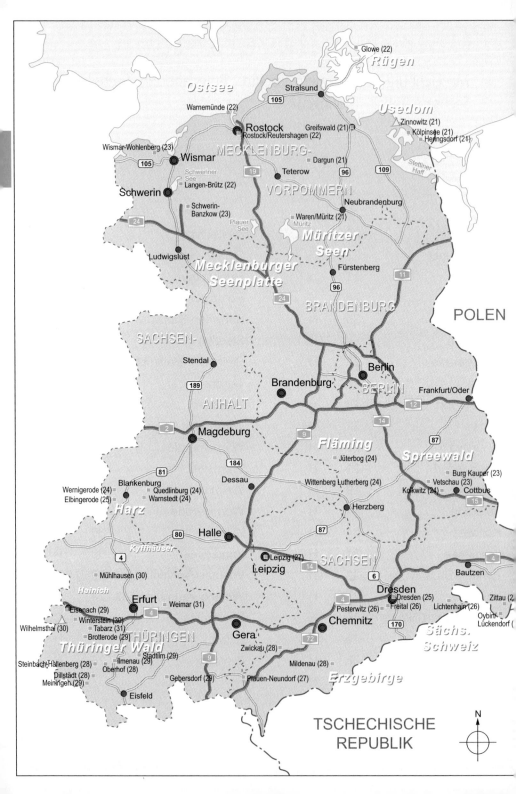

Dargun   Hotel am Klostersee ***   Am Klosterdamm, D-17159 Dargun Tel. 039959-2520 Fax 25228

Unterkunft: Ü, ÜF, HP, VP **Zimmerzahl:** 4 EZ, 26 DZ, 1 App., 3 FeWo, 1 Suite, 7 Ferienhäuser **Zimmer mit:** DU/Bad/WC, Telefon, TV **Sonstiges:** Aufenthaltsraum, Frühstücksbuffet, bei HP/VP Menüwahl, Sauna, Schwimmbad 500 m, hauseigene Boote u. Fahrräder, Parkplatz.

Ganzjährig geöffnet. Ruhige Lage am Wald und See. Tagestouren Ostseeküste 50 - 60 km.

Ü 40 - 60 DM p.P., ÜF 60 - 120 DM DZ,
HP + 15 - 25 DM, VP + 30 - 45 DM

Überdachter Stellplatz, Raum f. Bekleidung, hoteleigener Parkplatz im Gästehaus Berg, Stellplatz direkt vor der Unterkunft.

Waren (Müritz)   Pension Milan */***   Am Teufelsbruch 1, D-17192 Waren/Müritz Tel. 03991-663293 Fax 663294

e-mail: harry.erchen@t-online.de   www.pension-milan.notrix.de

Unterkunft: Ü, ÜF, HP, VP **Zimmerzahl:** 5 EZ, 11 DZ, 3 TZ, 1 FeWo **Zimmer mit:** z.T. DU/WC, sonst Etagen-DU/WC, Telefon, Radio, FeWo mit Telefon, Radio, TV, Video **Sonstiges:** Aufenthaltsraum mit TV, Frühstücksbuffet, Parkplatz.

Das Haus liegt nahe der Stadt Waren (Müritz) - 3 km bis ins Zentrum - im Wald im Müritz-Nationalpark. Die Anfahrt ist mit Kraftfahrzeugen bis zu unserem Haus möglich. Zur Erkundung des Nationalparkes stellen wir Fahrräder zur Verfügung.

Ü 25 - 45 DM, Frühst. 9 DM, Lunch 7 DM, Mittagessen ca. 11 DM (auf Anmeldung), Abendessen 10 DM (Buffet)

Stellplätze sowie Trockenraum für Lederkleidung vorhanden.

Heringsdorf Gästehaus Dünenweg   Dünenweg 16, D-17424 Heringsdorf-Insel Usedom Tel.+Fax 038378-22396

Unterkunft: ÜF
Zimmerzahl: 2 EZ, 41 DZ, 22 3-Bettzimmer, 14 FeWo
Zimmer mit: z.T. Etagen-DU/-bad/WC, z.T. mit DU/Bad/WC, TV
Sonstiges: Frühstücksbuffet, Parkplatz, Fahrstuhl

Ganzjährig geöffnet.

Ruhige Lage, 5 Min. zum Strand.

ÜF 45 - 70 DM (verschiedene Preiskategorien)

Zinnowitz Camping Pommernland   Dr.-Wachsmann-Str. 40, D-17454 Zinnowitz Tel. 038377-40348 Fax 40349

Größe/Boden: 7,5 ha, 500 Stellplätze, 17 Hütten, 26 Mietcaravans, vorrangig Erdboden **Sanitär/Energie:** 4 WK, 20 DU, 45 WB, 6 GB, 16 Steh-WC, Sanitärkabine f. Rollstuhlfahrer, Ausguß f. Chemikal-WC, 240 Stromanschlüsse 6 A, 160 CCE-Stromanschlüsse 6 A, 20 Ab-/Frischwasseranschlüsse **Verpflegung:** Lebensmittelversorgung, Imbißmöglichkeit, Gast-

stätte/Rest. **Allgemeines:** Ganzjährig geöffnet, Hunde erlaubt.

pro Tag: Zelt + Motorrad ab 18 DM, Motorrad 3 DM,
Zelt + Auto ab 20 DM, Auto 5 DM, Zelt ab 15 DM,
Caravan/Wohnmobil ab 30 DM

Übernachtungshütten ganzjährig mit Heizung.

Kölpinsee   Hotel Haus Usedom ****   Strandstr. 16, D-17459 Kölpinsee Tel. 038375-2390 Fax 23999

Unterkunft: Ü, ÜF, HP, VP
Zimmerzahl: 2 EZ, 4 DZ, 6 App., 24 FeWo
Zimmer mit: Dusche/Bad/WC, Telefon, Radio, TV
Sonstiges: Aufenthaltsraum, Frühstücksbuffet, bei HP/VP Menüwahl, Doppelbohlen Kegelbahn, Multi-Fitneß-Center, Poolbillard, Sauna, Solarium, Parkplatz, Garage. Betriebsferien: November.

p.P. Ü ab 60 DM, ÜF EZ ab 75 DM, bis 4 P. FeWo ab 171 DM
div. preisgünstige Pauschalangebote

Behilflich b. Tourenplanung. Abschließbare Garage, Stellplatz, Trockenraum. Sonderpreise für Gruppen:
VS/NS FeWo ab 99 bis 4 Pers. 146 DM.

Greifswald   VARIO Hotel Greifswald   Brandteichstr. 5-8, D-17489 Greifswald Tel. 03834-5160 Fax 516516

www.vorpommern.de
Unterkunft: Ü, ÜF, HP, VP **Zimmerzahl:** 160 DZ, 1 Suite, 2 DZ als Fam.-Zi., angegliedert mit Jugendhotel **Zimmer mit:** DU/Bad/WC, Telefon, TV **Sonstiges:** Aufenthaltsraum, Frühstücksbuffet, bei HP/VP Menüwahl, Fitneß- + Bowlingcenter i. Haus., Restaurant, Bar, Sportabende (Bowling), Innenhof.

Hotel ist Neubau von 1998.

p.P. im DZ: Ü   34 - 45 DM, ÜF 40,50 - 55,50 DM,
HP 59 - 70 DM, VP 67,50 - 78,50 DM

Tourenplanung. Stellplätze und Trockenraum.
Geschäftsführer ist Motorradfan!

Rostock/Reutershagen

Hotel-Restaurant Elbotel ****

Fritz-Triddelfitz-Weg 2, D-18069 Rostock/Reutershagen
Tel. 0381-80880 Fax 8088708
e-mail: elbotel@hegemann.de   www.elbotel.com
Unterkunft: ÜF, HP, VP **Zimmerzahl:** 5 EZ, 85 DZ, 9 Suiten
Zimmer mit: DU/Bad/WC, Telefon, TV, Minibar **Sonstiges:**
Frühstücksbuffet, bei HP/VP Menüwahl, Sauna + Fitness
inkl., Solarium, Gartenterrasse mit Teichanlage, Parkplatz
inkl. Ganzjährig geöffnet. In unserem Hotel bieten wir Ihnen die erholsame Entspannung. Ob
in der Sauna, im Fitnessraum, bei einem guten Essen oder einem frisch gezapften Bier an
unserer Bar - wir lassen Sie den Alltag vergessen!

Tourenberatung, Trockenraum, Stellplätze kostenlos.

ÜF: EZ 90 - 165 DM, DZ 120 - 190 DM, HP + 15 - 25 DM, VP + 30 - 50 DM, Sonderpreise auf Anfrage möglich,
Gruppenpreise ab 45 DM p.P. i.DZ

Warnemünde Landhotel Ostseetraum   Stolteraer Weg 34b, D-18119 Warnemünde/Diedrichshg Tel. 0381-5191848 Fax 51719

ÜF 30 - 90 DM,
ÜF 35 - 99 DM,
HP + 10 - 12 DM

Garage und Stellplätze kostenlos!

Ganzjährig freuen wir uns auf Ihren
Besuch !

Unterkunft: Ü, ÜF, HP **Zimmerzahl:** 3 EZ, 10 DZ, 5 Wohng.
Zimmer mit: Dusche/Bad, Telefon, Radio, TV **Sonstiges:** Auf-
enthaltsraum, Parkplatz, Garage, Frühstücksbuffet, bei HP
Menüwahl, Whirlpoolbäder, Terrasse

Ländlich und maritim eingerichtete Zimmer erwarten Sie unter'm
Reetdach. Weitere Entfernungen: Strand 500 m, Warnemünde 2 km,
Rostock 10 km. Im Abendrestaurant empfiehlt unser Koch die
Fischplatte zum Rostocker Bier.

Glowe   Ferienherberge   Bungalowsiedlung 35, D-18551 Glowe Tel. 038302-53026 Fax 53273

Unterkunft: Ü, ÜF, HP
Zimmerzahl: 8 DZ, 12 Drei- u. 9 Vierbettzimmer
Zimmer mit: teilw. DU/WC, teilw. Etagen-DU/-WC, Radio, TV
Sonstiges: Aufenthaltsraum, Frühstücksbuffet, bei HP Menüwahl,
Schankwirtschaft, Grillplatz, Billard, Terrassen, Parkplatz

350 m entfernt vom Ostseestrand (8 km Sandstrand).

Bitte fordern Sie unseren Hausprospekt an

Ü 23 - 48 DM, ÜF 30 - 55 DM, HP 47 - 72 DM

Behilflich bei Tourenplanung, -Beratung
abgeschlossener Parkplatz und Trockenraum vorhanden.

Langen-Brütz   Landhaus Bondzio ***   Hauptstr. 21a, D-19067 Langen-Brütz Tel. 03866-46050 Fax 745

www.schweriner-see.de/landhaus.htm

Unterkunft: Ü, ÜF, HP möglich **Zimmerzahl:** 3 EZ,12 DZ, 2 3-
Bettzimmer, 2 FeWo **Zimmer mit:** DU/Bad/WC, Telefon, Radio, TV
Sonstiges: Aufenthaltsraum, reichhaltiges Frühstücksbuffet, Sauna,
Solarium, Kellerbar, große Freiterrasse, Wintergarten, Parkplatz

Familiengeführtes ***-Hotel. Restaurant, Natur pur, der etwas andere
Urlaub. Ein gepflegtes Landhaus zum Wohlfühlen und Ausruhen.
Ruhige und schöne Lage. Idealer Ausgangspunkt für Tagesfahrten
innerhalb MV. Region Schweriner Seengebiet.
Ganzjährig geöffnet.

p.P.: Ü 43 - 69 DM, ÜF 49 - 79 DM, HP + 20 DM

Behilflich bei Tourenplanung. Stellplatz und Trockenraum für Lederkleidung vorhanden.

Schwerin — Hotel Lewitz Mühle

An der Lewitz Mühle 40,D-19079 Schwerin-Banzkow, Tel. 03861-5050 Fax 505604

Unterkunft: ÜF, HP, VP
Zimmerzahl: 6 EZ, 40 DZ, 3 FeWo
Zimmer mit: Dusche/Bad/WC, Telefon, TV, Minibar
Sonstiges: Frühstücksbuffet, Jod-Sole-Schwimmbad, Sauna mit Naturtauchbecken, Parkplatz, Garage. Dieses ruhig und zentral gelegene Haus bietet Ihnen das ideale Umfeld für erholsame Urlaube.

Ganzjährig geöffnet.

ÜF 115 - 280 DM, HP + 25 DM, VP + 49 DM

Behilflich bei Tourenplanung. Abschließbare Garage, Stellplatz, Trockenraum für Lederkleidung.

Wismar-Wohlenberg — Feriendorf an der Ostsee

D-23948 Wohlenberg Tel. 038825-410 Fax 41100

kostenlose Buchungs-Nr. 0800-4100410

Unterkunft: ÜF, HP, VP **Zimmerzahl:** 30 DZ, 44 FeWo
Zimmer mit: Dusche/Bad/WC, Direktwahltelefon, Radio, TV, Minibar
Sonstiges: Aufenthaltsraum, Frühstücksbuffet, bei HP/VP Menüwahl, Sauna, Solarium, Whirlpool, Fitneß, Grillabende u. Kinderfeste, Parkplatz, Garage
Unser Feriendorf liegt in der wunderschönen Natur, 100 m von Badestrand der Ostsee mit Flachwasser. Goldgelbe Rapsfelder, romantische Alleen, „Natur pur" zwischen den Hansestädten Lübeck u. Wismar

ÜF p.P. i. DZ 45 - 70 DM, HP + 19 DM, VP + 29 DM
über 20 Reiseangebote als Preisknüller

Besitzer fährt selbst Motorrad.

Burg Kauper — Landhotel Burg im Spreewald ***

Ringchaussee 125, D-03096 Burg Kauper

www.landhotel-burg.de   Tel. 035603-646 Fax 64800

Sonstiges: Aufenthaltsraum, Frühstücksbuffet, bei HP/VP Menüwahl, Sauna, Fitneß, Tischtennis, Billard, Dart im Preis enthalten. Ganzjährig geöffnet.

Landhotel mitten im Spreewald. Leihen Sie sich ein Paddelboot oder fahren Sie gemütlich mit dem Spreewaldkahn. Umfangreiches Gastronomie- und Freizeitangebot.

Unterkunft: ÜF, HP, VP **Zimmerzahl:** 8 EZ, 35 DZ, 2 App. 6 Mehrbettzimmer **Zimmer mit:** DU/Bad/WC, Telefon, Radio, TV

ÜF 105 - 150 DM EZ, 70 - 95 DM p.P. DZ, HP + 25 DM, VP + 50 DM

Trockenraum, Garage und Stellplatz vorhanden. Besitzer fährt selbst Motorrad.

Vetschau — Hotel-Pension Märkischheide

Lindenstr. 2, D-03226 Vetschau Tel. 035433-560 Fax 56222

Unterkunft: ÜF, HP
Zimmerzahl: 4 EZ, 16 DZ, 2 App.
Zimmer mit: Dusche/Bad/WC, Telefon, Radio, TV
Sonstiges: Aufenthaltsraum, Frühstücksbuffet, Sauna, Bowlinganlage, Fahrradverleih, teilweise Terrassen, Grillen, Parkplatz, Garage

Einzigste Beherbergung im idyllischen wunderschönen Spreewald mit einer der schönsten Bowlinganlage der Lausitz (Dresden und Berlin 1 Stunde).

Ganzjährig geöffnet.

ÜF 30 - 60 DM, HP + 12 DM, Sonderpreise Nebensaison

Abschließbare Garage, Stellplatz und Trockenraum für Lederkleidung vorhanden.

Kolkwitz Hotelpension „Christa" Berliner Str. 2 b + g, D-03099 Kolkwitz/Cottbus Tel. 0355-28349 Fax 287268

e-mail: ulrich.konnopka@t-online.de
Unterkunft: U, UF **Zimmerzahl:** 3 EZ, 12 DZ, 1 App.
Zimmer mit: 3 Zi. Etagen-DU/WC, 13 Zi DU/Bad/WC, Radio, TV
Sonstiges: Aufenthaltsraum, Terrassen, Liegewiese, Grillmöglichkeit, Parkplatz, kostenl. Fahrradverleih, div. Freizeitangebote

in der Nähe. Betriebsferien: 24. bis 31. Dezember.
Am Stadtrand von Cottbus, 25 km v. Spreewald u. v. Polen liegen wir. 1994 Hotelneubau, 1997 Renovierung
Pension, auch für den kleinen Geldbeutel.

p.P.: Ü 30 - 45 DM, ÜF 35 - 50 DM

Behilflich bei Tourenplanung. Abschließb. Stellplatz u. Trockenraum vorhanden. Besitzer fährt selbst Motorrad.

Jüterbog Hotel Zum Goldenen Stern ** Markt 14, D-14913 Jüterbog Tel. 03372-401476 Fax 401614

e-mail: hotel-zum-goldenen-stern@t-online.de
www.hotel-goldener-stern.de
Unterkunft: Ü, ÜF, HP, VP **Zimmerzahl:** 4 EZ, 16 DZ, 5 App.
Zimmer mit: DU/Bad/WC, Telefon, Radio, TV **Sonstiges:** Aufenthaltsraum, Frühstücksbuffet, bei HP/VP Menüwahl, Parkplatz, Garage. Ganzjährig geöffnet.

p.P. i. DZ: Ü 45 - 65 DM, ÜF 54 - 74 DM,
HP + 20 - 28 DM, VP + 30 - 45 DM

Behilflich bei Tourenplanung. Abschließbare Garage und Trockenraum. Besitzer fährt selbst Motorrad. 1 x jährlich Bikertreffen im Ort. Crossplatz im Ort.

Quedlinburg Romantikhotel Theophano Markt 13-14, D-06484 Quedlinburg Tel. 03946-96300 Fax 963036

e-mail: theophano@t-online.de, www.hoteltheophano.de
Unterkunft: ÜF, HP
Zimmerzahl: 2 EZ, 20 DZ
Zimmer mit: DU/Bad/WC, Telefon, Radio, TV
Sonstiges: Frühstücksbuffet, Parkplatz

Gutes Essen und guter Wein im Restaurant Weinkeller Theophano und im Innenhof.

ÜF: EZ 120 DM, DZ 160 - 220 DM, HP + 30 - 50 DM

Abschließbarer Parkplatz vorhanden.

Warnstedt bei Quedlinburg Hotel Warnstedter Krug

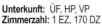

Hauptstr. 118, D-06502 Warnstedt bei Quedlinburg
Tel. 03947-2710 o. 61386 Fax 61387

http://www.zugast.de/hotel-Warnstedter-Krug

Unterkunft: ÜF, HP **Zimmerzahl:** 2 EZ, 16 DZ **Zimmer mit:** Dusche/WC, Telefon, TV
Sonstiges: Frühstücksbuffet, bei HP Menüwahl, 4 Bundeskegelbahnen (Bohle), Saunalandschaft, Außenpool, Sonnenstudio, Fitneß, große Parkanlage, Parkplatz, verschließbare Stellplätze. Ganzjährig geöffnet - kein Ruhetag.

Unser Haus ist ein Familienbetrieb. Ländlich ruhige Lage. Zwischen dem romantischen Bodethal und der 1000-jährigen Unesco-Welterbestadt Quedlinburg gelegen. Unsere Küche bietet von eigener Hausschlachtung bis zur Gourmet-Küche alles für verwöhnte Gaumen! Wunderschöne Außenanlage mit Pool.

Abschließbare Stellplätze, Trockenraum für Lederkleidung.

ÜF 75 - 95 DM EZ, 105 - 122 DM DZ, HP 100 - 120 DM EZ, 155 - 172 DM DZ

Wittenberg Lutherstadt Park Inn Wittenberg ***

Neustr. 7-10, D-06886 Lutherstadt Wittenberg, Tel. 03491-4610 Fax 461200

Unterkunft: ÜF, HP, VP
Zimmerzahl: 1 EZ, 170 DZ
Zimmer mit: Dusche/Bad/WC, Telefon, Radio, TV, Minibar
Sonstiges: Frühstücksbuffet, Garage

Ganzjährig geöffnet.
Das Park Inn befindet sich direkt im historischen Stadtzentrum. Die von der UNESCO zum Weltkulturerbe erklärten Lutherstätten und weitere Sehenswürdigkeiten sind zu Fuß erreichbar. Zur Hundertwasser-Schule (Projekt der Expo 2000) fahren Sie nur 5 Minuten

ÜF 135 - 195 DM, HP 28 - 53 DM, VP 50 - 106 DM

Kostenfreie Nutzung der Tiefgarage.

Wernigerode Familien- u. Jugendgästehaus Mühlental 76, D-38855 Wernigerode Tel. 03943-501127

Unterkunft: Ü, ÜF, HP, VP, **Zimmerzahl:** 1 EZ, 6 DZ, 4 Mehrbettzimmer, 4 App. **Zimmer mit:** DU/Bad/WC, Radio, TV auf Anfrage
Sonstiges: Frühstücksbuffet, Parkplatz, in unmittelbarer Nähe: Tennishalle, Tennisplätze, (je 3) Sauna, Kegelbahn, Squash, Reiterhof, Sporthalle, Grillplatz

Lage: äußerer Stadtrand von Wernigerode. Gute sportliche Freizeitmöglichkeiten. Guter Ausgangspunkt für Touren durch den Harz.

Ü 30 - 45 DM, ÜF 37,50 - 52,50 DM,
HP + 10 - 25 DM, VP + 18 - 48 DM

Elbingerode — Pension Talmühle

Mühlental 10d, D-38875 Elbingerode Tel. 039454-42563 Fax 52079

Zimmer mit: DU/Bad/WC, Telefon, Radio, TV
Sonstiges:gemütlicher Gesellschaftsraum, bizarrer Felsen-Innenhof

In unmittelbarer Nähe der Rübeländer Tropfsteinhöhlen, Zillerbachtalsperre und vielen attraktiven historischen Städten.

Unterkunft: Ü, ÜF
Zimmerzahl: 1 EZ, 7 DZ

DZ: Ü 36 -55 DM p.P.,
ÜF 45 - 64 DM p.P.

Behilflich bei Tourenplanung.
Trockenraum für Lederkleidung kostenlos.

Dresden — Motel Pension Brunnen

Brunnenweg 20, D-01109 Dresden Tel. 0351-8808256 Fax 8808255

Unterkunft: ÜF
Zimmerzahl: 3 EZ, 7 DZ
Zimmer mit: Dusche/Bad/WC, Telefon, TV
Sonstiges: Aufenthaltsraum, Frühstücksbuffet, Küche, Parkplatz, Garage

Nähe Flughafen, Autobahnausfahrt Hellerau A4.

ÜF EZ 70 DM, DZ 90 DM

Abschließbare Garage (Halle), eigene Parkplätze.

Dresden

Hotel Mercure Elbpromenade

Hamburger Str. 64-68, D-01157 Dresden
Tel. 0351-42520 Fax 4252420
e-mail: h0479@t-online.de

Unterkunft: Ü, ÜF, HP **Zimmerzahl:** 6 EZ, 84 DZ, 13 App.
Zimmer mit: DU/Bad/WC, Telefon, Radio, TV, Minibar
Sonstiges: Frühstücksbuffet, Sauna, Solarium, Parkplatz, Garage

Unser Hotel direkt am Ufer der Elbe gelegen, unweit der Autobahnausfahrt „Dresden-Altstadt", verwöhnt seine Gäste rund um die Uhr mit einem individuellen Service.

Wir haben für Sie „die Schlüssel zur Stadt".

Ü 99 - 159 DM, ÜF 122 - 205 DM, HP 150 - 261 DM
Wochenend-Raten auf Anfrage

Tankstellen-Service in unmittelbarer Nähe.

Dresden — Unkersdorfer Hof

Hauptstr. 3, D-01462 Dresden Tel. 035204-98040 Fax 98042

Unterkunft: ÜF, HP
Zimmerzahl: 11 EZ, 20 DZ, 1 App.
Zimmer mit: Dusche/Bad/WC, Telefon, TV
Sonstiges: Frühstücksbuffet, Sauna, Sommerpool, Parkplatz

Lohnenswerte Tagesausflüge führen Sie nach Dresden, Meißen, Moritzburg, in die Sächsische Schweiz, die Lausitz oder das Erzgebirge, zum Karl-May-Museum in Radebeul oder in den Saurierpark in Kleinwelka.

ÜF DZ 45 - 60 DM, EZ 65 - 80 DM, HP + 20 DM

Behilflich bei Tourenplanung. Abschließbare Garage, Stellplatz und Trockenraum vorhanden.

Pesterwitz   Hotel Pesterwitzer Siegel *** Dresdner Str. 23, D-01705 Pesterwitz Tel. 0351-6506367 Fax 6506369

e-mail: info@pesterwitzersiegel.de,   www.pesterwitzersiegel.de

Unterkunft: ÜF, HP **Zimmerzahl:** 26 DZ
Zimmer mit: DU/Bad/WC, Telefon, Radio, TV, Minibar, Haarfön
Sonstiges: Frühstücksbuffet, Sauna, Whirlpool, Parkplatz, Garage

1992 neuerbautes Hotel der guten Mittelklasse mit der privaten Atmosphäre und dem individuellen Service eines Familienbetriebes. Hervorragende Lage (A4, B173) am Stadtrand und
doch nur 5 km vom historischen Stadtzentrum von Dresden entfernt. Historisches
Restaurant und Biergarten.

Ausflugsziele: Dresden, Meißen, Moritzburg, Sächsische Schweiz, Erzgebirge, Prag.

ÜF: DZ als EZ 89 - 98 DM, DZ 59 - 69 DM p.P., HP + 20 DM

Besitzer fährt selbst Motorrad. Behilflich bei Tourenplanung. Abschließbare Garage,
Stellplatz und Trockenraum vorhanden.

Freital   TREFF Hotel u. Congress Center Freital-Dresden ***   Am Langen Rain 15-17

D-01705 Dresden-Freital Tel. 0351-64840 Fax 4601741   e-mail: kontakt@treff-hotel-dresden.de   www.treff-hotel-dresden.de

Unterkunft: ÜF, HP **Zimmerzahl:** 6 EZ, 151 DZ, 5 Dreibettzi. **Zimmer mit:** DU/
Bad/WC, Telefon, TV **Sonstiges:** Aufenthaltsraum, Frühstücksbuffet, b. HP Menüwahl, Sauna, Fitneßstudio, Solarium, Parkplatz, Garage. Ganzjährig geöffnet.

Sie möchten die Sehenswürdigkeiten oder die nähere Umgebung Dresdens kennenlernen, ohne sich erst durch den starken Verkehr Dresdens stressen zu lassen? Unser Hotel, nur 7 km vom Stadtzentrum Dresdens entfernt, liegt am Fuße
des Windberges in Freital u. ist als Ausgangspunkt für Ausflüge in die Sächsische
Schweiz, nach Meißen oder in das Erzgebirge geradezu ideal. Lassen Sie sich
auch von der gutbürgerlichen sächsischen Küche unseres hoteleigenen Restau-

ÜF 70 - 129 DM, 90 - 149 DM   rants „Pfeffermühle" verwöhnen und genießen Sie in der warmen Jahreszeit die
verschiedene attraktive Arrangements auf Anfrage. Spezialitäten vom Holzkohlegrill in unserem Biergarten

Behilflich bei Tourenplanung. Abschließbare Garage, Stellplatz u. Trockenraum. Tankstelle in unmittelbarer Nähe.

Lichtenhain   **Gasthof Lichtenhainer Wasserfall** Kirnitzschtalstr. 11, D-01855 Lichtenhain

e-mail: lichtenhainer.wasserfall@t-online.de   Tel. 035971-53733 Fax 57780
www.oberelbe.de/lichtenhainer-wasserfall

Sächsischen Schweiz, 50 km südlich von Dresden.
Ihre Familie König bietet Ihnen in bewährter über 90jähriger Familientradition:
gutbürgerliche und sächsische Küche, Spezialität: Wacholderheißgeräu-
cherte Forelle, Weine aus allen Anbaugebieten Deutschlands und Radeberger vom Faß. Wir sind auch zentraler Ausgangspunkt für Wanderungen in
die Berg- und Felsenwelt der hinteren Sächsischen Schweiz.
Betriebsferien: Januar und Februar.

Unterkunft: ÜF, HP auf Anfrage **Zimmerzahl:** 1 EZ, 9
DZ, 1 Dreibettzimmer **Zimmer mit:** z.T. DU/Bad/WC,
z.T. Etagen-DU/-bad/WC, Radio **Sonstiges:** Aufent-
haltsraum, Frühstücksbuffet, Parkplatz, Garage
Im Elbsandsteingebirge in reizvoller Lage des
Kirnitzschtales gelegen, inmitten der hinteren

ÜF 35 - 55 DM   *Abschließbare Garagen und Parkplätze kostenlos.*

Zittau   **Hotel Dreiländereck** ****   Bautzener Str. 9, D-02763 Zittau Tel. 03583-5550 Fax 555222

e-mail: info@hotel-dle.de   www.hotel-dle.de

Unterkunft: ÜF, HP, VP **Zimmerzahl:** 11 EZ, 41 DZ, 3 Suiten **Zimmer mit:** Dusche/Bad/WC, Telefon, Radio, TV, Minibar **Sonstiges:** Aufenthaltsraum, Frühstücksbuffet, bei HP/VP Menüwahl, Garage

Unser Hotel befindet sich im Zentrum der Stadt Zittau, unweit vom Marktplatz und wurde im September 1997 nach Rekonstruktion und Erweiterung wiedereröffnet. Erleben Sie in unseren 50 stilvollen und gemütlichen Zimmern das Gefühl von Ruhe und Entspannung. Wir haben aufbauend auf den Traditionen des Gasthauses „Ackermann" und der „Konditorei Schiffner" ein Hotel gestaltet, welches in die heutige Zeit paßt.

Unsere Brasserie liegt direkt am City-Boulevard. Von der Terrasse aus können Sie das Leben bei kleinen Gerichten, Kaffee, Kuchen und Eis genießen. Internationale Küche mit regionalem Charakter.

Behilflich bei Tourenplanung, Stellplatz und Trockenraum für Lederkleidung vorhanden.

ÜF 105 - 130 EZ, 139 - 159 DZ, HP + 25 DM p.P., VP + 40 DM p.P.

Oybin/Lückendorf   **Hotel Zum Hochwaldblick** **

Kammstr. 13, D-02797 Oybin/Lückendorf Tel. 035844-7160 Fax 71651

Unterkunft: Ü, ÜF, HP, VP **Zimmerzahl:** 2 EZ, 23 DZ **Zimmer mit:** DU/WC, Farb-TV, Telefon **Sonstiges:** Aufenthaltsraum, Frühstücksbuffet., bei HP/VP Menüwahl, Parkplatz, Garage

- Sie möchten in 3 Tagen 3 Mittelgebirge mit herrlicher Landschaft kennenlernen
- Sie möchten mit ortskundigem Führer unterwegs sein
- Sie möchten Sicherheit für Ihre Bikes und sich häuslich wohlfühlen
  Dann müssen Sie uns besuchen!
Unser Haus liegt am schönsten landschaftlichen Fleck des Zittauer Gebirges (Südhang).

e-mail: bhochwald@aol.com

Ü 45 - 50 DM, ÜF 55 - 60 DM, HP 65 - 70 DM, VP 75 - 80 DM

Besitzer fährt selbst Motorrad. Garagen abschließbar u. kostenlos. Ausflüge in das 3-Ländereck Tschechien-Polen-Deutschland werden auf Wunsch geplant (Tourenpläne vorhanden).

Leipzig   **Lindner Hotel Leipzig** ****   Hans-Driesch-Str. 27, D-04179 Leipzig Tel. 0341-44780 Fax 4478478

e-mail: info.leipzig@lindner.de, www.lindner.de

Unterkunft: ÜF, HP, VP **Zimmerzahl:** 76 EZ, 102 DZ, 7 App., 15 Suiten **Zimmer mit:** DU/Bad/WC, Telefon, Radio, TV **Sonstiges:** Frühstücksbuffet, bei HP/VP Menüwahl, Fitneß-Center, Sauna, Solarium, Dampfbad, kostenloser Fahrradverleih, kostenloser Shuttle-Service, Lobby-Bar, Happy Hour, Gartenterrasse, Sonntagsbrunch, Garage

Zentral und dennoch mitten im Grünen liegt das Business-Aktivhotel mit besonderer architektonischer Note und individuellem, freundlichem Service. Ein Treffpunkt für Leipziger und Leipzigbesucher, die Körper und Geist aktiv Raum für Kreativität und Entspannung geben wollen.

ÜF 125 - 320 DM, HP + 35 DM, VP + 70 DM, Packages und Arrangements a.A.   *Tiefgarage, Trockenraum für Lederkleidung.*

Plauen-Neundorf   **Hotel Ambiente**   Schulstr. 23, D-08527 Plauen-Neundorf Tel. 03741-134102 Fax 134168

Unterkunft: Ü, ÜF, HP, VP **Zimmerzahl:** 7 EZ, 13 DZ, 1 App. **Zimmer mit:** DU/Bad/WC, Telefon, Radio, TV **Sonstiges:** Frühstücksbuffet, Parkplatz, Garage. Ganzjährig geöffnet.

Ruhige Lage. Gemütliche Zimmer. Anfahrt südl. A72 Plauen-Süd, nördl. A9 Schleiz B282/92.

p.P.: Ü 48 - 82 DM, ÜF 55 - 90 DM, HP + 14 - 27 DM, VP + 18 - 36 DM

Ausgangspunkt für Tagestouren. Stellplatz und Trockenraum vorhanden.

Zwickau **Hotel „Park Eckersbach" ***** Trillerplatz 1, D-08066 Zwickau Tel. 0375-475572 Fax 475801

e-mail: ParkEckersbach@t-online.de

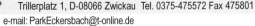

Unterkunft: Ü, ÜF, HP
Zimmerzahl: 9 EZ, 7 DZ
Zimmer mit: Dusche/Bad/WC, Telefon, TV
Sonstiges: Frühstücksbuffet, bei HP Menüwahl, Gästegarten mit gastronomischer Betreuung. 20 km zum Sachsenring.

Ganzjährig geöffnet.

Ü 70 - 140 DM, ÜF 85 - 155 DM, HP 98 - 181 DM

Trockenraum vorhanden - kostenlos -.

Mildenau **Gästehaus** Dorfstr. 84, D-09456 Mildenau Tel. 03733-57109 Fax 53379

http://www.tira.de/ffkz

Unterkunft: Ü, ÜF, HP ab 15 Pers.
Zimmerzahl: 1 EZ, 7 DZ, 1 FeWo
Zimmer mit: Dusche/Bad/WC, Radio
Sonstiges: Aufenthaltsraum mit TV/Video, Frühstücksbuffet, Töpferei im Haus, Kinderbetreuung möglich. Gaststätte gegenüber, Parkplatz, Schwimmbad im Ort, Therme 5 km

Ganzjährig geöffnet.

Ü/ÜF 25 - 35 DM
HP + 10 - 12 DM

Unsere Gartenanlage mit kleiner Terrasse, bietet die Möglichkeit zur Entspannung, zum Grillen oder einfach nur um die gesammelten Tageseindrücke in geselliger Runde nachzuerleben.

Tourenplanung Prag/Dresden möglich. Stellplatz vor dem Haus, Trockenraum vorhanden.

Dillstädt **Hotel *** & Landgasthaus „Der Distelhof"**

Dorfstr. 3, D-98530 Dillstädt Tel. 036846-60547 Fax 61332
Unterkunft: ÜF, HP, VP **Zimmerzahl:** 7 EZ, 18 DZ, 1 App.
Zimmer mit: DU/Bad/WC, Telefon, TV **Sonstiges:** Frühstücksbuffet, bei HP/VP Menüwahl, Parkplatz, Garage. Ganzjährig geöffnet.
Die Gemeinde Dillstädt liegt sehr verkehrsgünstig zwischen Suhl (12km) und Meiningen (10km). Idealer Ausgangspunkt für Ihre Ausflüge in Thüringen.
Wir bieten eine typisch Thüringer Küche, die Sie lange in Erinnerung behalten werden!

p.P. u. Nacht: ÜF 45 - 60 DM, HP + 15 - 20 DM, VP + 30 - 40 DM

Behilflich bei Tourenplanung. Abschließbare Garage, Stellplatz und Trockenraum vorhanden.

Oberhof

Unterkunft: ÜF, HP **Zimmerzahl:** 13 EZ, 45 DZ, 14 App.
Zimmer mit: Dusche/Bad/WC, Telefon, TV
Sonstiges: Aufenthaltsraum, Frühstücksbuffet, bei HP Menüwahl, Sauna, Solarium, Fitneßraum, Trockenraum, Sonnenwiese, Biergarten, Bowlingbahn, Parkplatz
Ganzjährig geöffnet.

Berghotel Oberhof

Dr.-Theodor-Neubauer-Str. 14-20, D-98559 Oberhof
Tel. 036842-270 Fax 27100

ÜF DZ 55 - 85 DM, HP DZ 67,50 - 96,50 DM

Tourenberatung, Garage für Motorräder.

Steinbach-Hallenberg

e-mail: doells-hotel@t-online.de www.doells-hotel.8m.com

Unterkunft: ÜF, HP **Zimmerzahl:** 3 EZ, 11 DZ
Zimmer mit: Dusche/Bad/WC, Telefon, Radio, TV, Minibar
Sonstiges: Aufenthaltsraum, vitamin- u. nährstoffreiches Frühstück, bei HP Menüwahl, Parkplatz, Garage

Dölls Hotel & Restaurant

Hallenburgstr. 25, D-98587 Steinbach-Hallenberg
Tel. 036847-42270 Fax 42121

ÜF 60 - 90 DM, HP 75 - 105 DM

Behilflich bei Tourenplanung. Trockenraum vorhanden.

Brotterode — Hotel Zur Guten Quelle
Schmalkalder Str. 27, D-98599 Brotterode Tel. 036840-340 Fax 34111

Unterkunft: ÜF, HP
Zimmerzahl: 8 EZ, 36 DZ
Zimmer mit: DU/Bad/WC, Telefon, TV
Sonstiges: Aufenthaltsraum, Frühstücksbuffet, Kegelbahn, Sauna, Parkplatz, Garage

Ruhige zentrale Lage im Ortskern.
Ganzjährig geöffnet.

ÜF 48 - 75 DM, HP 66 - 90 DM, EZ 75 DM p.P./Tag

Behilflich bei Tourenplanung.
Abschließbare Garage und Stellplätze vorhanden.

Meiningen — VCH-Hotel „An der Kapelle"
Anton-Ulrich-Str. 19, D-98617 Meiningen Tel. 03693-44920 Fax 470174

www.vch.de/kapelle.meiningen
Unterkunft: ÜF, HP/VP **Zimmerzahl:** 5 EZ, 8 DZ, 2 3-Bettzi.
Zimmer mit: DU/Bad/WC, Telefon, TV, Radio **Sonstiges:** Parkplatz, Garage, Frühstücksbuffet, bei HP/VP Menüwahl
Inmitten der historischen Altstadt Meiningens gelegen, erscheint das Jugendstilhaus in neuem Glanz m. Restaurant u. einer rustikalen Weinstube im Kellergewölbe. In den Sommermonaten ver-

wöhnen wir Sie gerne vor dem historischen Kapellenbrunnen in unserem Biergarten. Unser Haus ist Ihnen behilflich bei der Kartenreservierung für einen Besuch im Südth. Staatstheater.

ÜF 50 - 80 DM, HP 15 - 18 DM, VP 28 DM Aufschlag

Behilflich bei Tourenplanung, Garage, Stellplatz. Besitzer fährt selbst Motorrad - Rabatt für Motorradfahrer.

Ilmenau

Unterkunft: Ü, ÜF, HP, VP **Zimmerzahl:** 91 Zimmer, Suiten, Jun.-Suiten, FeWo, App. **Zimmer mit:** DU/Bad/WC, Telefon,TV, Radio, Minibar, Bademantel, Fön **Sonstiges:** Garagen, Parkplätze, Frühstücksbuffet, Menüwahl, Schwimmbad&Fitneßcenter, Saunalandschaft inkl., Solarium, Whirlpool, Vitaparcour, Bowlingbahn

Bei Tourenplanung behilfl., Unterbring. d. Motorräder gratis.

Romantik Berg- und Jagdhotel Gabelbach ****
Waldstr. 23a, D- 98693 Ilmenau Tel. 03677-8600 Fax 860222

ÜF 120 DM/EZ, 170 DM/DZ, ÜF 150 DM 1 P., 210 DM 2 P., ÜF Suite ab 170 DM 1 P., ab 250 DM 2 P., ÜF Landhausapp. ab 80 DM 1 P. (100 m vom Hotel entfernt), Ü Landhaussuite 150 DM 1 P., 180 DM 2 P., 210 DM 3 P. (m. Frühstück + 20 DM/P.)

Gebersdorf — Hotel Gasthaus Steiger ***
Ortsstr. 27, D-98743 Gräfenthal/Gebersdorf Tel. 036703-82890 Fax 82892

e-mail: hotel-steiger@t-online.de
http://www.th-online.de/firmen/hotel-steiger
Unterkunft: ÜF, HP **Zimmerzahl:** 2 EZ, 13 DZ, 1 Suite
Zimmer mit: Dusche/Bad/WC, Telefon, TV, Minibar, z.T. Balkon
Sonstiges: Frühstücksbuffet, bei HP Menüwahl, Sauna, Solarium, Fitneßraum, Billard-Bar, Konferenzraum, Parkplatz, Garage - Gebersdorf (450 m ü.d.M.) liegt in einer landschaftlich besonders reizvollen Gegend Thüringens - dem grünen Herzen Deutschlands. Ganzjährig geöffnet.

Behilflich bei Tourenplanung. Abschließbare Garage, Stellplatz und Trockenraum vorhanden.
Besitzer fährt selbst Motorrad.

ÜF 98 - 105 DM DZ, 65 DM EZ, HP + 18 DM, Kinder- und Gruppenermäßigung. Hausprospekt bitte anfordern.

Stadtilm

Unterkunft: ÜF **Zimmerzahl:** 1 EZ, 7 DZ
Zimmer mit: Dusche/Bad, Radio, TV, Frigo-Bar im Korridor (Selbstbedienung)
Sonstiges: Aufenthaltsraum, Parkplatz, Garage

In Kleinstadt, fast im Zentrum, aber auch ruhige Zimmer zum Innenhof.

Haus Vaterland Hotel-Garni **

Bahnhofstr. 14, D-99326 Stadtilm (gegenüber der Post)
Tel. 03629-3399 Fax 3399

ÜF 50 - 70 DM

Abschließbare Garage, Stellplatz, Trockenraum für Lederkleidung, Küchenbenutzung möglich.

Eisenach — Haus Hainstein ***
Am Hainstein, D-99817 Eisenach Tel. 03691-2420 Fax 242109

e-mail: haushainstein@t-online.de
www.vch.de/hainstein.eisenach

Unterkunft: ÜF, HP, VP **Zimmerzahl:** 31 EZ, 36 DZ
Zimmer mit: Dusche/Bad/WC, Telefon, TV
Sonstiges: Aufenthaltsraum, Frühstücksbuffet, Parkplatz, Garage

Für den, der gediegene Gastlichkeit in einem besonderen Ambiente zu schätzen weiß, wird unser idyllisches, unterhalb der Wartburg gelegenes Haus mit seiner gepflegten Gastronomie im wunderschönen, antik getäfelten Restaurant zum harmonischen Erlebnis u. idealen Ausgangspunkt für Natur und Kultur der näheren und weiteren Umgebung.

ÜF EZ 90 DM, DZ 120 DM, HP + 17,50 DM, VP + 32 DM

Garage, Stellplatz und Trockenraum vorhanden.

Wilhelmsthal   Campingplatz „Altenberger See"   D-99819 Wilhelmsthal Tel. 03691-215637 Fax 215607

Größe/Boden: 6 ha, 230 Stellplätze, 10 Bungalows/Hütten, vorrangig Wiese/Gras u. Erdboden **Sanitär/Energie:** 2 WK 12 DU, 16 WB, 1 GB, 14 Sitz-WC, Ausguß f. Chemikal-WC, 30 Stromanschlüsse 16A, 170 CCE-Stromanschlüsse mit 16A, 5 Zapfstellen **Verpflegung:** Lebensmittelversorgung, Imbißmöglichkeit, Gaststätte/Restaurant **Allgemeines:** Hunde erlaubt

10 km südlich von der Wartburgstadt Eisenach an der B19.

Preise/Tag 1999: Zelt + Motorrad 6 DM, Motorrad 1 DM, Zelt + Auto 7 DM, Auto 2 DM, Zelt 5 DM, Caravan/ Wohnmob.10 DM. Für 2000 zzgl. PS-Gebühr: Erw. PS/Nacht 7 DM

Winterstein   Wintersteiner Hof ***   Liebensteiner Str. 1, D-99891 Winterstein Tel. 036259-5610 Fax 56110

Sie haben vom Wintersteiner Hof einen idealen Startpunkt zu vielbesuchten und interessanten Sehenswürdigkeiten Thüringens.
Dank der günstigen Verkehrslage können Sie ausreichend Zeit für unsere Empfehlungen einplanen.
In unserem rustikal eingerichteten Restaurant werden Sie mit stets frisch zubereiteten Speisen verwöhnt. Wir bieten neben deutscher und internationaler Küche auch Thüringer Originales, Fischspezialitäten, Hausgeschlachtetes nach hiesiger Rezeptur.
Im Sommer lädt der Biergarten mit 60 Plätzen zum Verweilen ein.
Winterstein liegt in ruhiger Lage inmitten der Thüringer Berge, gelegen an der nordwestlichen Seite des Bergmassivs in einer Höhenlage von 356 - 691,5 m ü.d.M.
Den Wanderfreund reizt der große Inselsberg und der Rennsteig zu ausgiebigen Wanderungen in den prächtigen Laub- und Nadelwäldern.
Ganzjährig geöffnet.

Unterkunft: ÜF, HP, VP
Zimmerzahl: 18 DZ, 6 Dreibettzimmer
Zimmer mit: Dusche/WC, Telefon, Radio, TV, Fön
Sonstiges: Aufenthaltsraum, Frühstücksbuffet, Sauna, Solarium, kleiner Fitneßbereich, Parkplatz

ÜF 55 - 80 DM, HP + 20 - 25 DM, VP + 25 - 35 DM
Wochenendpreise, Gruppenangebote

Parkplatz und Garage vorhanden.

Mühlhausen   Brauhaus „Zum Löwen" ***   Kornmarkt 3, D-99974 Mühlhausen Tel. 03601-4710 Fax 440759

e-mail: brauhaus-zum-loewen@t-online.de
www.brauhaus-zum-loewen.de

Unterkunft: ÜF, HP, VP **Zimmerzahl:** 3 EZ, 28 DZ
Zimmer mit: DU/Bad/WC, Telefon, Radio, TV
Sonstiges: Frühstücksbuffet, Parkplatz
Ganzjährig geöffnet.

Herzlich Willkommen!
Das Brauhaus „Zum Löwen" liegt am Kornmarkt, gleich neben der Gedenkstätte „Deutscher Bauernkrieg" in der Franziskaner-Klosterkirche. In unserer gemütlichen Malztenne sitzen Sie hautnah an den großen Sudkesseln, wo durch unseren Braumeister streng nach dem deutschen Reinheitsgebot von 1516 das „Mühlhäuser Bier" Hell und Dunkel nach untergäriger Brauweise entsteht.

Besonders zu empfehlen ist ein Ritteressen im Salierkeller.

Brauhaus Zum Löwen

ÜF 70 - 110 DM, HP + 24 DM, VP + 40 DM
Rabatt ab 3 Übernachtungen 10 DM!

Hilfe bei Tourenplanung. Betriebsleiter fährt selbst Motorrad. Brauereibesichtigung möglich.

Tabarz   **Hotel Zur Post**   Lauchagrundstr. 16, D-99891 Tabarz Tel. 036259-51111 Fax 51114

Unterkunft: ÜF, HP, VP   Hotel verkehrsgünstig gelegen und modern ausgestattet.
Zimmerzahl: 1 EZ, 41 DZ
Zimmer mit: DU/Bad/WC, Telefon, Radio, TV, Minibar
Sonstiges: Frühstücksbuffet, bei HP/VP Menüwahl, Sauna,   ÜF: EZ   95 DM, DZ 130 - 160 DM,
Solarium, Kellerbar, Parkplatz   HP + 25 DM,
Ganzjährig geöffnet.   VP + 45 - 55 DM

Weimar   **Das kleine Hotel ****   Jahnstr. 18, D-99423 Weimar Tel. 03643-83530 Fax 835353

                                                       Unsere Gäste schätzen die ruhige Lage und die Nähe zum
Unterkunft: ÜF   Zentrum.
Zimmerzahl: 2 EZ, 12 DZ, Aufbettungen   ÜF: EZ 110 DM, DZ 160 - 180 DM, Aufbettung 40 DM
Zimmer mit: Dusche/Bad/WC, Telefon, TV
Sonstiges: Frühstücksbuffet, Nichtraucherzimmer, Parkplatz   *Stellplatz und Trockenraum für Lederkleidung vorhanden.*
                                                                 Evtl. Gruppenpreise.

2-monatige Zeitschrift mit den

schönsten Touren, Hotelführer

für Motorradfahrer, regionale

Spezialausgaben, Reiseführer

als Buch und CD-ROM, regionale

Tourenkarten

fordern Sie unsere
kostenlose Infobroschüre an.

Unterkunftsverzeichnis

Nordrhein-Westfalen, Hessen, Rheinland Pfalz, Saarland

Hotel/Camping
Katalogseite
Ort

Ort	Katalogseite	Hotel/Camping	Ort	Katalogseite	Hotel/Camping
Alken	57	H	Kirchsahr-Winnen	52	H
Altenbeken	34	H	Koblenz	55	H
Attendorn-Niederhelden	38	H	Lahnstein	55	H
Bad Arolsen	41	H	Lahntal-Sarnau	46	H
Bad Driburg	34	H	Löhnberg	47	H
Bad Karlshafen	40	H	Marburg	45	H
Bad Laasphe	38	H	Mayen	58	H
Bad Lippspringe	34	H	Michelstadt	49	H
Bad Marienberg	58	H	Moselkern	56	H
Bad Wildungen	45	H	Neuleiningen	60	H
Baustert	53	H	Neumagen/Dhron	52	H
Bernkastel-Kues	52	H	Nideggen	37	H
Beverungen-Blankenau	35	H	Niederkrüchteln	35	H
Bitburg	53	H	Oberweis	54	C
Boppard	55	H	Poppenhausen	49	H
Borken/Weseke	35	H	Pünderich	59	H
Braunfels a. d. Lahn	46	H	Recke	36	H
Daun-Gemünden	53	H	Remagen	51	H
Deuselbach	52	H	Rheine	36	H
Diemelsee-Ottlar	45	H	Rotenburg a. d. Fulda	48	H
Drolshagen-Dumicke	39	H	Rüdesheim	50	H
Ebsdorfergrund	46	H	Schenklengsfeld	49	H
Edertal-Rehbach	45	C	Schlitz	48	H
Emmelshausen	56	H	Schloß Holte-Stukenbrock	34	C
Enkirch	59	H	Schmallenberg	38	H
Eppenbrunn	59	H	Schnellbach	57	H
Eslohe	40	H	Spangenberg	40	H
Fleringen/Prüm	53	H	St. Goar	57	H
Frankenthal	60	H	Südlohn	36	H
Freudenberg (NW)	37	H	Traben-Trarbach	58	H
Fulda	47	H	Treis-Karden/Mosel	56	H
Fulda-Künzell	47	H	Trier	52	H
Geisenheim	49	H	Twistetal-Mühlhausen	42	H
Gelsenkirchen	35	H	Utscheid	54	H
Gersheim-Herbitzheim	60	H	Veitsrodt	54	H
Gleisweiler	61	H	Wachtberg-Niederbachem	37	H
Hallenberg	40	H	Weilburg a. d. Lahn	46	H
Hatzenport	57	H	Weilrod-Mauloff	49	H
Heimersheim	51	H	Willingen	42	H
Hennef	36	H	Wimbach/Adenau	51	H
Hilders	48	H	Winningen	58	H
Holsthum	54	H	Winterberg	39	H
Höxter	34	H	Wissen	59	H
Hünfeld-Sargenzell	48	H	Wolfstein	60	C
Ibbenbüren	36	H	Zilshausen	56	H
Idstein	51	H			

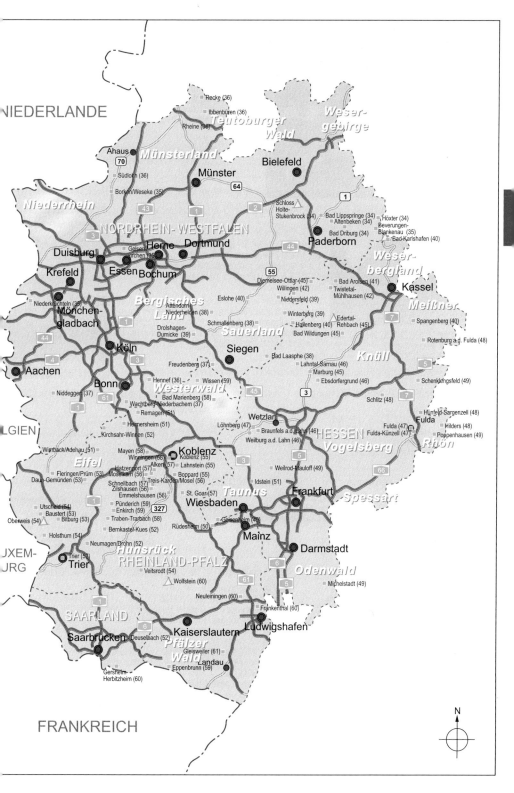

Bad Driburg   Gräfliches Parkhotel ****   Im Kurpark, D-33014 Bad Driburg Tel. 05253-9520 Fax 952204

gph@ugos-bad-driburg.de   www.bad driburg.de

Unterkunft: ÜF, HP, VP
Zimmerzahl: 144 EZ, 40 DZ, 1 Suite
Zimmer mit: Dusche/Bad/WC, Telefon, Radio, TV, teilw. Minibar
Sonstiges: Aufenthaltsraum, Frühstücksbuffet, bei HP/VP Menüwahl, Sauna, Schwimmbad, Golfplatz, Tennisplätze, Tennishalle, Parkplatz, Garage, Ganzjährig geöffnet.

p.P.: ÜF 78 - 138 DM, HP 112 - 172 DM, VP 132 -192 DM
Garage 8 DM/Tag

Behilflich bei Tourenplanung.
Abschließbare Garage, Stellplatz und Trockenraum vorhanden.

Bad Lippspringe   Vital Hotel **** Schwimmbadstr. 14, D-33175 Bad Lippspringe, Tel. 05252-964100 Fax 964170

e-mail: Vital@Vital-Hotel.de, www.Vital-Hotel.de

Unterkunft: ÜF, HP, VP **Zimmerzahl:** 47 DZ auch als EZ mgl., 1 Suite **Zimmer mit:** DU/Bad/WC, Telefon, Radio, TV, Minibar **Sonstiges:** Aufenthaltsraum, Frühstücksbuffet, bei HP/VP Menüwahl, Eintritt in Westfalen-Therme kostenlos, Parkplatz

Vom Hotel direkt in die Westfalen-Therme. Hier können Sie aktiv sein oder unter Palmen relaxen. Im einmaligen Sauna-Paradies entspannen und es sich mit allem Komfort gut gehen lassen. Ausgangspunkt für herrliche Touren ins Sauerland und Weserbergland.

ÜF 150 DM EZ, 190 DM DZ, HP +30 DM,
VP +60 DM, Happy Days 2 x ÜF, 2 x HP
p.P. im DZ 245 DM

Ganzjährig geöffnet.

Behilflich bei Tourenplanung. Stellplätze, Trockenraum. Direktor fährt selbst Motorrad.

Altenbeken   Pension Mertens   Christian-Schütze-Str. 1, D-33184 Altenbeken Tel. 05255-207 Fax 930992

Unterkunft: Ü, ÜF   Ganzjährig geöffnet.
Zimmerzahl: 1 EZ, 8 DZ, 2 App., 1 FeWo
Zimmer mit: Dusche/WC, Telefon, TV   Ü 33 - 35 DM, ÜF 41 - 45 DM
Sonstiges: Aufenthaltsraum, Frühstück, eigene Bäckerei, große
Terrasse, Sauna, Solarium, Parkplatz   *Behilflich bei Tourenplanung. Stellplatz vorhanden.*
                                                Besitzer fährt selbst Motorrad.

Schloß Holte-Stukenbrock   Campingplatz am Furlbach   Tel. 05257-3373 Fax 940373

Größe/Boden: 9 ha, 260 Stellplätze, vorrangig Wiese/Gras   Am Furlbach 33, D-Schloß Holte-Stukenbrock
Sanitär/Energie: 2 WK, 12 DU, 27 WB, 3 GB, 23 Sitz-WC, Sanitärkabine für
Rollstuhlfahrer, Ausguß f. Chemikal-WC, 260 CCE-Stromanschlüsse 16A,   Preise/Tag: Zelt + Motorrad 8,50 DM,
40 Ab-/Frischwasseranschlüsse   Motorrad 3,50 DM, Zelt + Auto 9,50 - 10,50
Verpflegung: Frühstück, Lebensmittelversorgung, Imbißmöglichkeit   DM, Auto 4,50 DM, Zelt 5 - 6 DM,
Allgemeines: Hunde erlaubt   Caravan/Wohnmob. 6 DM, MC 10,50 DM

Höxter   Hotel Weserberghof ***   Godelheimer Str. 16, D-37671 Höxter Tel. 05271-97080 Fax 970888

Unterkunft: ÜF, HP, VP
Zimmerzahl: 4 EZ, 14 DZ
Zimmer mit: Dusche/Bad/WC, Telefon, Radio, TV
Sonstiges: Frühstücksbuffet, Solarium, Bundeskegelbahn, im Sommer auch Außengastronomie, Parkplatz

Am Ortsrand, 5 Gehminuten vom Stadtkern entfernt, gelegen. Mit Blick auf Weser und Solling - landschaftlich schöne Lage. 50 m oberhalb der B64/B83.
Keine Betriebsferien. Restaurant Montags Ruhetag.

ÜF 85 - 105 DM p.Pers.,HP + 28 - 35 DM, VP + 48 - 55 DM

Reichlich Stellplatz versteckt hinterm Haus und abgeschlossen.
Raum für Unterstellmöglichkeit. Trockenraum vorhanden.

Beverungen-Blankenau — Landhotel Weserblick ***

Kasseler Str. 2, D-37688 Beverungen-Blankenau Tel. 05273-36220 Fax 362290
www.weserbergland.net

Unterkunft: Ü, ÜF, HP, VP **Zimmerzahl:** 3 EZ, 46 DZ **Zimmer mit:** DU/Bad/WC, Telefon, Radio, TV **Sonstiges:** Aufenthaltsraum, Frühstücksbuffet, bei HP/VP Menüwahl, Sauna, Solarium, Fitneß, Parkplatz

Das Angebote ist groß u. für jeden Geschmack ist etwas dabei. Erholsame Urlaubstage, frohe Familienfeste oder auch lustige Wochenendveranstaltungen - für alles finden Sie im Landhotel Weserblick den richtigen Rahmen. Als besonders angenehm wird dabei die familiäre Atmosphäre empfunden. Wir, die Familie Hake, sind Ihre Gastgeber u. setzen uns für Ihr Wohlbefinden ein. Je nach Stimmung, Appetit u. Anlaß können unsere Gäste wählen. Gemütliche Mahlzeiten in der „Tränke", festliche Menüs in der „Guten Stube" oder üppige Schlemmerbuffets in der „Blankenauer Deele". Kaffe, Eis u. hausgebackene Kuchen servieren wir im Sommer gern auf der Terrasse vor dem Haus. Unsere Köche legen viel Wert auf saisonale Speisen u. frische Produkte, die wir überwiegend auf den Märkten des Weserberglandes einkaufen.

Ü + ÜF 60 - 80 DM, HP 65 - 80 DM, VP 80 - 95 DM, Gruppenermäßigung!

Trockenraum, Tourenvorschläge, bewachter Parkplatz, Reiseleitung durch Chef (selbst Motorradfahrer), Motorradwerkstatt 100 m vom Haus.

Niederkrüchteln — Hotel-Rest. Lenhsen
Hauptstr. 52, D-41372 Niederkrüchteln Tel. 02163-81144 Fax 984225

Unterkunft: ÜF
Zimmerzahl: 8 EZ, 9 DZ
Zimmer mit: Dusche/Bad/WC, Telefon, TV
Sonstiges: Frühstücksbuffet, Tennisplatz, Schwimmbad, Sauna, Kegelbahn, Biergarten, Parkplatz, Garage

Ganzjährig geöffnet.

ÜF 75 - 90 DM

Abschließbare Garage, Trockenraum, genügend Parkplätze vorhanden - alles kostenlos.

Gelsenkirchen — Hotel „Buerer Hof" ***
Hagenstr. 4, D-45894 Gelsenkirchen Tel. 0209-9334300 Fax 9334350
e-mail: info@buerer-hof.de, http://www.buerer-hof.de

Unterkunft: ÜF **Zimmerzahl:** 10 EZ, 11 DZ, 3 Vierbettzimmer
Zimmer mit: Dusche/Bad/WC, Telefon, Radio, TV, Minibar
Sonstiges: Frühstücksbuffet, 24-Std.-Rezeption, Parkplatz, Garage

Mitten im Stadtkern von Gelsenkirchen-Buer gelegen, bietet das Hotel Buerer Hof eine ausgezeichnete Übernachtungsmöglichkeit. In allernächster Umgebung des Hauses finden Sie viele gute Restaurants, nette Lokale, gemütliche Kneipen, Biergärten, ein Museum, drei Kinos u. die Hochstraße, Buer's „Einkaufsmeile". Alles in nur 3 Gehminuten zu erreichen!

ÜF 119 - 216 DM

Abschließbare Garage und Trockenraum vorhanden.

Borken/Weseke — Hotel-Landhaus-Lindenbusch
Hauptstr. 29, D-46325 Borken/Weseke Tel. 02862-9120 Fax 41155

Unterkunft: Ü, ÜF, HP, VP **Zimmerzahl:** 1 EZ, 7 DZ
Zimmer mit: Dusche/WC, Telefon, TV, Radio, Fön
Sonstiges: TV-Raum, Aufenthaltsraum, Parkplatz, Garage, Frühstücksbuffet, Gartenterrasse, Kegelbahn

Landhaus Lindenbusch ein ruhiges, stimmungsvolles Haus, nahe der niederländischen Grenze inmitten der wunderschönen Parklandschaft des westlichen Münsterlandes gelegen. Unsere Zimmer sind wohnlich ausgestattet. Für das leibliche Wohl unserer Gäste sorgt unsere Küche mit ihrer guten, reichhaltigen und abwechslungsreichen Speisenfolge.

Ü 45-63 DM/DZ als EZ 65 DM, ÜF 49-68 DM, HP +20 DM, VP +30 DM

Garage kostenlos, Wochenendpauschale: 2 ÜF, Garage, 4-Gang Willkommensmenü 2 halb - und 1 ganztägig ausgearbeitete Motorradtour mit Karten und Prospektmaterial: 195.- DM im DZ, EZ 30.- DM Zuschlag.

Südlohn   Hotel Gasthaus Nagel   Kirchplatz 8,D- 46354 Südlohn Tel. 02862-98040 Fax 980444

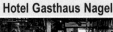

Unterkunft: ÜF **Zimmerzahl:** 4 EZ, 23 DZ
Zimmer mit: DU/Bad/WC, Telefon, TV
Sonstiges: Frühstücksbuffet, Parkplatz, Garage, Kaminzimmer, großzügige Kegelbahn, Gesellschaftsräume.
Unser Gästehaus ist 1994 neu erbaut worden. Das Gasthaus - Hotel Nagel liegt sehr ruhig im Ortskern. Unser Restaurant bietet Ihnen münsterländer Mittagstisch bis zur feinen Küche, was das Herz begehrt! Südlohn liegt direkt an der Holländischen Grenze (4km). In Deutschland an der B 70 zur Nordsee Emden. Aus Richtung Süden Anfahrt über die A31, Abfahrt Gescher/Coesfeld bitte zunächst den Hinweisschildern Richtung Gescher/Stadtlohn und später Südlohn/Winterswijk NL B525 folgen. Dann über die B70 (Brücke) 150 m RS Südlohn, Abfahrt B70. Wir wünschen eine gute Anfahrt. Familie Nagel.

ÜF 65/70 DM

Abschließbare Garage und Trockenraum für Lederkleidung kostenlos.

Rheine   Hotel Garni Blömer   Tiefestr. 32, D-48431 Rheine Tel. 05971-54026 Fax 54094

Unterkunft: ÜF **Zimmerzahl:** 10 EZ, 7 DZ **Zimmer mit:** DU/Bad, Telefon **Sonstiges:** Garage, Frühstücksbuffet
Das Hotel liegt in der Stadtmitte von Rheine und hat eine ruhige Lage. Eine abgeschlossene Unterstellmöglichkeit für Motorräder

ÜF 80 - 85 DM/EZ, ÜF 110 - 120 DM/DZ

ist im Hofraum geschaffen.
Es gibt ein reichhaltiges Frühstück, alles ist frisch erstellt und es gibt reichlich Kaffee oder Tee.

Behilflich bei Tourenplanung, abschließbare Garage, Trockenraum für Lederkleidung vorhanden.

Ibbenbüren   Hotel Hubertushof ***   Münsterstr. 222, D-49479 Ibbenbüren Tel. 05451-94100 Fax 941090

Unterkunft: ÜF, HP
Zimmerzahl: 5 EZ, 17 DZ, 3 Suiten
Zimmer mit: Natursteinbad/ DU/WC, Fön, Kosmetikspiegel, Telefon, Radio, Farb-TV, Minibar
Sonstiges: Aufenthaltsraum, Frühstücksbuffet, Restaurant, Café, Terrasse, Parkplatz, Garage

Am Fuße des Teutoburger Waldes, inmitten eines schönen Feld- und Waldgebietes, lädt unser Haus Sie zu einem angenehmen Aufenthalt ein.

ÜF 70 - 135 DM, HP + 35 DM

Überdachte Stellplätze/Garagen vorhanden.

Ob auf Reisen oder im Urlaub, hier werden Sie entspannende und erholsame Stunden finden.

Recke   Altes Gasthaus Greve ***   Markt 1, D-49509 Recke Tel. 05453-3090 Fax 3689

e-mail: 101700.1343@compuserve.com

Unterkunft: ÜF **Zimmerzahl:** 7 EZ, 11 DZ, 4 Suiten **Zimmer mit:** DU/Bad/WC, Telefon, Kabel-TV, Frigo-Bar **Sonstiges:** Frühstücksbuffet, Parkplatz, Garage

Unser geschmackvoll ausgestattetes Haus im Herzen von Recke gelegen, lädt Sie zu jeder Jahreszeit zu einem ruhigen, erholsamen und trotzdem erlebnisreichen und kulturellen Aufenthalt ein. Unsere komfortablen Gästezimmer vermitteln außergewöhnliche Behaglichkeit und bilden den Rahmen für ein angenehmes Wohlempfinden.
Für kulinarische Abwechslung sorgt unsere über die Grenzen hinaus bekannte Küche mit westfälischen Spezialitäten, saisonalen Speisen, ausgewählten Wildgerichten sowie gepflegten Getränken und einem guten Weinkeller.

Abschließbare Garage für Motorräder. Behilflich bei Tourenplanung. Trockenmöglichkeit für Motorradkleidung. Chef fährt selbst Motorrad.

ÜF 65 - 80 DM

Hennef   Hotel-Restaurant Reuter

Unterkunft: Ü, ÜF, HP, VP
Zimmerzahl: 1 EZ, 9 DZ
Zimmer mit: z.T. DU/Bad/WC, z.T. Etagen-DU/-bad/WC, TV
Sonstiges: Aufenthaltsraum, Kegelbahn, Biergarten, Parkplatz

Uckerather Str. 72, D-53773 Hennef
Tel. 02248-912410 Fax 912412

Ü + ÜF 50 - 110 DM, HP + 12 - 15 DM, VP + 23 - 25 DM

Nideggen

Hotel Rosenflora

Kirchstr. 2, D-52385 Nideggen Tel. 02427-94040 Fax 940423

Unterkunft: ÜF **Zimmerzahl:** 2 EZ, 5 DZ, 2 Dreibettzimmer **Zimmer mit:** DU/WC, Telefon, SAT-TV **Sonstiges:** Parkplatz, Garage. Ganzjährig geöffnet.

In einem Eifelörtchen am Rande des Rurtals liegt unser Hotel. Im gemütlichen Restaurant servieren wir Vorzügliches aus der Küche. In der Gaststube u.a. frisch gezapftes Bier. Unsere Zimmer sind behaglich ausgestattet, alle mit DU/WC, SAT-TV und Telefon. Unser freundliches Haus lädt zum Wohlfühlen ein.

ÜF 80 - 150 DM

Abschließbare Garage kostenlos, Werkstatt (Honda + Ducati) in unmittelbarer Nähe, Nürburgring 35 Min. entfernt.

Wachtberg-Niederbachem

Hotel-Restaurant Dahl ***

Heideweg 9, D-53343 Wachtberg OT Niederbachem
Tel. 0228-341071 Fax 345001

Unterkunft: HP, VP
Zimmerzahl: 5 EZ, 62 DZ
Zimmer mit: DU/Bad/ WC, Telefon, TV
Sonstiges: Frühstücksbuffet, Sauna, Solarium, Hallenbad, Kegelbahn, Parkplatz, Garage

In landschaftlich ruhiger Höhenlage unterhalb des Naturschutzgebietes Rodderberg liegt das Hotel Dahl mit herrlichem Blick auf das Siebengebirge. Die ruhige aber dennoch verkehrsgünstige Lage bietet viele Ausflugsziele

EZ 105 - 130 DM, DZ 170 - 220 DM, HP + 25 - 45 DM, VP + 40 - 60 DM

Stellplatz und Garage vorhanden. Besitzer fährt selbst Motorrad.

Freudenberg

Siegerland Hotel *** Haus im Walde

Schützenstr. 31, D-57258 Freudenberg
Tel. 02734-4670 Fax 467251

e-mail: info@siegerland-hotel.de   www.siegerland-hotel.de

Unterkunft: Ü, ÜF, HP, VP
Zimmerzahl: 12 EZ, 38 DZ, 4 App., 4 Suiten
Zimmer mit: DU/Bad/WC, Telefon, Radio, SAT-TV, Minibar
Sonstiges: Aufenthaltsraum, Frühstücksbuffet, Sauna, Schwimmbad, Fitneß, idyllische Gartenterrasse, Parkplatz, Garage

Mitten im Wald gelegen. 10 Fußminuten zur historischen Altstadt Freudenberg.
Bekannt gute, bodenständige Küche.
Viele Ausflugsmöglichkeiten. Ausgangspunkt kurvenreicher Landstraßen in herrlich waldreicher Landschaft.

Bei uns werden Sie rundum verwöhnt und können entspannen und neue Kräfte tanken.
In unseren gemütlich und modern eingerichteten Zimmern finden Sie alles, was Sie brauchen.

Ganzjährig geöffnet.

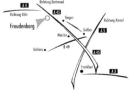

Ü 50 - 115 DM, ÜF 70 - 125 DM,
HP 95 - 150 DM, VP 110 - 165 DM
Gruppenpreise, Pauschalen

Wir organisieren Ihre Touren. Sonderangebote für Sternfahrten! Abschließbare Garage, Stellplatz und Trockenraum vorhanden.

Freudenberg

Pension Restaurant Haus Althaus

Rimbergstr. 57, D-57258 Freudenberg-Oberheuslingen
Tel. 02734-1880 Fax 489772

Unterkunft: ÜF **Zimmerzahl:** 7 DZ, 2 3-Bettzimmer
Zimmer mit: Dusche/Bad/WC
Sonstiges: Aufenthaltsraum, Parkplatz

Ruhig gelegenes Haus direkt am Wald, gemütlich eingerichtete Zimmer. Für das leibliche Wohl sorgt eine gut bürgerliche Küche. Ein gemütlicher Aufenthaltsraum mit TV steht den Hausgästen zur Verfügung.

ÜF 40 - 50 DM

Stellplatz und Trockenraum vorhanden.

Bad Laasphe

Panorama-Hotel Lahnblick ***

Höhenweg 10, D-57334 Bad Laasphe
Tel. 02752-1080 Fax 108113

Unterkunft: Ü, ÜF, HP, VP **Zimmerzahl:** 21 EZ, 20 DZ
Zimmer mit: DU/Bad/WC, Telefon, TV **Sonstiges:** Frühstücksbuffet, bei HP/VP Menüwahl, großes Hallenbad, Sauna, Sonnenbanken, Parkplatz. Ganzjährig geöffnet.

Einmalig schöne Lage, Panoramablick oberhalb Bad Laasphe. Großes Hallenbad, Sauna, Kegelbahn, Bierstübchen, große Freiterrasse.

Ü 46 - 78 DM, ÜF + 16,50 DM, HP + 17 DM, VP + 31 DM
5-Tages-Pauschalen, Wochenend-Arrangements

Behilflich bei Tourenplanung, Stellplätze.
Gruppenrabatt ab 10 Personen.

Schmallenberg Kur-u.Sporthotel Gnacke **** Astenstr. 6, D-57392 Schmallenberg-Nordenau Tel. 02975-830 Fax 83170

Unterkunft: Ü, ÜF, HP, VP
Zimmerzahl: 16 EZ, 26 DZ, 12 App. **Zimmer mit:** DU/Bad, Telefon, Radio, TV **Sonstiges:** Aufenthaltsraum, Parkplatz, Garage, Frühstücksbuffet, bei HP/VP Menüwahl, Soleschwimmbad (30 C), Whirlpool (35 C), Finnische Sauna, Türkische Dampfsauna, Solarium, Med. Badeabt., Kosmetiksalon, Panorama-Terrasse.

Am Ortsrand von Nordenau, in ruhiger Südlage, befindet sich das familiär geführte 4-Sterne-Hotel mit o.g. Ausstattung. Es verwöhnt Sie unser aufmerksames Serviceteam sowohl mit edlen Weinen und einer feinen leichten Küche, als auch mit deftigen Sauerländer Spezialitäten und einem frisch gezapften Bier. Bitte fordern Sie unseren Hausprospekt an!

Ü 60 - 106 DM, ÜF 81 - 128 DM, HP 113 - 156 DM, VP 125 - 168 DM, Wochenendpauschale von 260 - 320 DM

Behilflich bei Tourenplanung, abschließbare Garage und Stellplatz sowie Trockenraum für Lederkleidung vorhanden.

Attendorn-Niederhelden

Landgasthaus Wintersohle

Dünschederstr. 8, D-57439 Attendorn-Niederhelden
Tel. 02721-94170 Fax 941790

e-mail: info@wintersohle.de, www.wintersohle.de

Unterkunft: ÜF, HP **Zimmerzahl:** 2 EZ, 14 DZ **Zimmer mit:** DU/Bad/WC, teilw.: Telefon, Radio, SAT-TV, Balkon **Sonstiges:** Frühstücksbuffet, Nichtraucherzimmer, im Ort: Golfplatz, Schwimmbad, Sauna, Wildgehege

Kleines gemütliches Fachwerkhaus in der Nähe von Attendorn, 6 km bis zum Biggesee. Bekannt gute Küche mit regionalen Gerichten. Bierstübchen mit 35 Sitzplätzen und großer Terrasse. Bei schönem Wetter Frühstück im Freien.

Behilflich b. Tourenplanung. Stellplatz u. Trockenraum vorhanden.

ÜF p.P.: EZ 52 - 66 DM, DZ 42 - 54 DM, HP + 17 DM p.P.

Attendorn-Niederhelden

Ü 33 - 49 DM, ÜF 37 - 53 DM, HP 54 - 70 DM

Pension H. Goebel

Kapellenweg 3, D-57439 Attendorn-Niederhelden
Tel. 02721-3661 Fax 3665

Unterkunft: Ü, ÜF, HP **Zimmerzahl:** 8 DZ, 2 FeWo
Zimmer mit: DU/WC, Radiowecker, SAT-TV, größtenteils Miniküche, Minibar **Sonstiges:** Aufenthaltsraum, Schwimmbad, Sauna 50 m, Parkplatz, Garage

Familiär geführte Privatpension Nähe Biggesee. Anspruchsvoll ausgestattete Zimmer. Großzügig gestaltete Gartenanlage mit gemütlichen Sitzecken, Gartenhaus, Grillplatz und Tischtennis.

Behilflich bei Tourenplanung. Trockenraum. Besitzer fährt selbst Motorrad. Rustikales Gartenhaus für zünftige Hüttenabende. Geführte Motorradtouren.

Drolshagen-Dumicke

e-mail: mluetticke@hausdumicketal.de,
www.hausdumicketal.de

Haus Dumicketal Dumicker Str. 11, D-57489 Drolshagen-Dumicke

Tel. 02761-62424 Fax 66791

Unterkunft: ÜF, HP, VP **Zimmerzahl:** 1 EZ, 10 DZ, 3 3-Bettzimmer **Zimmer mit:** DU/Bad/WC, Telefon, TV, Minibar, Balkon **Sonstiges:** Aufenthaltsraum, Frühstücksbuffet, bei HP 3-Gang-Menü, Biergarten, Grillplatz mit Hütte, Parkplatz. Ganzjährig geöffnet.
Im Naturpark Ebbegebirge, in einem stillen Seitental zwischen Bigge- und Listersee liegt unser Haus. Gepflegte Gastlichkeit mit persönlicher, familiärer Atmosphäre erwartet Sie.

Tourenplanung, Tourguide, Garage, Trockenraum. Pauschalprogramm für Motorradfahrer.   ÜF 48 - 65 DM, HP + 18 DM, VP + 30 DM

Winterberg   Hotel Cramer ***   Ruhrstr. 50, D-59955 Winterberg/Niedersfeld Tel. 02985-97922 Fax 979222

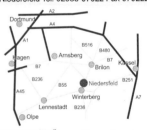

ÜF 75 - 105 DM p.P. u. Tag, HP 25 DM (ab 2 Übernachtungen),
VP 43 DM (ab 5 Übernachtungen)

Unterkunft: ÜF, HP, VP
Zimmerzahl: 10 EZ, 15 DZ, 1 App.
Zimmer mit: DU/Bad, Telefon, TV, Radio
Sonstiges: TV-Raum, Aufenthaltsraum, Parkplatz, Garage, Frühstücksbuffet, bei HP/VP Menüwahl, Sauna, Schwimmbad, Beauty-Farm, Restaurant, Bierstube „Abendsonne", Kegelbahn, Sonnenterrasse, Biergarten

*ride
&
est*
ride&rest international
*Motorrad - Hotels, - Gasthöfe
und - Pensionen*

Das Hotel Cramer liegt direkt an der B480 im Ortskern von Niedersfeld, 7 km von der Kernstadt Winterberg entfernt.
Alle Zimmer sind mit Du/WC, Telefon, Kabel-TV, Radio, und Wecker ausgestattet. Im Zimmerpreis sind Frühstücksbuffet, Schwimmbad, und Saunabenutzung enthalten. Großer kostenloser Parkplatz direkt neben dem Hotel. 5 Minuten vom Hotel befindet sich der Hillebach-Stausee zum Surfen, Angeln, und Tretbootfahren und die größte Hochheide Westdeutschlands.

Behilflich bei Tourenplanung, Garage und Stellplatz sowie Trockenraum für Lederkleidung vorhanden. Besitzer fährt selbst. Arrangements für Motorradfahrer.

Winterberg

Sporthotel Kirchmeier

Renauweg 54, D-59955 Winterberg-Altastenberg
Tel. 02981-8050 Fax 805111

Dampfbad, Tischtennis, Kegelbahnen, Parkplatz, Garage kostenlos

Ab 10.3.2000 - 31.8.2000 und 27.10.2000 - 20.12.2000
- TOP-Angebot: Fr-So ab 190,- DM p.P.
- Schnäppchen: 3 Übern. inkl. HP Do/So oder Fr/Mo ab 252 DM,- p.P.
- TOP-Reise: Mo-Fr 4 Übern. HP p.P. 293,- DM

Jedes Wochenende Freitag u. Samstag Tanz, Stimmung, Unterhaltung in unseren „Asten/Renaustuben". Großer Biergarten und Außenterrasse. Mehrere Motorradveranstaltungen im Jahr (int. Harley-Davidson-Treff vom 15.6.2000 - 18.6.2000).

Unterkunft: ÜF, HP
Zimmerzahl: 13 EZ, 98 DZ auch als 3-Bettzimmer mgl.
Zimmer mit: Dusche/Bad/WC, Telefon, TV
Sonstiges: Aufenthaltsraum, Frühstücksbuffet, bei HP Menüwahl, Hallenbad, Tennishalle, Squashhalle, finn. Sauna,

ÜF 86 - 120 DM, HP + 40 DM,
Weekend-Arrangements Fr/So HP ab 265 DM p.P.

Tourenplanung (z.B. Hochsauerland-Höhen-Straße), kostenl. abschl. Garage, Stellplätze, Trockenraum. Besitzer fährt selbst.

Eslohe Landgasthof Reinert ** Mescheder Str. 31, D-59889 Eslohe-Reiste Tel. 02973-3201 Fax 3657

Unterkunft: Ü, ÜF, HP **Zimmerzahl:** 1 EZ, 7 DZ, Zustellbett mgl.
Zimmer mit: DU/Bad/WC, TV **Sonstiges:** Aufenthaltsraum, bei HP Menüwahl, idyllischer Biergarten, gemütliche Gaststube, Restaurant, Parkplatz, Garage. Hausprospekt anfordern!
In der sechsten Generation familiengeführter Landgasthof mit harmonischer Atmosphäre zum Wohlfühlen für jung und alt.

Zentral gelegen mitten im Herzen des Sauerlandes.

Ü 35-43 DM, ÜF 45-53 DM, HP 65-73 DM, EZ-Zuschlag 5 DM

Trockenraum, Reinigungsmöglichkeit für das Bike u. Garage vorhanden. Chef fährt selbst Motorrad. Detaillierte Tourentips für die Umgebung.

Hallenberg

e-mail: rwum@aol.com
Unterkunft: ÜF
Zimmerzahl: 5 EZ, 20 DZ
Zimmer mit: DU/Bad/WC
Sonstiges: Aufenthaltsraum, Frühstücksbuffet, Parkplatz, Garage

Landgasthaus Zum wilden Zimmermann

Nuhnestr. 25, D-59969 Hallenberg
Tel. 02984-8221 Fax 2368

ÜF 50 - 60 DM

Inhaber fährt selbst Motorrad, Tourenplanung, Garage für Motorradfahrer gratis.

Spangenberg Hotel Stöhr *** Marktplatz 9, D-34286 Spangenberg Tel. 05663-94870 Fax 948722

e-mail: hotel-stoehr@t-online.de, www.spangenberg.net/hotel-stoehr
Unterkunft: Ü, ÜF, HP, VP **Zimmerzahl:** 6 EZ, 15 DZ
Zimmer mit: DU/Bad/WC, Telefon, Radio, TV, Minibar **Sonstiges:** Aufenthaltsraum, Frühstücksbuffet, bei HP/VP Menüwahl, Kegelbahn, Sportübertragungen auf Großbildleinwand, Parkplatz, Garage

Wir bieten Ihnen internationale Gaumenfreuden mit unserer Erlebnisgastronomie. Unser reichhaltiges Frühstücksbuffet hilft Ihnen, den Tag fit und fröhlich zu beginnen.

Abschließbare Garage. Behilflich bei der Tourenplanung. Besitzer fährt selbst Motorrad.

Ü 44 - 91 DM, ÜF 49 - 96 DM, HP 64 - 120 DM, VP 77 - 150 DM

Bad Karlshafen

Unterkunft: ÜF, HP
Zimmerzahl: 5 EZ, 9 DZ, 2 Mehrbett.
Zimmer mit: Dusche/Bad/WC, teilw. Etagendusche/WC
Sonstiges: Aufenthaltsraum, Frühstücksbuffet, Betten für lange Menschen, Balkon, Terrasse, Parkplatz, Garage, ruhige Zimmer zum Wald

Pension am Reinhardswald

Mündener Str. 46, D-34385 Bad Karlshafen
Tel. 05672-2551 Fax 1210

ÜF 40 - 49 DM, HP 55 - 60 DM

Abschließbare Garage und Trockenraum vorhanden. Reizvolle Landschaft.

Bad Karlshafen   Pens. Haus Weserblick   Unter den Eichen 4, D-34385 Bad Karlshafen Tel. 05672-2890 Fax 925093

Unterkunft: ÜF
Zimmerzahl: 2 EZ, 7 DZ
Zimmer mit: Dusche/WC, teilw. Balkon
Sonstiges: TV-Raum, Aufenthaltsraum, Parkplatz, Frühstücksbuffet, Terrasse, Gästebücherei, Teeküche

Das ruhige, gepflegte Haus - direkt an der Weser gelegen - ist für Ihren Urlaub ideal: unmittelbar am Waldesrand, nur 500 m bis zum Kurzentrum, zum Gradierwerk und zur Stadtmitte, 150 m bis zum Sole-Mineral-Freibad. Frühstücks- und Speiseraum mit angrenzender Terrasse, separater Aufenthaltsraum mit Gästebücherei, Spielesammlungen und Farbfernseher stehen Ihnen für Ihren wohlverdienten, erholsamen Urlaub zur Verfügung.

ÜF 40 - 50 DM   *Abschließbare Garage, Stellplatz, Trockenraum für Lederkleidung.*

Bad Karlshafen

e-mail: j.m.camping-bad-karlshafen@t-online.de
www.campingplatz-bad-karlshafen.de

Camping Bad Karlshafen

Am rechten Weserufer, D-34385 Bad Karlshafen
Tel. 05672-710 Fax 1350

Größe/Boden: 37 ha, 300 Stellplätze, 6 Mietcaravans, vorrangig Wiese, Abstellplatz mit festem Untergrund f. Motorräder vorhanden
Sanitär/Energie: WK Warmwasser, DU Warmwasser, Sitz-WC, Steh-WC, Sanitärkabine f. Rollstuhlfahrer, Ausguß für Chemikal-WC, Entsorgungsmöglichkeit f. Wohnmobile, Stromanschl. 16 A, CCE-Stromanschl. 16 A **Verpflegung:** Lebensmittelversorg., Imbißmöglichkeit, Gaststätte/ Restaurant **Allgemeines:** Hunde erlaubt, ganzjährig geöffnet.

Saisonbezogene Höhepunkte: Schlachtfeste, Bayerische Woche, Matjesessen usw. Nach Absprache arrangieren wir auch ein zünftiges Lagerfeuer

Preise/Tag: Zelt + Auto 5 DM, Zelt + Motorrad 4,50 DM, Auto + Wohnwagen oder Caravan/Wohnmobil 7 DM

Bad Arolsen

TREFF Hotel Residenzschloß ★★★★

Königin-Emma-Str. 10, D-34454 Bad Arolsen Tel. 05691-8080 Fax 808529
Unterkunft: ÜF **Zimmerzahl:** 120 DZ auch als EZ möglich, **Zimmer mit:** DU/Bad, Telefon, Radio, TV, Frigo-Bar **Sonstiges:** Aufenthaltsraum, Parkplatz, Garage, Frühstücksbuffet, bei HP/VP Menüwahl, Lagunenbad, Sauna, Dampfbad, Solarium, Whirlpool

Bad Arolsen bietet mit seinem Residenzschloß, der Schloßstraße und seinen zahlreichen Alleen eines der reizvollsten Stadtbilder Deutschlands. Kenner nennen diese Stadt liebevoll das "Versailles Hessens" oder die "Barockresidenz im Grünen". Viel Abwechslung bietet auch die interessante Umgebung, so z.B. drei Seen Twistesee 3 km, Diemelsee 25 km, Edersee 35 km mit Liegewiesen, Wasserskianlage und anderen Wassersportmöglichkeiten. Bei einer Tourenplanung stehen wir Ihnen gerne zur Verfügung. Auch für Gruppen geeignet.

ÜF 130 DM im EZ, 198 DM im DZ. Bikertarif erfragen oder ab 3 Tg. Mini-Urlaub!
Für Motorradfahrer kostenlose Benutzung der Tiefgarage! Behilflich bei Tourenplanung.

Twistetal-Mühlhausen

Unterkunft: Ü, ÜF, HP
Zimmerzahl: 1 EZ, 5 DZ
Zimmer mit: Dusche
Sonstiges: TV-Raum, Aufenthaltsraum, Parkplatz

Ca. 2 km bis zur B252, zwischen Korbach u. Arolsen.
Die 3 Seen u. die abwechslungsreiche Mittelgebirgslandschaft bietet ideale Voraussetzungen für Motorradfreunde.

Pension Göbel ***

Auf der Brede 8, D-34477 Twistetal-Mühlhausen
Tel. 05695-400 Fax 1500

Familiäre, gemütliche Atmosphäre, Kaminzimmer, Hobbylandwirtschaft, eigene Hausschlachtung.

Ü 30 - 40 DM, ÜF 35 - 45 DM, HP 45 - 55 DM

Behilflich bei Tourenplanung, Scheune u. Stellplatz vorhanden, Trockenraum für Lederkleidung.
Sonderangebote für Motorradfahrer, auf Anfrage gestalten wir Ihnen ein Pauschalangebot!
Tochter u. Schwiegersohn fahren selbst Motorrad.

Willingen — Landhotel Westfalenhof **

Korbacher Str. 10, D-34508 Willingen-Usseln
Tel. 05632-5010 Fax 5671

e-mail: westfalenhof@t-online.de

Unterkunft: ÜF, HP, VP **Zimmerzahl:** 1 EZ, 10 DZ, 2 App.
Zimmer mit: Dusche/Bad/WC, TV **Sonstiges:** Aufenthaltsraum, Frühstücksbuffet, TV-Raum, Bundes-Kegelbahn, Gartenterrasse, Auerhahnstube und Restaurant, Parkplatz, Garage

Familienbetrieb seit 1500. Gutbürgerliche und Sauerländer Spezialitäten.
Betriebsferien: November

ÜF 50 - 68 DM, HP 67 - 82 DM, VP 75 - 90 DM

Großer Parkplatz, abschließbare Garage (kostenlos).

Willingen — Gästehaus Birkenhof ***

Briloner Str. 44, D-34508 Willingen Tel. 05632-6277 Fax 6384

Sich einfach wohlfühlen! Unser familiär geführtes Gästehaus mit komfortabel ausgestatteten Zimmern und umfangreichem Frühstücksbuffet ist zentral gelegen. Neben idealen Bedingungen für Motorradfreunde erwarten Sie in Willingen vielfältige Kur- und Freizeiteinrichtungen. Starten Sie von hier zu Touren durch die herrliche Mittelgebirgslandschaft (schöne Nebenstrecken) oder zu den nahe gelegenen Stauseen und Sehenswürdigkeiten. Gerne schicken wir Ihnen unseren Hausprospekt zu.

e-mail: WSaure@t-online.de www.willingen.com/birkenhof
Unterkunft: ÜF **Zimmerzahl:** 1 EZ, 7 DZ, 1 App., 2 Wohnungen
Zimmer mit: DU/WC, SAT-TV, Radio, Balkon, auf Wunsch Telefon
Sonstiges: TV-Raum, Aufenthaltsraum, Parkplatz, Frühstücksbuffet, Maxibar, großer Garten mit Terrasse

ÜF 45 - 58 DM, Pauschalangebote, Kinderermäßigung

Scheune sowie Stellplätze stehen kostenlos zur Verfügung.
Bei der Tourenplanung sind wir gerne behilflich.

Willingen — Haus Bader

Grüner Weg 4, D-34508 Willingen Tel. 05632-69310 Fax 4510
e-mail: haus-bader@t-online.de www.willingen.com/bader.htm
Unterkunft: ÜF, HP **Zimmerzahl:** 5 EZ, 8 DZ **Zimmer mit:** DU/WC, Radio, Balkon oder Terrasse, TV ab 2000 auf allen Zimmern geplant **Sonstiges:** Aufenthaltsraum, Frühstücksbuffet, Garten mit Liegewiese

Gepflegte Pension, familiengeführt, ruhig gelegen, gute Küche. Wir tun alles Mögliche, damit Sie sich im „Haus Bader" wohlfühlen und Ihre Urlaubstage hier im schönen Strycktal so richtig genießen können. Denn mit dem „Stryck" haben Sie sich einen der schönsten Ortsteile Willingens ausgesucht. Es erwartet Sie eine abwechslungsreiche Küche nach bester Hausmanns Art. Wenn alles blüht, überraschen wir Sie mit einer Grillparty im Garten.

ÜF 49 - 65 DM, HP + 18 DM

Hilfestellung bei Tourenplanung, Garage kostenlos. Besitzer fährt selbst Motorrad. Trockenraum für Kombi, etc.

Willingen   Sauerländer Hof ***   Kur- und Ferienhotel - Ferienwohnungen

Schwalefelder Str. 16, D-34508 Willingen
Tel. 05632-6256 Fax 69106

www.willingen.com/sauerlaender-hof
e-mail: sauerlaender-hof@willingen.com
Unterkunft: ÜF, HP/VP **Zimmerzahl:** 2 EZ, 13 DZ, 6 App., 6 Wohnungen
Zimmer mit: Dusche/Bad, Telefon, TV, Radio
Sonstiges: Aufenthaltsraum, Frühstücksbuffet, bei HP/VP Menüwahl, Dampfbad, Sauna, Whirlpool, Solarium, Fitnessraum, Parkplatz, Garage

Hotel und Ferienwohnungen in einem familiär geführtem Haus mit Tradition. Zentrale Lage, kinderfreundlich, alle Zimmer mit obiger Ausstattung. Personenaufzug, ausgezeichnete Küche, kulinarische Genüsse für jeden Geschmack.Hausschlachtung. Gerne schicken wir Ihnen unseren umfangreichen Hausprospekt. Bitte rufen Sie uns an.

ride
&
est

ride&rest international

Motorrad - Hotels, - Gasthöfe
und - Pensionen

	DZ	EZ	App.	FeWo (ab 3 Tage)
ÜF	62-85 DM	72-95 DM	78-101 DM	65 - 80 DM
HP	82-105 DM	92-115 DM	98-115 DM	Zusatzbett 16 DM
VP	97-120 DM	107-135 DM	113-136 DM	Endreinig. 40 DM

Diätetische Kost auf Anfrage

Besitzer ist selbst Motorradfahrer, Oldtimerfan, behilflich bei Tourenplanung. Parkplatz, Garage. Für Clubs nicht geeignet. Roller- und Motorradvermietung zu günstigen Preisen. Ausgearbeitete Pauschalangebote für aktive Motorradtage mit Erlebnistouren stehen bereit. Bitte fordern Sie unsere Urlaubs- und Angebotsunterlagen „Bike-Total" an.

Waldhaus Bergmann mit Ferienwohnungen

Im Waldhaus Bergmann (nur 50m vom Haupthaus „Sauerländer Hof" entfernt) stehen insgesamt 6 Ferienwohnungen zur Verfügung.
Zuschnitt, Einrichtung und Ausstattung variieren. Sat-TV, Telefon und eine Mikrowelle in der Küche sind überall vorhanden. Die Wohnzimmer sind jeweils zur Südseite ausgerichtet, die Schlafzimmer liegen äußerst ruhig.

Ein gemütliches Gartenhäuschen mit Grillplatz kann von den Gästen gern genutzt werden.

Alle Hoteleinrichtungen wie oben angegeben sowie Leistungen (tägliche Reinigung und Wäschewechsel) können in Anspruch genommen werden. Die Wäsche wird gestellt, Energiekosten werden nicht berechnet.

Willingen Sauerland Stern Hotel

Kneippweg 1, D-34508 Willingen Tel. 05632-4040 Fax 6119

Unterkunft: ÜF, HP, VP
Zimmerzahl: 407 EZ+DZ, 120 FeWo
Zimmer mit: Dusche/Bad/WC, Telefon, Radio, TV, Minibar
Sonstiges: Frühstücksbuffet, bei HP/VP Menüwahl,

Das Sauerland Stern Hotel zeichnet sich neben seiner idyllischen Lage besonders durch seine ideenreiche Vielfalt aus.

Ob Sie z.B. erholsame Ferien im Kreis Ihrer Familie verbringen möchten, einen sportiven Aktiv-Urlaub bevorzugen oder ein stimmungsvolles Club-Weekend gestalten wollen: Das Sauerland Stern Hotel erfüllt dank seiner unvergleichlichen Angebots-Palette jeden Wunsch.

e-mail: info@sauerland-stern-hotel.de   **www.sauerland-stern-hotel.de**

Der hohe Wohnkomfort (alle Appartements 30 bis 45 qm groß), eine abwechslungsreiche Gastronomie und die vielseitigen Unterhaltungs-Einrichtungen lassen Ihren Aufenthalt zum wahren Erlebnis werden.

Ganzjährig geöffnet.

Sauna, Schwimmbad, Cardio-Fitneß, Tennis, Squash, Badminton, Eislaufhalle, Lagunen-Erlebnisbad, Parkplatz

Standardpreise:

ÜF 107-144 DM, HP 137-174 DM,
VP 151-188 DM, EZ-Zuschlag 45 DM,

preisgünstige Spezial-Arrangements

Diemelsee-Ottlar

ÜF 52 - 65 DM, HP ab 67 DM

Landhotel Ottonenhof ***

Zum Upland 8, D-34519 Diemelsee-Ottlar
Tel. 05633-1055 Fax 5958

Unterkunft: ÜF, HP, Verwöhnpension
Zimmerzahl: 2 EZ, 13 DZ, 2 App., 1 FeWo
Zimmer mit: Dusche/Bad/WC, TV
Sonstiges: Aufenthaltsraum, Frühstücksbuffet, Sauna, Dampfbad, Parkplatz, Garage

Herzlich willkommen im Landhotel Ottonenhof, der bäuerliche Treffpunkt sympatischer Menschen, die gepflegte Gastlichkeit lieben.

Garage, Stellplatz und Trockenraum vorhanden!
Pauschalangebote. Besitzer fährt ab u. zu selbst Motorrad.

Bad Wildungen

Treff Hotel Quellenhof ****

Brunnenallee 54, D-34537 Bad Wildungen
Tel. 05621-8070 Fax 807500

Unterkunft: ÜF, HP, VP
Zimmerzahl: 3 EZ, 111 DZ
Zimmer mit: Dusche/Bad/WC, Telefon, Radio, TV, Minibar
Sonstiges: Frühstücksbuffet, bei HP/VP Menüwahl oder Buffet, Sauna, Solarium, Whirlpool, Fitneßraum, Schwimmbad (ca. 10 m entfernt), Parkplatz, Garage. Ganzjährig geöffnet.

Preise p.P./Nacht EZ+DZ: ÜF 70 - 90 DM, HP 95 - 115 DM
VP 120 - 140 DM
Sonderarrangement auf Anfrage

Idealer Ausgangspunkt für Touren ins Bergland. Abschließbare Tiefgarage sowie Parkplätze kostenfrei vorhanden, Trockenraum.

Edertal-Rehbach

Campingplatz Rehbach am Edersee ***

Strandweg 9, D-34549 Edertal-Rehbach
Tel. 05623-1224 o. 2049 Fax 2542 o. 935105

e-mail: Useidlitz@t-online.de, http://www.edersee.com/camping

Größe/Boden: 1 ha, 130 Stellplätze, vorrangig Wiese, Abstellplatz mit festem Untergrund f. Motorräder vorhanden
Sanitär/Energie: 5 WK, 13 DU, 20 WB, 6 GB, 12 Sitz-WC, Ausguß f. Chemikal-WC, 54 CCE-Stromanschlüsse 10 A, 54 Ab-/Frischwasseranschlüsse, 54 Abwasseranschlüsse
Verpflegung: Lebensmittelversorgung, Imbißmöglichkeit, Gaststätte/ Restaurant
Betriebszeit: 1. April bis 5. Oktober.

Preise/Tag: Zelt + Motorrad 15 DM, Zelt + Auto 15 DM,
Zelt 15 DM, Caravan/Wohnmobil 15 DM + pro Pers. 8 DM

Marburg

Pension „Hesse-Stübche"

Untergasse 10, D-35037 Marburg
Tel. 06421-25887 o. 162152 Fax 162947

Unterkunft: Ü
Zimmerzahl: 6 EZ, 6 DZ, 3 App. 1 FeWo
Zimmer mit: DU/Bad/WC, Radio, TV, Minibar
Sonstiges: Sauna, Parkplatz

Herzlich Willkommen!

Unser Restaurant bietet Ihnen u. a. regionale und internationale Küche. Biere vom Faß, erlesene Weine. Warme Küche 11:00 bis 22:30 Uhr. Wir freuen uns auf Ihren Besuch!

Ü 80 - 150 DM

Ebsdorfergrund

Hotel-Restaurant Zur Burgruine Frauenberg

Capplerstr. 10, D-35085 Ebsdorfergrund OT: Frauenberg
Tel. 06424-1379 Fax 4472

Unterkunft: ÜF, HP, VP **Zimmerzahl:** 12 EZ, 21 DZ, 3-Bettz., 1 Suite
Zimmer mit: Dusche/Bad/WC, Telefon, TV, Minibar
Sonstiges: Frühstücksbuffet, Sauna, Biergarten, Restaurant, Hausschlachtung, Hessen á carte Betrieb, Parkplatz, Garage

Ganzjährig geöffnet, Restaurant Montag Ruhetag.

ÜF 65 - 85 DM, HP 90 - 110 DM, VP 110 - 130 DM
Hauptgerichte von 12 - 35 DM, EC-cash, Eurocard, Visa.

Sonderpreise für Gruppen!
Trockenraum, Garage und Stellplatz vorhanden.

Ebsdorfergrund

Unterkunft: ÜF, HP **Zimmerzahl:** 5 EZ, 10 DZ, 1 App.
Zimmer mit: Dusche/Bad/WC, Telefon, Radio, TV
Sonstiges: Frühstücksbuffet, bei HP Menüwahl, Sauna, Whirlpool, Solarium
Jugendstil-Fachwerkhaus am Waldrand.
Betriebsferien: Januar bis Februar.

Hotel Seebode

Burgweg 2, D-35085 Ebsdorfergrund-Frauenberg
Tel. 06424-6896 Fax 4097

ÜF 60 - 80 DM, HP 89 - 117 DM

Besitzer fährt selbst Motorrad.

Lahntal-Sarnau Hotel Restaurant Village

Hauptstr. 38 a, D-35094 Lahntal-Sarnau Tel. 06423-51100 Fax 51200

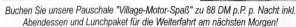

Unterkunft: Ü, ÜF
Zimmerzahl: 10 EZ, 5 DZ
Zimmer mit: Du/Bad/WC, Telefon, SAT-TV
Sonstiges: 6 km von Marburg, abschließbare Garage, Trockenraum, Frühstücksbuffet, ruhige Übernachtung, vorzügliche Küche, idyllischer Biergarten „Hier blühe ich auf!"

Buchen Sie unsere Pauschale "Village-Motor-Spaß" zu 88 DM p.P. p. Nacht inkl.
Abendessen und Lunchpaket für die Weiterfahrt am nächsten Morgen!

Ü 65 - 88 DM, DZ 120 DM,
ÜF 75 - 98 DM, DZ 140 DM

Braunfels an der Lahn

Bikers's Gasthof Am Turm

Marktplatz 11, D-35619 Braunfels/Lahn Tel. 06442-5582 Fax 931880

e-mail: info@amturm.de www.amturm.de

Unterkunft: ÜF, HP, VP, Spezielle Biker-Weekends- u. -Programme
Zimmerzahl: 11 (3 EZ/8 DZ) u. 1 Ferienhaus (7 Betten)
Zimmer mit: Dusche **Sonstiges:** Frühstücksbuffet

Traditionsgasthaus am historischen Marktplatz. Urgemütliche Gaststuben, rustikale Landhauszimmer mit kuscheligen Betten. Beliebter Bikertreffpunkt, tolle Weekend-Programme, herzhafte deutsche Küche, super Biergarten...

Bed & Breakfast ab 49 DM!! - Bikerherz was willst Du mehr??
GASTHOF AM TURM Braunfels Familie Böhm.
Ü 39 DM, ÜF 49 DM, HP 65 DM
Traumhafte Tourenregion: Taunus-Lahn-Westerwald-Rhein!

Weilburg an der Lahn   Hotel Villa im Park ***

Frankfurter Str. 12, D-35781 Weilburg an der Lahn

e-mail: vip@weilburg.de   www.weilburg.de/villaimpark
Unterkunft: ÜF **Zimmerzahl:** 4 EZ, 13 DZ **Zimmer mit:** DU/Bad/WC, Telefon, TV, Minibar **Sonstiges:** Aufenthaltsraum, 3000 qm Park, Parkplatz, Garage, Reservierungen von Vorteil

Behilflich bei Tourenplanung. Abschließbare Garage,
Stellplatz und Trockenraum vorhanden.

Tel. 06471-93830 Fax 938339

Wir arrangieren für Sie: Kanutouren auf der Lahn, Touren durch den Westerwald und Taunus. Haben wir Sie neugierig gemacht - rufen Sie uns an. Ganzjährig geöffnet.

ÜF: EZ 95 - 125 DM, DZ 150 - 220 DM

Löhnberg   Hotel Zur Krone   Obertorstr. 1, D-35792 Löhnberg Tel. 06471-6070 Fax 62107

Unterkunft: ÜF, HP, VP
Zimmerzahl: 10 EZ, 28 DZ, 3 App.
Zimmer mit: DU/Bad/WC, Telefon, Radio, TV **Sonstiges:** Frühstücks-buffet, Parkplatz, Garage, Sauna, Solarium
Seit über 150 Jahren ist die Krone ein Familienbetrieb. Sie entwickelte sich im Laufe der letzten Jahrzehnte zu einem der besten Restaurants der Region und zu einem renommierten Hotelbetrieb mit hervorragender Küche und umfangreichem Erholungs- und Freizeitangebot. Spaß und gute Laune in der Krone-Bierstube und dem Biergarten. Hier trifft man sich zu Bier und Deftigem. Hier sitzt man locker, lustig beisammen. Hier lernt man zwanglos Gäste kennen. Hier feiert man mit Freunden den Ausklang eines schönen Tages.

ÜF 68 - 205 DM, HP 92 - 253 DM, VP 110 - 289 DM

Fulda   Hotel-Gasthof-Metzgerei Harth **   Frankfurter Str. 137, D-36043 Fulda Tel. 0661-42794 Fax 402034

Unterkunft: Ü, ÜF, HP **Zimmerzahl:** 24 EZ, 19 DZ, 18 2-Bettz.
Zimmer mit: z.T. DU/Bad/WC, z.T. Etagen-DU/-bad/WC, Telefon, Radio, TV **Sonstiges:** Aufenthaltsraum, Frühstücksbuffet, Biergarten, Parkplatz, Garage.
Seit 1914 im Familienbesitz befindlicher Gasthof mit Hotel und eigener Metzgerei. Er liegt am Rand der schönen Barockstadt Fulda. Ausgangs-punkt für Motorradtouren in die Rhön, zur Wasserkuppe, zum Kreutzberg-Motorradtreffpunkt und zum Vogelsberg. Ganz in der Nähe liegen Hessens schönstes Barockschloß und das Naherholungsgebiet der Fulda-Aue mit dem Deutschen Feuerwehrmuseum. Gute Anreise wünscht Familie Harth.

EZ: Ü 30 - 75 DM, ÜF 35 - 80 DM, HP + 15 DM, DZ: ÜF 70 - 130 DM

Tourenberatung. Abschließbare Garage, Stellplatz und Trockenraum vorhanden - kostenlos. Besitzer fährt selbst Motorrad.

Fulda-Künzell   Bäder Park Hotel **** Rhön Therme

Harbacher Weg 66, D-36093 Fulda-Künzell
Tel. 0661-397-0 Fax 397151

**ÜF 79 - 320 DM,
HP 99 - 355 DM,
VP 129 - 385 DM**
Für Hotelgäste kostenfreier Eintritt in die Rhön-Therme mit Saunaparadies, Spaßrutschen, Wellenbad, Whirlpools, Außenanlage und Strömungskanal.

Bade- und Erlebnisparadies

ride & rest international
Motorrad - Hotels, - Gasthöfe und - Pensionen

Unterkunft: ÜF, HP/VP **Zimmerzahl:** 35 EZ, 63 DZ, 8 Suiten
Zimmer mit: DU/Bad/WC, Telefon, TV, Radio, Minibar
Sonstiges: Aufenthaltsraum, Frühstücksbuffet, Restaurant, 2 Kegel-bahnen, 3 Squashcourts, Tennis- und Badmintoncenter vis à vis, Konferenzräume, bei HP/VP Menüwahl, **Freizeitbad Rhön Therme Erlebnis- und Badeparadies mit Saunawelt, Wellenbad, Whirlpools,** Bierdorf „Rhön Beiz", Bar „Blue Pearl", Biergarten, Parkplatz, Garage

Hoher Zimmerkomfort, vor allem aber Atmosphäre und Stil. Das neue Bäder-Park-Hotel in der sympathischen Gemeinde Künzell, liegt am Rande der Barockstadt Fulda und besticht durch seine zentrale Lage. Bei uns erleben Sie erholsame Tage, attraktive Freizeitmöglichkeiten und Gaumenkitzel mit Rhöner Spezialitäten.

Besitzer fährt selbst Motorrad, Stellplatz, Garagen und Trockenraum vorhanden. Behilflich bei Tourenplanung. Werkzeug für kleine Reparaturen. Sonderangebote ab 20 Personen: z.B. Grillabend im Garten oder rustikales Buffet im Bierdorf. Durch zentrale Lage idealer Standort für nationale Motorradtreffs und Meetings. Gerne organisieren wir auch entspre-chende Rahmenprogramme wie Planwagenfahren, Scheunenfest, Ritteressen usw. Quick-Check-in für Motorradfahrer und Gruppen mit speziellen Zimmern im Erdgeschoß mit Terrasse und in unmittelbarer Nähe der Garagen.

Rhön - Beiz
www. Baeder-Park-Hotel.de
e-mail: Baeder.Park@t-online.de

Hünfeld-Sargenzell

Gasthof-Hotel PLUMHOFF

Blaue Lieth 13, D-36088 Hünfeld-Sargenzell Tel. 06652-2942 Fax 73316

Unterkunft: ÜF, HP, VP **Zimmerzahl:** 2 EZ, 10 DZ **Zimmer mit:** DU/Bad, Funktelefon **Sonstiges:** TV-Raum m. Kabelanschl. u. Premiere, Aufenthaltsraum, Frühstücksbuffet, Parkplatz, Garage, 2 moderne Bundeskegelbahnen im Haus (Schere), Golfplatz am Ort, großer Garten, Liegewiese, Terrasse, Biergarten

Hier werden Sie sich wohlfühlen ! Ob Sie als Feriengast oder für einige Stunden bei uns verweilen, wir werden uns alle Mühe geben, damit es Ihnen gefällt. Bei uns kocht der Chef persönlich u. sorgt mit seiner „gutbürgerlichen" Küche für Ihr leibliches Wohl. Abends oder bei schlechtem Wetter können Sie sich auf unseren Kegelbahnen sportlich betätigen. Gerne gibt Ihnen die Chefin (selbst Trainerin für Kegeln) hierzu Anleitung. Wunderschöne Motorradtouren durch die herrliche Rhön, das angrenzende Thüringen u. den Vogelsberg bieten sich an.

ÜF 40 - 60 DM, HP 60 - 80 DM, VP 70 - 90 DM, für Einzelreisende zum Kennenlernen: 7 Übern. buchen, 6 bezahlen (pro Person)

Garage für Motorräder kostenlos. Pauschalangebot für Motorradclubs: Freitag bis Sonntag 150.- DM. Töchter des Hauses fahren auch Motorrad.

Schlitz   Hotel Hahn

Günthergasse 23-27, D-36110 Schlitz Tel. 06642-382 Fax 7407

www.home.t-online.de/home/H.J.Hahn

Unterkunft: ÜF **Zimmerzahl:** 4 EZ, 7 DZ **Zimmer mit:** z.T. DU/Bad, z.T. Etagen-DU/-bad TV, Minibar **Sonstiges:** TV-Raum, Aufenthaltsraum, Garage

ride & est

ride&rest international
Motorrad - Hotels, - Gasthöfe und - Pensionen

Unser Haus liegt direkt im Zentrum der historischen Burgenstadt Schlitz.

Für Biker stehen eine große Motorradgarage und ein Trockenraum kostenlos zur Verfügung. Wir planen für Sie Tagestouren abseits stark befahrener Straßen zu den Sehenswürdigkeiten in Rhön, Vogelsberg, Knüll und Thüringer Wald. Auf Wunsch Führungen - Besitzer fährt Moto-Guzzi !

ÜF 6 DZ , 2EZ mit Dusche/WC, Kabel TV, Minibar 49 DM, ÜF 2 DZ, 2EZ mit Etagendusche/WC, Minibar 37.50 DM

Hilders Gast-Pensions-Haus Georgshof **

Findlos/Waldweg 2, D-36115 Hilders/Rhön Tel. 06681-443 Fax 8580

e-mail: georgshof-findlos@t-online.de
www.hessenweb.de/pension-georgshof

Unterkunft: ÜF, HP **Zimmerzahl:** 10 **Zimmer mit:** DU/WC, Telefon, teilw. Balkon, **Sonstiges:** TV-Raum, Aufenthaltsraum, Parkplatz, Sauna, Solarium, Billard, Tagungsraum, Terrasse mit Grillhaus, Liegewiese, Spielwiese mit Riesenschaukel, Biergarten, altdeutsche Weinstube mit 30 deutschen Weinsorten: Hausprospekt

Unsere Pension „Georgshof" liegt am Ortsrand des Rhöndörfchens Findlos in sehr ruhiger Lage u. in unmittelbarer Nähe des Waldes. Schon 25 Jahre betreiben wir unsere Pension u. bieten bei familiärer Atmosphäre einen angenehmen Aufenthalt. Wir sind bemüht, daß die Gäste zufrieden sind und gerne wiederkommen.

Motorradfahrer willkommen! Stellplätze vorhanden.

ÜF 29 - 45 DM p.P. i. DZ,
UNSER ANGEBOT: 7 Tage ÜF u. Abendbrot 255 - 325 DM p.P.

Rotenburg a.d. Fulda   MEIROTELS zur Post ***

Poststr. 20, D-36199 Rotenburg a.d. Fulda

www.meirotels.de   Tel. 06623-9310 Fax 931415

Unterkunft: ÜF, HP, VP **Zimmerzahl:** 8 EZ, 57 DZ, 3 App. **Zimmer mit:** DU/Bad/WC, Telefon, Radio, TV, Minibar **Sonstiges:** Frühstücksbuffet, bei HP/VP Menüwahl, Felsen-Erlebnisbad im Schwesterhotel, Poststube mit Wintergarten und Biergarten, MEIROTELS Rodenberg in der Nähe. Ganzjährig geöffnet.

Das City-Hotel mit dem Charme eines persönlich geführten Hauses bietet jedem Reisenden einen idealen Aufenthaltsort. Im romantischen Fuldatal liegt unser Haus nah der Innenstadt des historischen Fachwerkstädtchens Rotenburg a. d. Fulda. Die zentrale Lage mitten in Deutschland im wunderschönen Waldhessen bietet einen guten Ausgangspunkt für vielerlei Touren.

Bei Tourenplanung (Deutsche Fachwerkstraße/Märchenstraße) behilflich. Abgeschlossene Tiefgarage gratis, Stellplatz.

ÜF 79 - 158 DM, HP 104 - 183 DM, VP 149 - 208 DM

Poppenhausen

e-mail: hotelhofwasserkuppe@t-online.de
www.rhoen.net/hof-wasserkuppe
Unterkunft: ÜF **Zimmerzahl:** 4 EZ, 7 DZ,. 8 App., 1 Suite
Zimmer mit: DU/Bad/WC, Telefon, Radio, TV, Minibar

Hotel Hof Wasserkuppe ***
Pferdskopfstr. 3, D-36163 Poppenhausen Tel. 06658-9810 Fax 1635

Sonstiges: Aufenthaltsraum, Frühstücksbuffet, Hallenbad, Thermen-Anlage, Trocken-/Dampfsauna, Tecaldarium, Whirlpool, Solarium, Tischtennis, Parkplatz. Ganzjährig geöffnet.

ÜF 50 - 75 DM p.P.

Schenklengsfeld

Ü 45 - 48 DM, ÜF 55 - 58 DM, HP 65 - 78 DM

Garage und Trockenraum vorhanden. Spezielle Motorradarrangements! Besitzer fährt selbst Motorrad!

Gasthaus „Zur Linde"
An der Linde 11, D-36277 Schenklengsfeld Tel. 06629-359 Fax 7567

e-mail: info@geheb.de, www.geheb.de

Unterkunft: Ü, ÜF, HP, VP
Zimmerzahl: 1 EZ, 7 DZ
Zimmer mit: DU/WC, Telefon, TV, Radio
Sonstiges: TV-Raum, Aufenthaltsraum, Parkplatz, Garage, bei HP/VP Menü-wahl, Sauna

Ruhige Lage in der Ortsmitte an der ältesten Linde Deutschlands.

Weilrod-Mauloff   Gasthaus „Zum Kühlen Grund" Ringstr. 2, D-61276 Weilrod-Mauloff Tel. 06084-2677 Fax 4124

Unterkunft: ÜF, HP, VP **Zimmerzahl:** 2 EZ, 7 DZ **Zimmer mit:** Dusche/WC, Telefon, Radio, TV **Sonstiges:** Parkplatz, Hallenbad 30 Grad, Sauna, Solarium
Ruhige Lage am Wiesenrand mit weitem Blick über den Talgrund. Sehr gute bürgerli-che Küche, gepflegte Getränke. Saal mit 150 Sitzplätzen für Familienfeiern, Gesell-schaften und Betriebsfeste. Kaffeeterrasse. Zur Umgebung: Ebene Wege mit Ruhebän-ken und zahlreiche gut markierte Rundwan-derwege bieten sich für kurze Spaziergänge und ausgedehnte Wanderungen an. Mauloff liegt leicht erreichbar zwischen den Autobahnen FFM/Kassel u.FFM/Köln.

ÜF 50 - 65 DM, HP + 15 DM, VP + 20 DM
f. Kinder bis 10 J. 30% Ermäßigung

Überdachter Stellplatz möglich.

Michelstadt   Hotel „Stadt Michelstadt" Erbacher Str. 49, D-64720 Michelstadt Tel. 06061-5054 Fax 5074

Unterkunft: Ü, ÜF, HP, VP
Zimmerzahl: 20 EZ, 20 DZ, 5 App.
Zimmer mit: DU/Bad/WC, Telefon, Radio, TV
Sonstiges: Aufenthaltsraum, Frühstücksbuffet, bei HP/VP Menüwahl, Parkplatz, Garage, Sauna u. Schwimmbad im Haus gegenüber.

Betriebsferien: 3. bis 15. Januar.

Sonderpreise für Gruppen. Fordern Sie bitte unseren Hausprospekt an.

Ü 70 - 90 DM, ÜF 80 - 100 DM,
HP 80 - 100 DM, VP 90 - 110 DM

Geisenheim   Akzent-Waldhotel Gietz **** Marienthaler Str. 20, D-65366 Geisenheim Tel. 06722-996026 Fax 996099

Unterkunft: ÜF, HP
Zimmerzahl: 10 EZ, 33 DZ, 2 Suiten
Zimmer mit: DU/Bad, Telefon, TV, Frigo-Bar, z.T. Balkon
Sonstiges: TV-Raum, Parkplatz, Garage, Frühstücksbuffet, bei HP Menüwahl, Schwimmbad, Sauna, Grillterrasse, Bierstube idyllisch gelegen neben „Kloster Marienthal". Komfortable Zimmer z.T. mit Balkon. Hallenschwimmbad mit Sauna.

Gemütliches Restaurant mit feiner regionaler Küche. Rheingauer Weine, Biere vom Faß. Herrliche Terrasse mit Talblick.

ÜF 90 - 130 DM, HP + 25 DM, Zustellbett ÜF + 40 DM, EZ-Zuschlag 35 DM

Abschließbare überdachte Innenhofstellplätze, Trockenraum. Besitzer ist Motorradfahrer, Bruder des Besitzers hat Motorradgeschäft am Ort.

Rüdesheim — Hotel Krone Assmannshausen

Rheinuferstr. 10, D-65385 Rüdesheim-Assmannshsn.

Tel. 06722-4030 Fax 3049
Unterkunft: Ü, ÜF **Zimmerzahl:** 11 EZ, 43 DZ, 11 Suiten **Zimmer mit:** Marmorbad, Selbstwahl-Telefon, Kabel-TV, Radio/Stereoanlage, Minibar, z.T. Safe, Balkon od. Terrasse, Suiten teilw. mit offenem Kamin u. eigener Sauna
Sonstiges: Schwimmbad, Restaurant-Terrasse, Parkplatz, Garage, Frühstücksbuffet, eigenes Weingut
Die "Krone Assmannshausen" - ein legendäres Hotel seit 1541. Seit Generationen ist unser Hotel Anziehungspunkt für Gäste aus aller Welt. In den Gästebüchern finden sich klangvolle Namen. Die "Krone" ist ein Paradies für Gourmets und Genießer: große, klassische Küche mit regionalen Spezialitäten, Rotweine und Weißherbste aus eigenem Weingut. Park mit geheiztem Schwimmbad und umfangreiche Ausflugsmöglichkeiten. 35 km Wiesbaden/Mainz - 60 km Rhein-Main-Flughafen - 70 km Frankfurt - 60 km Koblenz.

Ü: 150 - 280 DM EZ, 250 - 320 DM DZ, 390 - 780 DM Suite Frühstücksbuffet 22 DM

Rüdesheim — Hotel Germania ***

Rheinstr. 10, D-65385 Rüdesheim Tel. 06722-2584 Fax 3226

www.hajes.de
Unterkunft: Ü, ÜF, HP, VP
Zimmerzahl: 3 EZ, 9 DZ
Zimmer mit: Dusche/Bad/WC, Telefon, TV
Sonstiges: Aufenthaltsraum, Frühstücksbuffet, bei HP/VP Menüwahl, Billardzimmer, Bierpub + Disco im Haus, Parkplatz

Ganzjährig geöffnet.

Ü 65 - 120 DM, ÜF 75 - 130 DM, HP + 25 DM, VP + 40 DM

Bikerfreundliches Ambiente!

Rüdesheim — Hotel Traube - Aumüller

Rheinstr. 6-9, D-65385 Rüdesheim Tel. 06722-9140 Fax 1573

e-mail: hotel@traube-aumueller.com www.traube-aumueller.com

Unterkunft: ÜF, HP, VP
Zimmerzahl: 40 EZ, 90 DZ, 3 Suiten
Zimmer mit: Dusche/Bad, Telefon, TV
Sonstiges: Aufenthaltsraum, Parkplatz, Garage, Frühstücksbuffet, Sauna, Schwimmbad (28° C)

Modernes Haus, Lifte.
Direkt am Rhein im Zentrum der Altstadt von Rüdesheim.

Komfortzimmer.

ÜF 80 - 150 DM, HP + 25 DM, VP + 50 DM

Abschließbare Garage, Stellplatz, Trockenraum.

Rüdesheim am Rhein — Rheinhotel Rüdesheim ***

Kaiserstr. 1, D-65385 Rüdesheim Tel. 06722-903-0 Fax 903199

Unterkunft: Ü, ÜF, HP, VP
Zimmerzahl: 6 EZ, 20 DZ
Zimmer mit: Dusche/Bad, Telefon, TV
Sonstiges: Parkplatz, Frühstücksbuffet, Hallenschwimmbad, eigenes Weingut

Familiär geführtes 3-Sterne-Hotel im Zentrum von Rüdesheim.

Ü 40 - 75 DM, ÜF 50 - 82 DM, HP + 25 DM, VP + 40 DM

Der Chef, selbst Motorradfahrer, gibt gerne Touren-Tips.
Garage sowie überdachte Stellplätze direkt am Hotel.

Idstein   Gasthof „Zur Ziegelhütt"

Am Bahnhof 6, D-65510 Idstein Tel. 06126-70277 Fax 7114.

Unterkunft: Ü **Zimmerzahl:** 8 DZ, 1 App.
Zimmer mit: Dusche/Bad, Telefon, TV
Sonstiges: Parkplatz, Garage, Frühstücksbuffet

Von der BAB A3 Frankfurt-Köln, Ausfahrt Idstein, liegt das Hotel u. Gasthaus „Ziegelhütt" eine Fahrminute entfernt. Großer Parkplatz und abschließbare Garagen sind direkt am Haus vorhanden.
Gutbürgerliche deutsche Küche und Zimmer mit gehobener Ausstattung.

Ü 60 - 100 DM

Besitzer fahren selbst Motorrad.
Evtl. Sonderangebote für Motorradfahrer!

Remagen   Hotel Pinger ***

Geschw.-Scholl-Str. 1, D-53424 Remagen Tel. 02642-900035 Fax 900037
e-mail: res@pingerhotels.com   http://www.pingerhotels.com
Unterkunft: ÜF, HP, VP **Zimmerzahl:** 4 EZ, 51 DZ, 5 3-/4-Bettzimmer, 6 App. **Zimmer mit:** DU/Bad/WC, Telefon, Radio, TV **Sonstiges:** Aufenthaltsraum, Frühstücksbuffet, bei HP/VP Menüwahl, Sauna, Schwimmbad, Fahrradmiete, Ausflugsfahrten, Parkplatz
Das Inhaber-geführte **-Ferienhotel und die ***-Appartements liegen im Zentrum von Remagen. Nur 100 m zur Fußgängerzone und 300 m zur Rheinpromenade. Die charmante Römerstadt Remagen ist eine ideale Basis für Ausflüge ins Rheintal, Moseltal und die Ahr-Eifel-Region. Der Nürburgring ist nur 40 Min. entfernt.

ÜF 89 - 219 DM, HP + 22 DM

Michael Pinger fährt selbst Motorrad. Hilfe bei Tourenplanung. Stellplätze für Motorräder im abschließbaren Hof.
Trockenraum für Lederkleidung vorhanden.

Remagen-Kripp   Rheingold Hotel ***

Rheinallee 3-4, D-53424 Remagen-Kripp Tel. 02642-44410 Fax 43462

Unterkunft: ÜF, HP, VP
Zimmerzahl: 2 EZ, 22 Dz
Zimmer mit: Dusche/Bad/WC, Telefon, Radio, TV
Sonstiges: Aufenthaltsraum, Frühstücksbuffet, Parkplatz, Garage
Ganzjährig geöffnet.

ÜF 120 - 130 DM DZ,
HP + 15 - 20 DM je Pers., VP + 30 - 40 DM je Pers.

Abgeschlossene Garage, Trockenraum für
Lederbekleidung, Tourenplanung.

Heimersheim   Hummel's Hotel Zum Stern **

Johannisstr. 15, D-53474 Heimersheim Tel. 02641-24006 Fax 26197

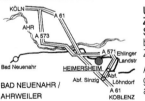

Unterkunft: Ü, ÜF **Zimmerzahl:** 2 EZ, 13 DZ
Zimmer mit: Dusche/Bad/WC, Telefon, TV, Minibar
Sonstiges: sehr gutes und reichhaltiges Frühstücksbuffet ohne Ende, Casino, Kino, 5 Minuten zum Zentrum

Abseits vom Streß des Alltags begrüßen wir Sie in der gastlichen Atmosphäre unseres familiären Hauses im alten Weindorf Heimersheim im romantischen Ahrtal.

Ü 60 - 100 DM, ÜF 70 - 120 DM

Betriebsferien: 24. bis 30. Dezember.

Besitzer fährt selbst Motorrad. Werkstatt in der Nähe. Stellplatz vorhanden.

Wimbach/Adenau am Nürburgring

e-mail: muellerute@t-online.de
home.t-online.de/home/muellerute/
Unterkunft: Ü, ÜF **Zimmerzahl:** 2 DZ, 1 App., 1 FeWo
Zimmer mit: Dusche/WC, Telefon, Radio, SAT-TV
Sonstiges: Frühstücksbuffet, Sauna, Pool (4,50 m) im Garten, Terrasse, schöne Eifeltouren Ahr-Rhein-Mosel-Benelux

Gästehaus Ute Müller

Hauptstr. 39a, D-53518 Wimbach/Adenau
Tel. 02691-7485 Fax 7414

Ü 25 -35 DM, ÜF 40 - 60 DM

Abschließbare Garage und Stellplatz vorhanden.

Kirchsahr-Winnen — Pension Eifelblick

Flurweg 9, D-53505 Kirchsahr-Winnen, Tel. 02643-900037 Fax 900195

e-mail: JSchueren@t-online.de

http://tel.de/02643900037/

Sonstiges: Aufenthaltsraum, Frühstück, Sauna, Aussichtsterrasse, Liegewiese, Grillplatz, Whirlpool, Parkplatz

Ü 70 - 100 DM, ÜF 82,50 - 125 DM, ab 5 Tg. 40 DM, DZ p.P. 2 DZ als FeWo 14 Tg. á 1.700 DM ohne Frühstück.

Unterkunft: Ü, ÜF Zimmerzahl: 4 DZ auch als FeWo mögl. Zimmer mit: 3 Zi. DU/Bad/WC, 1 Zi. Etagen-DU/-bad/WC, Telefon, TV, Radio, Minibar

Stellplätze vorhanden.

Trier — Hotel-Garni Weinhaus Haag

Stockplatz 1, D-54290 Trier Tel. 0651-975750 Fax 9757531

Parkplatz speziell für Motorräder.

ÜF EZ
50 - 90 DM
ÜF DZ
45 - 75 DM

Haus Ursula, 3 FeWo (ab 1 Woche)

Kern-Öffnungszeiten:Mo-Mi-Sa-Sonn-u. Feiertag 7.00 -11.30 u.17.00 -20.30 Uhr, Di-Do-Freitag 7.00 -11.30 u.15.00 -20.30 Uhr.

Unterkunft: ÜF Zimmerzahl: 7 EZ, 9 DZ Zimmer mit: Etagen-Du/Bad/WC o. DU/ Bad/WC, TV auf Wunsch Sonstiges: Parkplatz speziell nur für Motorräder, Frühstücksbuffet

Im Herzen der Stadt, direkt am Hauptmarkt und den Baudenkmälern: freundliche Gästezimmer mit und ohne Du/WC ausgestattet, TV auf Wunsch, reichhaltiges Frühstücksbuffet. Weinfachgeschäft, Motorradfahrer, Radfahrer und Wanderer sind willkommen.

Neumagen/Dhron

e-mail: zum-hofberg@t-online.de

Zimmerzahl: 1 EZ, 6 DZ Zimmer mit: Dusche/Bad/WC, Radio, TV
Sonstiges: Aufenthaltsraum, Parkplatz, Garage

Hotel-Gasthof „Zum Hofberg"

Brückenstr. 3, D-54347 Neumagen/Dhron
Tel. 06507-2595 Fax 6757

DZ 90 DM, EZ 50 DM

Gasthaus mit Fremdenpension „Zum Hofberg" im ältesten Weinort Deutschlands gelegen. Die behaglich eingerichteten Zimmer geben den Blick frei auf die romantische Flußlandschaft der Mosel und das Panorama der Weinberge.

Deuselbach — Hotel Britz

Unterkunft: Ü, ÜF, HP u. VP ab 3 Tagen
Zimmerzahl: 3 EZ, 4 DZ Zimmer mit: z.T. DU/Bad/WC, z.T. Etagen-DU/-bad/WC, TV Sonstiges: Aufenthaltsraum, bei HP/VP Menüwahl, Liegewiese, Parkplatz, Garagen

Erbeskopfstr. 33, D-54411 Deuselbach Tel. 06504-355

Unser Haus bietet Ihnen neuzeitliche eingerichtete Fremdenzimmer mit DU und WC, Zentralheizung. Gepflegte Gastlichkeit in familiärer Atmosphäre.

Ü 20 - 30 DM, ÜF 35 - 45 DM, HP 50 - 55 DM, VP 60 - 65 DM

Großer Stellplatz für Motorräder und Trockenraum vorhanden. Sonderangebote für Motorradfahrer.

Bernkastel/Cues — Hotel Burg Landshut

Unterkunft: ÜF, HP, VP Zimmerzahl: 5 EZ, 24 DZ, 2 App.
Zimmer mit: DU/Bad/WC, Telefon, Radio, z.T. TV, z.T. Minibar
Sonstiges: Aufenthaltsraum, Frühstücksbuffet, bei HP/VP Menüwahl, Solarium, Kosmetikstudio „Piccola bella", Terrasse, Weinproben, Parkplatz, Garage.

Geschlossener Hofraum für Motorräder.

Gestade 11, D-54470 Bernkastel/Cues Tel. 06531-3019 Fax 7387

Betriebsferien: Winter.
Direkt am Moselufer. In bewährter Qualität finden Sie in Landshut's Restaurant kulinarische Leckerbissen. Das Café sowie die Hofgarten-Terrasse laden zum nachmittäglichen Kaffeeplausch oder zur Teestunde.

ÜF 50 - 150 DM, HP + 27 - 29 DM, VP + 39 DM

Daun-Gemünden

Haus „Eifelblick"

Zum Eifelblick, D-54550 Daun-Gemünden
Tel. 06592-980543 Fax 985149

Unterkunft: ÜF, HP, VP
Zimmerzahl: 25 DZ
Zimmer mit: Dusche/Bad/WC
Sonstiges: Aufenthaltsraum, Frühstücksbuffet, Sauna, Grillplatz, Parkplatz, Garage

Ruhige Lage am Wald.

ÜF 50 - 65 DM, HP 60 - 70 DM, VP 72 - 85 DM

Behilflich bei Tourenplanung. Garagen vorhanden.
Besitzer fährt selbst. 20 km bis zum Nürburgring!

Fleringen/Prüm   Hotel-Restaurant Schoos   Baselt Nr. 7, D-54597 Fleringen/Prüm Tel. 06558-92540 Fax 925455

Gruppenpreise und Wochenendpau-schalen auf Anfrage. Parkplätze sowie Unterstellmöglichkeiten für Motorräder kostenlos.

ÜF 72 - 90 DM,
HP 97 - 120 DM ,
VP 115 - 138 DM

Unterkunft: UF, HP, VP **Zimmerzahl:** 7 EZ, 23 DZ
Zimmer mit: DU/Bad, Telefon, Sat/TV
Sonstiges: Aufenthaltsraum, Parkplatz, Früh-stücksbuffet, Dampfbad, Sauna, Schwimmbad, 2 Bundeskegelbahnen

Inmitten der bergigen Vulkaneifel, direkt an der B410 zwischen Prüm und Gerolstein gelegen. In unserem modernen, neu renovierten Hotel sind alle Zimmer mit genannter Ausstattung. Unser Haus ist der ideale Ausgangspunkt für Eifelrundfahrten (Nürburgring). Am Abend werden Sie von unserer guten Küche verwöhnt und lassen diesen in der gemütlichen Bit-Stube ausklingen.

Bitburg   Hotel Eifelstern ***   Charles-Lindbergh-Allee 6, D-54634 Bitburg Tel. 06561-91500 Fax 915010

e-mail: info@eifelstern.com
www.eifelstern.com

Unterkunft: ÜF, HP, VP
Zimmerzahl: 72 DZ, EZ/3-/4-Bettzimmer möglich
Zimmer mit: DU/Bad/WC, Telefon, Radio, TV
Sonstiges: Frühstücksbuffet, bei HP/VP Menüwahl, Sauna, Solarium, Whirlpool, Discothek „Doppeldecker", Biergarten, Bar, Restaurant, Fahrräder, Parkplatz. Ganzjährig geöffnet.

Im Freizeit- u. Erlebnishotel Eifelstern erwartet Sie ein Hotelerlebnis der besonderen Art!

ÜF 55 - 105 DM, HP 77 - 128 DM, VP 99,50 - 151 DM

Stellplatz vorhanden. Gerne behilflich bei Tourenplanung.

Heben Sie mit uns ab...

Baustert   Landhotel Wiedenhof ***   Schulstr. 21, D-54636 Baustert Tel. 06527-9240 Fax 924324

e-mail: info@wiedenhof.de   www.wiedenhof.de
Unterkunft: ÜF, HP, VP **Zimmerzahl:** 6 EZ, 28 DZ, 2 App. **Zimmer mit:** DU/Bad/WC, Telefon, TV, Minibar **Sonstiges:** Aufenthaltsraum, Frühstücksbuffet, bei HP Menüwahl, Sauna, Schwimmbad, Kegelbahn, Tischtennis, Billard, Parkplatz, Garage

Im Zentrum der herrlichen Südeifel zwischen Bitburg und Vianden (LUX) liegt unser Familienbetrieb mit persönlichem Ambiente, eingebettet in einem 5 ha großen Hotelpark am Südhang von Baustert. Gesunde Luft - viel Wald - günstige Höhenlage sind die natürlichen Garanten, gute Küche und gepflegte Gastlichkeit die leiblichen Garanten für eine nachhaltige Erholung. Unsere zentrale Lage im deutsch-luxemburgischen Naturpark ist Ihr idealer Ausgangspunkt für ausgedehnte Touren mit vielen Sehenswürdigkeiten im Grenzgebiet Deutschland-Benelux.
Auf Ihren Besuch freut sich Familie Kirchen.

ÜF 52 - 90 DM, HP 74 - 114 DM, VP 92 - 132 DM

Bei Tourenplanung behilflich. Trockenraum, abschließbare Garage, überdachter Stellplatz und Servicestation vorhanden.

Oberweis   **Prümtal-Camping**   In der Klaus 5, D-54636 Oberweis Tel. 06527-92920 Fax 929232

www.pruemtal.de
Größe/Boden: 3,8 ha, 232 Stellplätze, 2 Bungalows, 1 Mietcaravan, vorrangig Wiese, Abstellplatz mit festem Untergrund f. Motorräder vorhanden **Sanitär/Energie:** 12 WK, 26 DU, 34 WB, 8 GB, 25 Sitz-WC, 7 Steh-WC, Sanitärkabine f. Rollstuhlfahrer, Ausguß für Chemikal-WC, Entsorgungsmöglichkeit f. Wohnmobile, 132 Stromanschl. 16 A, 132 CCE-Stromanschl. 16 A **Verpflegung:** Lebensmittelversorg., Imbißmöglichkeit, Gaststätte/Restaurant **Allgemein:** Hunde erlaubt, ganzjährig geöffnet.

Spezielle Angebote für Gruppen auf Anfrage.
Große Auswahl für Frühstück, Mittag- und Abendessen.

Preise/Tag: Zelt + Motorrad oder Zelt + Auto oder Caravan/ Wohnmobil 7,25 DM, Personengebühr 9,90 DM/Erwachsene

Utscheid   **Pension-Gasthaus Koch**

Im Krahnen 17, D-54675 Utscheid Tel. 06564-2050 Fax 1212

Unterkunft: ÜF, HP
Zimmerzahl: 8 DZ, Möglichkeit zum Zelten
Zimmer mit: Dusche/Bad/WC
Sonstiges: Frühstücksbuffet, bei HP Menüwahl, Solarium, Sauna

Betriebsferien: 14 Tage im Oktober während der Herbstferien.

ÜF 40 - 45 DM, HP 45 - 50 DM
Clubwochenende FR -SO p.P. VP 100 DM

Holsthum   **Hotel „EUROPA" ***   Bornweg 15, D-54668 Holsthum Tel. 06523-322 Fax 377

www.hotel-europa-eifel.de
Unterkunft: ÜF, HP **Zimmerzahl:** 4 EZ, 15 DZ, 3 App. **Zimmer mit:** DU/Bad/WC, Telefon, Radio, TV, Balkon (alle Südseite) **Sonstiges:** TV-Raum, Aufenthaltsraum, Parkplatz, Garage, Frühstücksbuffet, bei HP 3-Gang Menü, Grillhütte, Kinderspielplatz, Sauna, Solarium, Röm. Dampfbad, Freibad, Parkanlage
Familienbetrieb mit Liebe zum Detail, ruhige Ortsrandlage, feine und herzhafte Küche, ausgesuchte Weine, Grill- und Sommerfeste. Eingebettet im Tal der Prüm mit Wanderwegen für jedes Alter. Sehenswürdigkeiten in Trier, Echternach, Vianden. Nur 10 Min. bis Luxemburg.

Behilflich bei Tourenplanung, abschließbare Garage und Stellplatz vorhanden.   ÜF 52 - 62 DM , HP 63 - 75 DM
Motorradgruppen bitte Preisliste anfordern für Gruppenreisen!

Veitsrodt   **Gasthaus Hartmann-Dreher**   Hauptstr. 18, D-55758 Veitsrodt Tel. 06781-33731 Fax 33731

Unterkunft: ÜF
Zimmerzahl: 5 EZ, 5 DZ
Zimmer mit: DU/Bad/WC, TV
Sonstiges: Aufenthaltsraum, Kegelbahn, Parkplatz, Garage

Moderne Fremdenzimmer. Ruhige Lage, 3 km bis Idar-Oberstein. Edelsteinmetropole: Museen, Bergwerke, Schleifereien, Einkaufsmöglichkeiten.
30 km ins Moseltal. Veitsrodt gelegen an der Deutschen Edelsteinstraße.

ÜF 43 - 45 DM

Tourenplanung, Garage, Stellplatz. Besitzer fährt selbst.

Koblenz

ÜF 99,50 - 159 DM

Tiefgarage vorhanden.

ORONTO HOTEL -Garni- ***

Ferdinand-Sauerbruch-Str. 27, D-56073 Koblenz
Tel. 0261-947480 Fax 403192

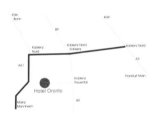

Unterkunft: ÜF Zimmerzahl: 1 EZ, 40 DZ **Zimmer mit:** DU/Bad/WC, Telefon, Radio, TV **Sonstiges:** Frühstücksbuffet, Garage

Lage in Stadtnähe. Bushaltestelle auf gegenüberliegender Straßenseite. Alle Zimmer mit o.g. Ausstattung. Hoteleigene Bar vorhanden. Mehrere Restaurants in wenigen Minuten zu Fuß erreichbar.

Koblenz   Hotel Haus Bastian

Maigesetzweg 12, D-56073 Koblenz Tel. 0261-953330 Fax 9533344
e-mail: bastiankoblenz@eurohotel-online.com

Unterkunft: ÜF Zimmerzahl: 1 EZ, 26 DZ, 2 App. **Zimmer mit:** DU/ Bad/WC, Telefon, Radio, TV **Sonstiges:** Frühstücksbuffet, Sonnenterrasse, Kegelbahn, Parkplatz, sehr ruhige Lage. Ganzjährig geöffnet.

Koblenzer Gemütlichkeit und Gastlichkeit die von Herzen kommt. Wohnen in angenehmer Atmosphäre im 60-Betten-Hotel. Idyllische Ruhe, klare Luft und ein herrlicher Ausblick vermitteln unbeschwerte Lebensfreude auf unserer großen Sonnenterrasse. Die Kunst zu genießen beginnt mit der Kunst des Kochens. Unsere Küche läßt Feinschmecker- und besonders Wildliebhaberherzen höher schlagen.

ÜF 80 - 140 DM

Abschließbare Garage, Stellplatz u. Trockenraum vorhanden.

Lahnstein   Hotel-Restaurant Koppelstein

Braubacher Str. 71, D-56112 Lahnstein Tel. 02621-2713 Fax 18679
e-mail: hotel@koppelstein.de
www.koppelstein.de

Unterkunft: Ü, ÜF, HP
Zimmerzahl: 2 EZ, 9 DZ
Zimmer mit: teilw. mit Dusche/Bad/WC, teilw. Etagendusche/-bad/WC
Sonstiges: Aufenthaltsraum, Biergarten, Kegelbahnen, Bocciabahnen

Ü 35 - 80 DM, ÜF 40 - 90 DM, HP + 15 DM

Chef fährt selbst, für Gruppen von Mo-Fr Sonderpreise!
Idealer Ausgangspunkt für Rhein-, Lahn-, Moseltouren.
Behilflich bei Tourenplanung. Abschließbare Garage, Trockenraum mit Trockner.

Boppard   Hotel Hunsrücker Hof **

Steinstr. 26-28, D-56154 Boppard Tel. 06742-2433 Fax 4826
e-mail: hotel_hunsruecker_hof@t-online.de

Unterkunft: Ü, ÜF, HP **Zimmerzahl:** 2 EZ, 24 DZ **Zimmer mit:** DU/Bad/WC, Radio, TV **Sonstiges:** Aufenthaltsraum, Frühstücksbuffet, Parkhaus in der Nähe

Das gepflegte Haus in ruhiger Stadtlage bietet seinen Gästen zu jeder Zeit einen angenehmen Aufenthalt. Am romantischen Mittelrhein zählt Boppard zu den meist besuchten Orten. Sehr guter Ausgangspunkt für Touren in den Hunsrück, Westerwald und die Eifel.

Ü 45 - 60 DM, ÜF 55 - 70 DM, HP + 18 - 24 DM

Stellplätze vorhanden.

Treis-Karden/Mosel

Hotel-Garni Haus Reis Mosellallee 23, D-56253 Treis-Karden/Mosel Tel. 02672-1298 Fax 1849

Unterkunft: ÜF **Zimmerzahl:** 5 EZ, 11 DZ, 3-Bettzimmer auf Wunsch
Zimmer mit: DU/Bad, Etagendusche/Bad **Sonstiges:** TV-Raum, Aufenthaltsraum, Parkplatz, Garage, reichhaltiges Frühstück, Liegewiese

Unser Haus mit Liegewiese liegt direkt an der Moselpromenade. Die Freizeitanlage an den Moselanlagen mit Freischach, Minigolf, Freibad, Tennisplätzen und Jachthafen sind nur 10 Gehminuten entfernt.
Die Anlegestelle für Ausflugsschiffe ist direkt vor dem Haus. Ausflugsmögslichkeiten zu bekannten Burgen (Burg Eltz).
Idealer Ausgangspunkt für Motorradtouren entlang der Mosel, in die Eifel und in den Hunsrück.

ÜF 30 - 40 DM

Kostenlose abschließbare Garage, Stellplätze für ca. 20 Motorräder.
Besitzer fährt selbst Motorrad. Motorradwerkstatt im Ort.

Moselkern   **Gästehaus Hedi Pauly**   Oberstr. 53, D-56254 Moselkern Tel. + Fax 02672-7085

Unterkunft: ÜF
Zimmerzahl: 4 DZ, 1 3-Bettzimmer
Zimmer mit: Dusche/WC
Sonstiges: Aufenthaltsraum mit TV, Garage, wir sprechen deutsch und englisch!

Vor dem Tor zur Burg Eltz. 16 km von Cochem, 28 km von Mayen und 32 km von Koblenz entfernt.

ÜF 32 DM p.P.

Behilflich bei Tourenplanung.
Stellplatz und Trockenraum für Lederkleidung vorhanden.

Emmelshausen   **Hotel Münster ***   Waldstr. 3a, D-56281 Emmelshausen Tel. 06747-93940 Fax 939413

e-mail: hotel-muenster@t-online.de
www.haneder.de/muenster

Unterkunft: ÜF **Zimmerzahl:** 2 EZ, 16 DZ als EZ möglich **Zimmer mit:** Dusche/Bad/WC, Fön, Telefon, SAT-TV, Minibar, Balkon **Sonstiges:** Aufenthaltsraum, Frühstücksbuffet, Sauna, Liegewiese

Unser familiär geführtes Haus liegt im vorderen Hunsrück. Die zentrale Lage ist idealer Ausgangspunkt für Motorradtouren in die Eifel, an die Mosel und zum Rhein.
Sonderpreise für Gruppen.

ÜF: EZ 75 DM, DZ 115 DM (2. Pers.) Gruppenpauschalen auf Anfrage.

Abschließbare Garage, Stellplatz und Trockenraum für Lederkleidung.

Zilshausen   **Gasthof Zur Post ***   Hauptstr. 25, D-56288 Zilshausen Tel. 06762-93280 Fax 932850

e-mail: zurpost_zilshausen@t-online.de

Unterkunft: ÜF **Zimmerzahl:** 12 DZ, 1 FeWo
Zimmer mit: DU/Bad/WC, Telefon, TV
Sonstiges: Aufenthaltsraum, Sauna, Solarium, Fitneßraum, Parkplatz, Garage

Herzlich willkommen in unserem Landgasthof, auf romantischen Hunsrückhöhen gelegen, in zentraler Ausgangslage zwischen Rhein und Mosel. Unsere Bauernstube mit gutbürgerlicher Küche bietet Ihnen die Möglichkeit, einen erlebnisreichen Tag in netter Runde ausklingen zu lassen.
Eine FeWo (bis 4 Pers.) ermöglicht auch jungen Familien den Aufenthalt in unserem Haus.

ÜF 38 - 60 DM

Motorrad-Garage, Tourenplanung, Besitzer fährt selbst.

Schnellbach — Haus am Schnellbach

Oberstr. 28, D-56290 Schnellbach Tel. 06746-8736 Fax 8761

Unterkunft: ÜF **Zimmerzahl:** 6 DZ, Blockhütte (72qm) mit Matratzenlager **Zimmer mit:** DU/WC
Sonstiges: Aufenthaltsraum, gute Küche, überdachte Terrasse, Liegewiese, Grillen möglich, Parkplatz, Garage für Motorräder

Zentrale Lage genau zwischen Rhein, Mosel, Deutsches Eck und Idar-Oberstein. Land der Burgen und Schlösser.

p.P. i. DZ: ÜF 1 Nacht 40 DM, mehrere Nächte 35 DM, HP mehrere Nächte 50 DM, EZ-Zuschlag 5 DM p.Tg., ÜF Matratzenlager 15 DM

Behilflich bei Tourenplanung, Tourenpläne vorhanden. Abschließbare Garage und Trockenraum vorhanden. Chef fährt selbst Motorrad.

St. Goar — Hotel Keutmann

An der Loreley 24, D-56329 St. Goar Tel. 06741-1691 Fax 7220

Unterkunft: ÜF, HP
Zimmerzahl: 2 EZ, 8 DZ
Zimmer mit: Dusche/WC, TV, Radio, Telefon
Sonstiges: Parkplatz, Garage

Von unserer herrlichen Rheinterrasse aus genießen Sie einen hervorragenden Blick auf Loreley und Rhein. Gepflegte Gastlichkeit, eine gutbürgerliche Küche - durchgehend von 11:30 bis 21:00 Uhr - und erlesene Getränke lassen Sie den Alltag vergessen.

ÜF 50 - 55 DM p.P., HP + 25 DM

Tourenplanung, abschließbare Garage.
Besitzer fährt selbst Motorrad.

Alken — Hotel „Moselblick"

Moselstr. 12, D-56332 Alken Tel. 02605-3347 Fax 84677

Unterkunft: ÜF, HP **Zimmerzahl:** 7 DZ, 1 Wohnung **Zimmer mit:** DU/Bad, Telefon, TV, teilw. Balkon **Sonstiges:** Parkplatz, Garage, bei HP Menüwahl
Urlaub fängt mit Gemütlichkeit und Gastfreundschaft an. Bei uns finden Sie beides. In unserem moselländisch, rustikal eingerichteten Haus bieten wir unseren Gästen eine familiäre Atmosphäre und aufmerksame Bedienung. Gästezimmer mit o.g. Ausstattung und herrlicher Aussicht in das romantische Moseltal. Besonderes Augenmerk legen wir auf die gute Küche. Unsere umfangreiche Speisenkarte bietet Ihnen Wild-, Fisch- und heimische Gerichte.

ÜF 45 - 55 DM, HP 56 - 65 DM

Abschließbare Garage kostenlos, Stellplatz, Trockenraum für Lederkleidung.

Hatzenport — Hotel Gasthaus Prüm

Moselstr. 50, D-56332 Hatzenport Tel. 02605-758 Fax 961445

Unterkunft: ÜF
Zimmerzahl: 1 EZ, 10 DZ, 1 App.
Zimmer mit: DU/Bad/WC, Telefon
Sonstiges: Aufenthaltsraum

Hallo Motorrad-Freunde!
Das gemütliche Landgasthaus direkt an der Mosel gelegen bietet an: gut bürgerliche Küche, gepflegte Getränke, preiswerte Übernachtung. Auf Ihren Besuch freut sich das Team vom Hause Prüm.

Betriebsferien: Januar. Montag Ruhetag.

Kostenlose Unterstellmöglichkeit für Ihre Maschinen in einer geschlossenen Halle. Trockenraum für Lederkleidung vorhanden.

ÜF: EZ 45 DM, DZ 70 DM

Winningen — Hotel Emmerich

Raiffeisenstr. 15, D-56333 Winningen Tel. 02606-537 Fax 2904

Unterkunft:ÜF,HP **Zimmerzahl:** 8 EZ, 18 DZ **Zimmer mit:** DU/Bad **Sonstiges:** TV-Raum, Aufenthaltsraum, Parkplatz, Garage, Frühstücksbuffet
Unser gemütliches, im Familienbesitz geführtes Haus, ist umgeben von Wald und Weinbergen. Die nette Einrichtung unseres Hauses lädt zum gemütlichen Beisammensein und Feiern ein. Schöne Spaziergänge durch die herrliche Landschaft, Schiffsrundfahrten auf der Mosel und Ausflüge in die weitere Umgebung bieten

ÜF 50 - 60 DM , HP 60 - 70 DM

sich an. Außerdem gibt es einen großen Motorboothafen und ein beheiztes Freibad.

Kostenlose, abschließbare Garage und Stellplätze vorhanden. Motorradwerkstatt im Ort. Top Ausgangspunkt für Touren in die Eifel, Westerwald und Hunsrück. Ca. 50 km zum Nürburgring! Besitzer fährt selbst Motorrad.

Bad Marienberg — Hotel Hubertus-Klause

Europastr. 2, D-56470 Bad Marienberg Tel. 02661-3625 Fax 3968
e-mail: hubertusklause@t-online.de, www.bad-marienberg.de

Unterkunft: Ü, ÜF, HP, VP **Zimmerzahl:** 4 EZ, 12 DZ, Gästehaus **Zimmer mit:** DU/Bad/WC, Telefon, TV möglich **Sonstiges:** Aufenthaltsraum, Frühstücksbuffet, Sauna, Sonnenbank, Fitness, Parkplatz, Garage. Betriebsferien: Anfang November.

Das Kneipp-Heilbad Bad Marienberg liegt in reizvoller Lage im Hohen Westerwald. Unser Haus ist der ideale Ausgangspunkt für Motorradtouren, denn wir liegen ca 1 km von der B414 entfernt. Sie werden sich in unseren behaglichen Zimmern wie zu Hause fühlen. In unserem komfortablen Frühstücks- und Speiseraum sorgen wir für Ihr leibliches Wohl.

Ü 35 - 45 DM, ÜF 50 - 55 DM, HP 58 - 65 DM, VP 69 - 71 DM

Abschließbare Garage und Trockenraum vorhanden. Behilflich bei Tourenplanung.

Mayen — Hotel Maifelder-Hof

Polcherstr. 72, D-56727 Mayen Tel. 02651-96040 Fax 76558

Unterkunft: Ü, ÜF, HP
Zimmerzahl: 3 EZ, 10 DZ
Zimmer mit: Dusche/Bad/WC, Telefon, TV, Minibar
Sonstiges: Frühstücksbuffet, Parkplatz, Garage

Im schönen Eifelstädtchen Mayen finden Sie unser Hotel Maifelder Hof. Erholen u. enstpannen Sie sich in unserem schönen Biergarten direkt am Haus.

Betriebsferien: 2 Wochen im Sommer + Weihnachten.

Ü 75 - 95 DM, ÜF 82 - 99 DM, HP + 20 DM

Motorradgarage kostenlos.
Motorradgruppen bei Voranmeldung 10% Rabatt!

Traben-Trarbach — Weingut Gästehaus Hannesen

Wildbadstr. 40, D-56841 Traben-Trarbach Tel. 06541-1647 Fax 1677

Unterkunft: ÜF
Zimmerzahl: 1EZ, 5 DZ
Zimmer mit: Dusche/Bad, TV
Sonstiges: Aufenthaltsraum, Parkplatz, Garage
Weinprobe in Bettnähe! Freundliche geräumige Zimmer in ruhiger Lage, teilweise mit Balkon.

800 m bis zum Kurmittelhaus, 1000 m bis zur Moseltherme, 10 Minuten bis zum Moselufer.

ÜF 40 - 45 DM i. DZ p.P., - 50 DM i. EZ
Preisermäßigung bei längerem Aufenthalt

Abgeschlossene Kellerhalle für 6-8 Motorräder.

Traben-Trarbach

Unterkunft: ÜF
Zimmerzahl: 5 DZ, 2 Dreibettzimmer, 1 App.
Zimmer mit: Dusche/Bad/WC
Sonstiges: Aufenthaltsraum, Garage
Betriebsferien: Januar, Februar.

ÜF 40 - 50 DM

Pension Altstadt-Cafe

Mittelstr. 12, D-56841 Traben-Trarbach
Tel. 06541-4605 u. 810625 Fax 4605
www.intrinet.de/AltstadtCafe

Trockenraum vorhanden.
Chef fährt selbst Motorrad - Motorradfahrertreffpunkt.

Enkirch   **Moselromantik-Hotel** Dampfmühle Am Steffensberg 80, D-56850 Enkirch Tel. 06541-6867 + 3285 Fax 4904

Unterkunft: ÜF, HP
Zimmerzahl: 3 EZ, 14 DZ, Zustell-betten mgl.
Zimmer mit: Dusche/ Bad, TV, Radio
Sonstiges: Aufenthaltsraum, Früh-stücksbuffet, eigenes Weingut,Weinproben im Winzerkeller, Flaschen-weinverkauf, großer Parkplatz, beheiztes Freibad mit großer Liegewiese.Am Ortsrand zwischen Weinbergen und Wald gelegen. Alle Zimmer mit Dusche/Bad und WC, ruhiges Familienhotel, Restaurant mit empfehlenswerter Küche und Kaffee-Terrasse.

ÜF 60 - 75 DM/EZ, ÜF 110 - 135 DM/DZ, HP 25 DM Aufpreis

Bei Tourenplanung gerne behilflich, überdachter Abstellplatz und abgeschlossener Hof, Trockenraum für Kleidung.

Pünderich   **Ferien-Weingut Rockenbach**   Hauptstr. 7, D-56862 Pünderich/Mosel Tel. 06542-2901 Fax 2508

e-mail: Weingut-Rockenbach@t-online.de
www.home.t-online.de/home/Weingut-Rockenbach
Unterkunft: ÜF **Zimmerzahl:** 6 DZ, Ferienhütte f. 2 Pers. DU/WC/Single-Küche **Zimmer mit:** DU/Bad/ WC **Sonstiges:** Aufenthaltsraum, Frühstücksbuffet, 100 qm Sonnenterrasse, SAT-TV, Grillplatz, Begrüßungsschoppen, Kühlschrank, Weinproben Betriebsferien: Dezember u. Januar.

ÜF 35 - 45 DM

Behilflich bei Tourenplanung, Stellplätze,
nette Abende auf der Terrasse,
schöne Motorrad-Touren durch Eifel und
Hunsrück möglich.

Wissen   **Hotel-Restaurant „Zum Frankenthal"** Im Frankenthal 15, D-57537 Wissen Tel. 02742-4095 Fax 1356

Unterkunft: ÜF, HP, VP
Zimmerzahl: 4 EZ, 10 DZ
Zimmer mit: Dusche/Bad, Telefon, TV
Sonstiges: Parkplatz, Garage, Frühstücksbuffet, Terrasse

Unser Hotel liegt direkt an der B62 im Siegtal/Westerwald. Es gibt viele Möglichkeiten für schöne entspannende Touren in den Westerwald, Siegtal und ins Bergische Land. Diverse Tourenvorschläge vorhanden.

ÜF 45 DM EZ, 80 DZ, HP 52 DM p.P., VP 60 DM p.P.

Behilflich bei Tourenplanung, Besitzer fährt selbst Motorrad. Gratis abschließbare Garage vorhanden. Sonderangebote für Wochen u. Wochenenden, z.B.: 2 Tage HP 99.- DM p.P.!

Eppenbrunn   **Hotel-Rest. Kupper** ***   Himbaumstr. 22, D-66957 Eppenbrunn Tel. 06335-9130 Fax 913113

Unterkunft: ÜF, HP
Zimmerzahl: 24 DZ
Zimmer mit: Dusche/Bad, Telefon, TV, Minibar
Sonstiges: TV-Raum, Parkplatz, Frühstücksbuffet, großer Biergarten, Sauna, Schwimmbad, Kegelbahnen

In unserem familiär geführten Hotel, sehr ruhig am Waldrand gelegen, heißen wir Sie herzlich willkommen. Die französische Grenze ist nur 7 km entfernt.

Der Chef kocht selbst! Lassen Sie sich verwöhnen vom kulinarischen Einfallsreichtum unseres Küchenmeisters.

ÜF 55 - 65 DM, HP 63 - 70 DM

Herrliche Touren möglich ins nahegelegene Elsaß.

Frankenthal **Hotel Central** *** Karolinenstr. 6, D-67227 Frankenthal Tel. 06233-8780 Fax 22151

e-mail: central@hotel-central.de www.hotel-central.de Garage. Ganzjährig geöffnet

Unterkunft: ÜF, HP, VP **Zimmerzahl:** 25 EZ, 40 DZ, 5 App.
Zimmer mit: Dusche/Bad/WC, Telefon, Radio, TV, Minibar
Sonstiges: Frühstücksbuffet, bei HP/VP Menüwahl, Restaurant,
Hotelbar, Biergarten, Sauna mit Aufenthaltsraum, Parkplatz,

ÜF: EZ 99 - 159 DM, DZ 139 - 189 DM

Tourenplanung. Trockenraum und Garage vorhanden.

Neuleiningen **Hotel „Zum Burggraf"** Mittelgasse 11, D-67271 Neuleiningen Tel. 06359-2826 Fax 960376

e-mail: zum-burggraf.hotel@diepfalz.com
www.die-pfalz.com/hotel/zum-burggraf

Unterkunft: ÜF, HP auf Anfrage **Zimmerzahl:** 2 EZ, 6 DZ
Zimmer mit: Dusche/Bad/WC, TV
Sonstiges: Aufenthaltsraum, offener Kamin, Terrasse mit Blick über
die Rheinebene, Parkplatz

Über 500 Jahre alte Zunftherberge. Freitag Ruhetag.

ÜF 45 - 125 DM, HP auf Anfrage
Wir akzeptieren EC-, Visa- u. Eurocard

Abschließbarer überdachter Hof.
Nahe beim Johanniskreuz (Motorradtreff).

Wolfstein AZUR Camping am Königsberg Am Schwimmbad 1, D-67752 Wolfstein Tel. 06304-4143 Fax 7543

Gepflegter Campingplatz mit 65 Stellplätzen - alle mit Strom-, Wasser-
und Abwasseranschlüssen.

Große Sanitäranlage - auch behindertengerecht.

7 komfortable Ferienhäuser für 2 bis 6 Personen - alle mit
Zentralheizung. Parkplatz für Bikes neben jedem Ferienhaus.

Ideale Umgebung für Motorradfahrten. Ganzjährig geöffnet.
Gaststätte/Restaurant, Warmfreibad und modernes Sport- und
Fitnesszentrum nebenan.

Sehr große Zeltwiese für Motorradfahrer.

Preise/Nacht: 1 Person Motorrad/Zelt 20,50 DM
Ferienhaus 2 Personen Übernachtung 75 DM, ÜF 100 DM

Gersheim-Herbitzheim **Hotel Bliesbrück** ***

Rubenheimer Straße, D-66453 Gersheim-Herbitzheim
Tel. 06843-1881 Fax 8731

In der Nähe zur französischen Grenze.
Familiär geführtes Haus in ruhiger Lage. Gut ausgestattete Zimmer.

Unser Restaurant bietet eine reichhaltige Auswahl an Spezialitäten,
die nicht zuletzt durch die französische Küche geprägt sind.

Schöne Saunalandschaft: 1 Dampfsauna, 2 Trockensaunen, Ruhe-
raum, Vitaminbar, Tauchbecken, Duschräume und ein Ambiente, wie
seinerzeit bei den alten Römern.

ÜF EZ 75 - 98 DM
DZ 120 - 159 DM
HP + 22 DM

www.bikehotel.de
Unterkunft: ÜF, HP **Zimmerzahl:** 6 EZ, 26 DZ
Zimmer mit: Dusche/Bad/WC, Telefon, TV
Sonstiges: Aufenthaltsraum, Frühstücksbuffet, Römersauna,
Restaurant, Parkplatz, Garage

Ausgearbeitete Touren.
Abschließbare Garage,
Stellplatz und Trocken-
raum für Lederkleidung
vorhanden.

Gleisweiler   Landgasthof Zickler

Unterkunft: ÜF, HP **Zimmerzahl:** 1 EZ, 6 DZ, 1 App.
Zimmer mit: DU/Bad/WC, Radio **Sonstiges:** Aufenthaltsraum, Frühstücksbuffet, bei HP Menüwahl (nur f. große Gruppen), vegetarische Kost, Fischangebote, wechselnde Tagesmenüs, Sauna, Solarium, Fitneßraum, Liegewiese, Sonnenterrasse
Betriebsferien: halber Juli, halber Februar.

Badstr. 4, D-76835 Gleisweiler Tel. 06345-93139 Fax 93142

Gleisweiler hat ein sehr mildes Klima, das sonst nur noch die Insel Mainau besitzt. Inmitten dieses malerischen Ortes finden Sie unser Haus.

ÜF 50 - 60 DM, HP + 35 DM

Stellplätze, abschließbare Garage und Trockenraum.

Österreich - Schweiz - Oberitalien

je DM 9,80

zzgl. DM 5,- Versandkosten

Deutschland - Frankreich

CD-ROM für WIN95/98

DM 19,80

zzgl. DM 5,- Versandkosten

Deutschland - Frankreich - Österreich - Schweiz - Oberitalien

Unterkunftsverzeichnis

Baden-Württemberg

Ort	Katalogseite	Hotel/Camping
Altensteig-Berneck	64	H
Bad Krozingen	71	H
Bad Peterstal	69	H
Baiersbronn-Obertal	65	H
Bankholzen	70	H
Biberach	69	H
Bonndorf	75	H
Burladingen	65	H
Dettingen	66	H
Ditzingen	64	H
Enzklösterle	67	H
Forbach	67	H
Freiburg	71	H
Freudenstadt	64	H
Gärtringen	64	H
Hammereisenbach	70	H
Hausen	71	H
Heilbronn	67	H
Heitersheim	72	H
Höchenschwand	76	H
Isny	77	H
Lenzkirch	76	H
Löffingen	75	H
Lörrach	72	H
Loßburg	65	H
Nürtingen/Neckarhausen	66	H
Oberkirch	68	H
Oberstenfeld	64	H
Oppenau	68	H
Östringen	67	H
Owingen-Hohenbodman	77	H
Radolfszell	70	H
Salem	76	H
Sasbachwalden	69	H
Schonach	69	H
Schönmünzach	65	H
Schwäbisch-Gmünd	66	H
Simonswald	72	H
Sipplingen	70	H
Sonnenbühl	66	H
St. Blasien	75	H
St. Märgen	72	H
Tettnang	76	C
Titisee/Neustadt	74	H
Todtnau	73	H
Ühlingen-Berau	74	H
Waldkirch	71	H
Wangen	76	H
Weilheim/Teck	66	H
Wertheim	77	H
Wieden	73	H
Wittighausen	77	H
Zell i. Wiesental	73	H
Zell-Unterharmersbach	68	H

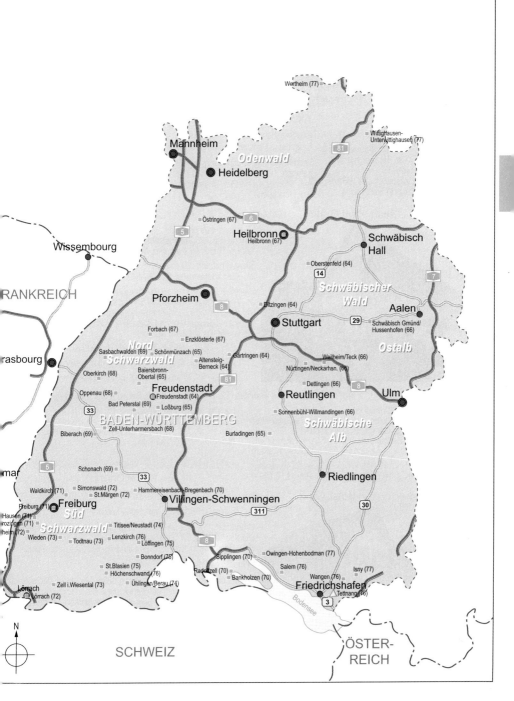

Gärtringen — Hotel Bären ***

Daimlerstr. 11, D-71116 Gärtringen Tel. 07034-2760 Fax 276222

e-mail: hotel-baeren@t-online.de
www.baerenhotel.de

Unterkunft: ÜF
Zimmerzahl: 16 EZ, 16 DZ
Zimmer mit: DU/Bad/WC, Telefon, Radio, TV, Minibar
Sonstiges: Frühstücksbuffet, Parkplatz, Garage

Der ideale Zwischenstop für Ihre Tour in den Schwarzwald und die Alpen (Schweiz, Frankreich).

Gruppenpreise, Tourenplanung, Chef fährt Motorrad, Garage kostenlos, Trockenraum.

pro Zimmer: ÜF EZ 82 - 108 DM, DZ 125 - 150 DM

Ditzingen — Ascot Hotel Stuttgart-Ditzingen ****

e-mail: ascot.hotels@t-online.de

Unterkunft: Ü, ÜF, HP, VP **Zimmerzahl:** 12 EZ, 97 DZ, 12 Suiten **Zimmer mit:** DU/Bad/WC, Telefon, Radio, TV
Sonstiges: Frühstücksbuffet, bei HP/VP Menüwahl, große Terrasse, sehr ruhige

Stettiner Str. 27, D-71254 Ditzingen Tel. 07156-9620 Fax 962100

Umgebung, Parkplatz u. Garage kostenfrei

Verkehrsgünstig u. sehr ruhig an der A81 gelegen. Freundliches Restaurant mit Außenterrasse und Bar. Internationale u. regionale Küche.

Ü 78 - 112 DM, ÜF 95 - 146 DM, HP + 25 DM, VP + 50 DM, Gruppenangebote

Behilflich bei Tourenplanung. Stellplatz u. Trockenraum vorhanden.

Oberstenfeld — Restaurant Orakel

Großbottwarer Str. 1, D-71720 Oberstenfeld Tel. 07062-23294 Fax 23383

www.restaurant-orakel.de

Unterkunft: ÜF **Zimmerzahl:** 3 EZ, 6 DZ **Zimmer mit:** DU/WC, Telefon, Radio, TV, Parkplatz, Garage

Sie sind herzlich willkommen im Gasthof KRONE mit seinem bekannten Spezialitätenrestaurant ORAKEL.

Genießen Sie den Flair persönlicher Gastlichkeit und das herausragende Angebot guter Griechischer und Internationaler Küche. Im Sommer lädt unsere schöne Gartenterrasse ein zu einem gemütlichen Verweil. Unsere neu ausgestatteten Gästezimmer sind modern und individuell. Wir freuen uns auf Ihren Besuch!

ÜF/EZ 70 DM, ÜF/DZ 110 DM

Behilflich bei Tourenplanung, abschließbare Garage und Trockenraum für Lederkleidung.

Altensteig-Berneck — Hotel Traube

Hauptstr. 22, D-72213 Altensteig-Berneck Tel. 07453-8004 Fax 8006

Unterkunft: ÜF, HP, VP **Zimmerzahl:** 40 EZ, 40 DZ
Zimmer mit: DU/Bad, Telefon, TV, **Sonstiges:** TV-Raum, Aufenthaltsraum, Parkplatz, Garage, Frühstücksbuffet, 2 Kegelbahnen (Holz u. Asphalt), Sauna, Sonnenbank, Schwimmbad (6 x 12 m). Die Familie Wurster u. Mitarbeiter sind mit großem Einsatz

ÜF 40 - 58 DM, HP 60 - 78 DM, VP 73 - 91 DM, EZ-Zuschlag pro Tg. 11 DM, ab. 2. Tg. Kurtaxe pro Tg. u. Pers. 1,50 DM

bemüht, Ihnen Ihren Aufenthalt im Hotel-Gasthof „Traube" zu einer schönen Zeit werden zu lassen, an die Sie gerne zurückdenken, die Sie mal wieder erleben wollen, von der Sie anderen begeistert erzählen können.

Abschließbare Garage, Stellplatz, Trockenraum. Sohn des Besitzers ist Motorradfahrer.

Freudenstadt — Hotel Adler **

Forststr. 15-17, D-72250 Freudenstadt Tel. 07441-91520 Fax 915252

e-mail: info@adler-fds.de www.adler-fds.de

Unterkunft: ÜF, HP, VP **Zimmerzahl:** 3 EZ, 10 DZ **Zimmer mit:** z.T. DU/Bad/WC, z.T. Etagen-DU-/-bad/WC, Telefon, Radio, TV
Sonstiges: Aufenthaltsraum, Frühstücksbuffet, Parkplatz, Garage

Betriebsferien: November.

Sie wohnen bei uns nur 150 m vom größten Marktplatz Deutschlands entfernt, sehr zentral und doch sehr ruhig. Interessante Ausflugsziele liegen vor der Haustüre: Schwarzwaldhochstraße, Baden-Baden, Freiburg, Elsaß, Bodensee, Schweiz...

ÜF 49 - 80 DM, HP 71 - 102 DM, VP 79 -110 DM

Tourenplanung, abschließbare Garage, Stellplätze, Trockenraum.

Baiersbronn-Obertal

Hotel-Gasthof Blume

Rechtmurgstr. 108, D-72270 Baiersbronn-Obertal
Tel. 07449-8077 Fax 8009

Unterkunft: ÜF, HP **Zimmerzahl:** 4 EZ, 15 DZ
Zimmer mit: Dusche/Bad, SAT-Anschluß, Frigo-Bar
Sonstiges: TV-Raum, Parkplatz, Garage, Frühstücksbuffet, bei HP
Menuwahl

Familiär geführter Landgasthof in ruhiger Lage, gutbürgerliche Küche, gemütlicher Cafe- u. Biergarten, großer Parkplatz.

ÜF 52 - 70 DM EZ p.P./Tg., 100 - 150 DM DZ, HP 25 DM Aufpreis

Unterstellmöglichkeit für Motorräder und Trockenraum vorhanden.
Idealer Standort für Tagestouren am Fuße der
Schwarzwaldhochstraße.

Schönmünzach

Hotel-Cafe Klumpp ***

Schönmünzstr. 95, D-72270 Baiersbronn-Schönmünzach
Tel. 07447-94670 Fax 946767
e-mail: info@hotel-klumpp.de   www.hotel-klumpp.de
Unterkunft: Ü, ÜF, HP, VP **Zimmerzahl:** 16 EZ, 20 DZ, 1 Suite **Zimmer mit:** DU/WC,
Telefon, TV, Balkon **Sonstiges:** Aufenthaltsraum, Parkplatz, Sauna, Solarium, Hallenbad, Liegewiese, Volleyball, TT, Terrasse, eigene Konditorei, Chef kocht selbst
Grüß Gott in Schönmünzach! Mitten im Schwarzwald, 1 km von der Murgtal-Tälerstraße RA-FDS. In ruhiger, sonniger Südlage, direkt am Wald, empfängt Sie die herzliche Atmosphäre unseres familiär geführten Hotels. Mit obiger Ausstattung wollen wir gerne dafür sorgen, daß Ihre Tour zum erholsamen und genußvollen Erlebnis wird. Kinderspielplatz, Grillplatz und Tennis 150 m entfernt. Naturmoorbäder, Gymnastik u.

ÜF 45 - 70 DM p.P., HP + 20 DM

sämtliche Kneipp-Anwendungen im Kurbad Haist, 50 m.
Wir senden Ihnen gerne unseren Hausprospekt!

Garage, überdachte Stellplätze, Trockenraum, Tourenplanung, Motorradgästebuch!

Loßburg   Landhotel Bären

Hauptstr. 4, D-72290 Loßburg Tel. 07446-1352 Fax 1465
e-mail: service@hotelbaeren.de   www.hotelbaeren.de

Unterkunft: ÜF, HP, VP **Zimmerzahl:** 3 EZ, 12 DZ, 1 App.
Zimmer mit: DU/Bad/WC, Telefon, TV **Sonstiges:** Aufenthaltsraum, Frühstücksbuffet, Parkplatz

Der 400jährige typische Schwarzwälder Landgasthof liegt in zentraler Lage des Luftkurortes Loßburg, 6 km südlich von Freudenstadt. Das Restaurant bietet eine hochwertige regionale Küche sowie saisonale und internationale Spezialitäten. Der Chef des Hauses ist Küchenmeister mit internationalen Auszeichnungen und steht für seine Gäste selbst am Herd.

ÜF 50 - 70 DM, HP + 20 DM, VP + 36 DM

Stellplatz vorhanden. Besitzer fährt selbst Motorrad.

Burladingen   Hotel-Gasthof Wiesental

Gauzolfstr. 23, D-72393 Burladingen Tel. 07475-7535 Fax 7317

Unterkunft: Ü, ÜF
Zimmerzahl: 8 EZ, 5 DZ
Zimmer mit: DU/Bad/WC, Telefon, Radio, TV
Sonstiges: Frühstücksbuffet, Garten, Liegewiese, Terrasse, Parkplatz, Garage. Betriebsferien: August.

Unser Haus liegt an der B32 auf der schönen schwäbischen Alb zwischen Stuttgart und dem Bodensee. Nahe Ausflugsziele sind Burg Hohenzollern, Bärenhöhle, Nebelhöhle, Schloß Sigmaringen, Schloß Lichtenstein, Wimsener Höhle, Donautal, Bad Cap. Saisonale und schwäbische Küche. Neue gemütliche Zimmer laden zu einem unvergeßlichen Urlaub ein.

Ü 62 - 104 DM, ÜF 70 - 120 DM

Abschließbare Garage kostenlos, Trockenraum, Tourenpläne, Chef ist selbst Biker, Sonderangebote für Wochenenden.

Dettingen **Gasthof Löwen** Metzinger Str. 20, D-72581 Dettingen/Erms Tel. 07123-71286 Fax 88387

Unterkunft: ÜF, HP **Zimmerzahl:** 5 EZ, 15 DZ auch als EZ mgl.
Zimmer mit: Dusche/WC, Telefon, TV
Sonstiges: Frühstücksbuffet, Garage

In der neu angelegten verkehrsberuhigten Zone liegt unser Gasthof-Restaurant „Löwen" mitten im Ortskern von Dettingen bei Bad Urach. Gemütliche Gasträume und behaglich eingerichtete Gästezimmer bieten Gewähr für einen angenehmen Aufenthalt. Für das leibliche Wohl sorgt der Küchenchef mit einem reichlichen Angebot an gutbürgerlichen Gerichten und erlesenen Feinschmecker-Menüs. Viele Sehenswürdigkeiten schnell zu erreichen. Familienbetrieb.

ÜF 55 - 80 DM, HP + 20 DM

Für Motorräder kostenlose Garage. Besitzer u. Senior fahren selbst. Trockenraum, Tourenplanung.

Nürtingen/Neckarhausen **Hotel Garni Kiefer GmbH ***** Tel. 07022-953530 Fax 9535332

Unterkunft: ÜF **Zimmerzahl:** 11 EZ, 11 DZ
Zimmer mit: DU/ Bad/WC, Telefon, Radio, TV, Minibar
Sonstiges: Frühstücksbuffet, Parkplatz, Garage. Ganzjährig geöffnet.
Familienbetrieb. Ruhige Lage, verkehrsgünstig zur A8 an der B297 gelegen, 30km-Radius: Tübingen, Reutlingen, Stuttgart.

Neckartailfingerstr. 26/1, D-72622 Nürtingen/Neckarhausen

ÜF: EZ 80 DM, DZ 120 DM

Bei Gruppen gelten Sonderangebote (erfragen). Abschließbare Garage u. Stellplätze vorhanden.

Sonnenbühl-Willmandingen **Landhotel Sonnenbühl ***** Tel. 07128-92830 Fax 928325

Unterkunft: ÜF; HP, VP **Zimmerzahl:** 3 EZ, 10 DZ, 2 App.
Zimmer mit: DU/Bad/WC, Telefon, TV **Sonstiges:** Aufenthaltsraum, Frühstücksbuffet, bei HP/VP Menüwahl, Tennishalle, Kegelbahnen, Liegewiese, Biergarten, Golfplatz i.d. Nähe. Ganzjährig geöffnet. Komforthotel in absolut ruhiger Lage im Grünen (ca. 800 m Höhenlage). Europäische u. regionale Küche ganztägig.

Egelsbergstr. 12, D-72820 Sonnenbühl-Willmandingen

ÜF 60 - 88 DM, HP + 25 DM, VP + 45 DM

Garage, Stellplatz überdacht, Trocken- u. Waschraum. Bügelraum. Tourenplanung.

Schwäbisch-Gmünd OT Hussenhofen **Hotel-Restaurant „Gelbes Haus" *****

Hauptstr. 83, D-73527 Schwäbisch-Gmünd Tel. 07171-987050 Fax 88368

Unterkunft: Ü, ÜF, HP, VP
Zimmerzahl: 18 EZ, 14 DZ
Zimmer mit: DU/Bad/WC, Telefon, Radio, TV, Minibar **Sonstiges:** Frühstücksbuffet, Gartenwirtschaft, eigene Metzgerei, Parkplatz, Garage.
In gemütlich eingerichteten Gasträumen bieten wir unseren Besuchern das Beste aus Küche und Keller.
Wir freuen uns, Sie als Gast bei uns begrüßen zu dürfen!

Ü 60 - 100 DM, ÜF 70 - 110 DM, HP + 25 DM, VP + 40 DM *Abschließbare Garage u. Trockenraum. Besitzer fährt selbst.*

Weilheim/Teck **Hotel-Gasthof Zur Post** Marktplatz 12, D-73235 Weilheim/Teck Tel. 07023-2816 Fax 73444

Unterkunft: ÜF, Mittag- und Abendessen nach Karte
Zimmerzahl: 8 EZ, 9 DZ, 1 App.
Zimmer mit: teilw. Etagen-DU/WC, teilw. DU/Bad/WC, Telefon, TV **Sonstiges:** Frühstücksbuffet, Sonnenterrasse, eigene Metzgerei, Parkplatz, Garage.
Ganzjährig geöffnet. Gaststätte: Ruhetag Sonntag ab 14 Uhr.

Kleinstadt direkt am Fuß der Schwäbischen Alb. Wir haben eine anerkannt gutbürgerliche Küche. Montag bis Freitag täglich wechselndes preiswertes Tagesmenü.

ÜF: p.P. i. EZ 50 - 69 DM, p.P. i. DZ 45 - 55 DM

Garage, abschließb. Stellplatz u. Trockenraum vorhanden.

Heilbronn

Hotel Armida
Frankfurter Str. 14, D-74072 Heilbronn Tel. 07131-80013 Fax 6201.

Unterkunft: Ü, ÜF **Zimmerzahl:** 25 EZ, 25 DZ
Zimmer mit: DU/WC, Direktwahl-Telefon, Kabel-TV
Sonstiges: reichhaltiges und schmackhaftes Frühstücksbuffet, Parkplatz

Wir begrüßen Sie in unserem kinderfreundlichen Hotel Armida und heißen Sie herzlich willkommen. Unser Haus liegt ruhig und verkehrsgünstig in Citynähe.
Die angenehme Atmosphäre unseres Hauses und unser freundlicher Service werden Ihren Aufenthalt angenehm und erholsam gestalten. Unsere Hausbar hat einen 24-Stunden-Service, ist gepflegter Treffpunkt für jung und alt.
Sie erreichen uns über Autobahnanschluß BAB 6 Mannheim-Heilbronn-Nürnberg und BAB 81 Würzburg-Stuttgart.
Wir freuen uns auf Ihren Besuch!

EZ ab 55 DM, DZ ab 90 DM

Stellplätze und Trockenraum vorhanden.

Enzklösterle

Gästehaus Schaudel

Freudenstädter Str. 57, D-75337 Enzklösterle Tel. 07085-7236 Fax 1049

Unterkunft: ÜF, HP **Zimmerzahl:** 2 EZ, 7 DZ
Zimmer mit: Dusche/Bad, Frigo-Bar
Sonstiges: TV-Raum, Aufenthaltsraum, Parkplatz, Garage,
bei HP Menüwahl

Überschaubares Haus mit persönlicher Note direkt am Wald. Sonnig, ruhig und doch zentral gelegen. Terrasse mit Liegewiese im großen Baumgarten. Komfortzimmer, gemütlicher Aufenthaltsraum.

ÜF 32 - 40 DM p.P., HP 51 - 59 DM p.P.

Tourenplanung, abschließbare Garagen, Stellplätze, Trockenräume, Sonderarrangements.

Forbach

Gasthof-Pension „Seeblick"

Eckstr. 51, D-76596 Forbach Tel. 07228-91880 Fax 1303

Unterkunft: ÜF, HP, VP
Zimmerzahl: EZ, DZ, Mehrbettzimmer (Gesamtbetten 45-50)
Zimmer mit: Dusche/Bad, Telefon, Radio, TV
Sonstiges: Aufenthaltsraum, Parkplatz, Garage, Frühstücksbuffet, Tischtennis

Gasthof-Pension „SEEBLICK" an der Schwarzwaldtälerstraße (B462) nähe Schwarzwald-Hochstraße Baden-Baden (B500).

Großer Biergarten, Gruppen bis ca. 45 Personen - Hausprospekt.

ÜF 42 - 55 DM, HP + 17 DM, VP + 27 DM

Behilflich bei Tourenplanung, abschließbare Garage, Stellplatz.

Östringen

Hotel Östringer Hof
Hauptstr. 113, D-76684 Östringen Tel. 07253-21087 Fax 21080

Unterkunft: ÜF
Zimmer mit: DU/Bad/WC, Telefon, Radio, TV, Minibar
Sonstiges: Frühstücksbuffet, Restaurant, Bar

Unser Haus mit seinem familiären Charakter ist völlig neu gestaltet und bietet Ihnen alle Annehmlichkeiten eines guten Hotels.

Entspannen Sie sich in komfortablen Räumen und in unserem Restaurant mit hervorragender Küche. Wir würden Sie gerne als Gäste willkommen heißen und persönlich für Ihr Wohlergehen sorgen. Familie Gustl und Ute Huber.

ÜF 98 - 110 DM

Oberkirch

www.romantikhotels.com.pages/rhoberk/index.html
e-mail: obere-linde@t-online.de

ÜF 110 DM EZ, 330 DM App., 180 - 260 DM DZ,
HP + 45 DM, VP + 65 DM

Romantik-Hotel „Zur Oberen Linde" ****

Hauptstr. 25-27, D-77704 Oberkirch Tel. 07802-8020 Fax 3030

Unterkunft: ÜF, HP, VP **Zimmerzahl:** 4 EZ, 33 DZ,
1 App. **Zimmer mit:** Dusche/Bad, Telefon, Radio, TV,
Mini-Bar **Sonstiges:** Aufenthaltsraum, Parkplatz,
Garage, Frühstücksbuffet, bei HP/VP Menüwahl, große
Gartenterrasse, Liegewiese, Kegelbahn, Tagungs-
/Bankettsräume bis 180 Pers., Weinstube mit Wein-
probe, Brennereibesichtigung. Historisches Fachwerkhaus aus dem J. 1659.
Hervorragende Küche mit Auszeichnung.
2. Etage mit original Schwarzwälder Himmelbetten. Großer Sonnengarten mit
Terrasse. Im Herzen von Oberkirch gelegen, ca. 2 min. zum Stadtgarten.

ride & est
ride&rest international
Motorrad - Hotels, - Gasthöfe
und - Pensionen

Behilflich bei Tourenplanung, abschließbare Garage, Stellplatz,
Trockenraum. Besitzer fährt selbst Motorrad,
evtl. Sonderangebote für Motorradfahrer!

Oberkirch Tagungs- und Gästehaus Grünberg

Hesselbach 39, D-77704 Oberkirch Tel. 07802-92860 Fax 928626

e-mail: DWBrackwede@t-online.de

Unterkunft: ÜF, HP, VP, **Zimmerzahl:** 5 EZ, 21 DZ, 3 FeWo 4-6 Pers.
Zimmer mit: DU/Bad/WC, teilw. Balkon **Sonstiges:** Frühstücksbuffet, Aufent-
haltsräume, Schwarzwaldstube, Hallenbad, Kegelbahn, Tennis, Minigolf,
Sonnenterrasse, Parkplatz

Das Haus im malerischen Hesselbachtal ist in wenigen Fahrmin. von Oberkirch
zu erreichen. Idealer Ausgangspunkt für Touren in den Schwarzwald und die
Vogesen. Ganz in der Nähe beginnt eine der schönsten Motorradstrecken
Deutschlands (Lierbachtal über Allerheiligen zur Schwarzwaldhochstraße).

ÜF 40 DM, HP 53 DM, VP 64,50 DM

Überdachte Stellplätze, Trockenraum, Sonderangebote für Motorrad-Gruppen.

Oppenau Gasthaus Finken Schwarzwaldstr. 12, D-77728 Oppenau Tel. 07804-2032 Fax 2387

Unterkunft: ÜF, HP, VP **Zimmerzahl:** EZ, DZ, Mehrbettzimmer
Zimmer mit: Dusche/WC, Etagendusche/Bad
Sonstiges: TV-Raum, Aufenthaltsraum, Parkplatz, Garage, große Gartenter-
rasse, Angelmöglichkeit, kinderfreundlich, Kinderermäßigung bis 70%

Lieben Sie es gemütlich und familiär-behaglich? Dann sind Sie hier goldrichtig.
Küche und Keller sorgen für köstliche Höhepunkte des Tages. Die Forellen
sind fangfrisch aus dem eigenen Fischwasser. Es besteht Angelmöglichkeit.
Wochenendpauschalen, gute Ausflugsmöglichkeiten: Straßburg, Bodensee,
Schwarzwaldrundfahrt, Schweiz. Im Ort: Freizeit-Erlebnisbad.
Unser Gasthaus liegt von der A5 Karlsruhe/Basel kommend, Abfahrt
Appenweier B28 -> Freudenstadt.

ÜF 35 - 55 DM, HP 45 - 60 DM , VP 60 - 70 DM

Wochenendangebot für Motorradfahrer: 2x ÜF+HP in Zimmer mit Dusche/Wc für 100.- DM

Zell-Unterharmersbach Hotel-Restaurant Zum Schützen Hauptstr. 170, D-77736 Zell-Unterharmersbach

e-mail: hotel-schuetzen@t-online.de Tel. 07835-3035 Fax 5310

Unterkunft: ÜF, HP
Zimmerzahl: 8 EZ, 20 DZ, 1 Dreibettzimmer
Zimmer mit: DU/Bad/WC, Telefon, Radio
Sonstiges: Frühstücksbuffet, bei HP Menüwahl, Parkplatz, Garage

Hotel liegt in zentraler Lage im Schwarzwald. Nette, gastfreundliche
Atmosphäre, gepflegte Küche, Badische Weinstube, Wild- und
Fischspezialitäten. Zentrale Lage für Schwarzwaldausflüge, vielseitige
Unterhaltungsmöglichkeiten, persönliche Betreuung.

ÜF: DZ 110 DM, EZ 75 DM, HP + 20 DM

Behilflich bei Tourenplanung. Abschließbare Garage, Stellplatz
und Trockenraum. Besitzer fährt selbst Motorrad.

Bad Peterstal   Waldhotel Palmspring

Palmspring 1, D-77740 Bad Peterstal Tel. 07806-301 Fax 91ι
e-mail: info@palmspring.de   www.palmspring.de

Unterkunft: ÜF
Zimmerzahl: 16 DZ, DZ auch als EZ
Zimmer mit: Dusche/Bad, Telefon, Radio, TV
Sonstiges: Parkplatz, Frühstücksbuffet, Sauna, Solarium, Tennisplatz

Einzellage mitten im Wald mit Panoramablick.
Moderne, regionale Küche - kreativ & leicht.

Idealer Ort zum Entspannen nach einer Tour.

Vielfältige Möglichkeiten für Ausfahrten von hier aus.

ÜF 50 - 75 DM

Tips für Touren, überdachter Stellplatz, Trockenraum

Biberach   Pension Haaser

Schwarzwaldstr. 30, D-77781 Biberach Tel. 07835-8748 Fax 3236

ÜF 35 - 40 DM

*Garage,
Stellplatz u.
Trockenraum
kostenlos.
Motorradwerk-
statt im Ort.*

Unterkunft: ÜF **Zimmerzahl:** 1 EZ, 5 DZ **Zimmer mit:** DU/WC, Minibar **Sonstiges:** TV-Raum, Aufenthaltsraum, Frühstücksbuffet, Sauna, Fitneß-Raum, Sonnenterrasse, Liegewiese, Parkplatz, Garage
Biberach liegt im herrlichen Kinzigtal, mittlerer Schwarzwald.

Unsere Pension liegt ruhig und abseits vom Durchgangsverkehr. Nahegelegenes beheiztes Freischwimmbad, Tennisplatz, Minigolf.
Unsere zentrale Lage ist der ideale Ausgangspunkt für verschiedene Motorradtouren in den Schwarzwald, zum Bodensee, in die Schweiz, in die Vogesen, in den Europa-Park und vieles mehr.
Wir freuen uns auf Ihren Besuch.

Sasbachwalden

Haus Spinner + Erlebnis-Brennerei

Am Schloßberg 8, D-77887 Sasbachwalden
Tel. 07841-3609 Fax 290100

Unterkunft: ÜF, HP ab 10 Personen(nach Absprache)
Zimmerzahl: 2 EZ, 16 DZ **Zimmer mit:** Dusche/Bad, TV, Balkon
Sonstiges: TV-Raum, Aufenthaltsraum, Frühstücksbuffet, Parkplatz, Garage, Münzfernsprecher, Wassertretanlage, Grillplatz
Herrliche Hanglage mit großer Fernsicht (Rheinebene). Großer Hof, Grillplatz. Lage: 3 km außerhalb vom Ort.
Brennereibesichtigung mit Schaubrennen, Schnapsprobierstube, Begrüßungsschnaps.

ÜF 39 - 60 DM

*Stellplatz vorhanden, Garage kostenlos,
Unterstützung bei der Tourenplanung.*

Schonach   Landhotel Rebstock ***

Sommerbergstr. 10, D-78136 Schonach Tel. 07722-96160 Fax 961656
e-mail: info@landhotel-rebstock.com   www.landhotel-rebstock.com

Unterkunft: Ü, ÜF, HP **Zimmerzahl:** 6 EZ, 22 DZ
Zimmer mit: Dusche/Bad, Telefon, SAT-TV auf Wunsch (22 Programme)
Sonstiges: Aufenthaltsraum, Parkplatz, Garage, Früh-stücksbuffet, bei HP Menüwahl, Hallenbad 12 x 7 m, Sauna, Solarium, Whirlpool, große Sonnenterrasse

Inmitten einem der schönsten Hochtäler des Schwarzwaldes liegt Schonach, die Heimat der Kuckucksuhr. Seit über 100 Jahren ist unser Haus im Besitz der Familie Schneider. Gemütlichkeit und Freundlichkeit ist bei uns Tradition. Unsere zentrale Lage läßt Sie alle Sehenswürdigkeiten des Schwarzwaldes leicht erreichen.
Wir freuen uns auf Ihren Besuch.

Ü 55 - 70 DM, ÜF 70 - 90 DM, HP 95 - 120 DM

Stellplatz und abschließbare Garage kostenlos, Trockenraum.

Hammereisenbach-Bregenbach

Gasthaus Waldblick

Hauptstr. 27, D-78147 Hammereisenbach-Bregenbach
Tel. 07657-410 Fax 410

Unterkunft: ÜF, HP **Zimmerzahl:** 2 EZ, 7 DZ, Drei-bettzimmer **Zimmer mit:** DU/WC, 2 m-Betten
Sonstiges: Aufenthaltsraum mit TV, Trockenraum, 2 Kegelbahnen, Sitzgelegenheit im Grünen, Gruppen-ermäßigung. Gasthaus mit familiärer Atmosphäre und gutbürgerlicher Küche, reichhaltiges Frühstück. Zen-trale Lage für kurvenreiche Touren durch Schwarz-waldtäler, zum Bodensee, in die Schweiz, ins Elsaß. Gerne auch für 1 Nacht willkommen!

ÜF 38 DM, ab 3 Ü 35 DM, HP + 17 DM Mittwoch Ruhetag, Übern. nach tel. Vereinbarung möglich!

Abschließbare Garage und Carport im Hof kostenlos! Spezielle Biker-Pauschalangebote auf Anfrage. Gerne senden wir unser Hausprospekt!

Radolfzell

Landgasthof Kreuz Hotel & Restaurant ***

Markolfstr. 8, D-78315 Radolfzell-Markelfingen
Tel. 07732-95230 Fax 952323

e-mail: landgasthof.kreuz@t-online.de
www.k-k.de/landgasthof-kreuz + www.radolfzell.de
Unterkunft: ÜF **Zimmerzahl:** 6 EZ, 14 DZ, 1 App., 1 Wohnung
Zimmer mit: DU/ Bad, Telefon, Radio, TV **Sonstiges:** TV-Raum, Aufenthaltsraum, Parkplatz, Garage für Bikes, Frühstücksbuffet, Restaurant mit feinbürgerlicher Küche, vegetarische Gerichte, Menüs, Sonnenterrasse Stilvolle Gastlichkeit in idyllischer, ruhiger Umgebung, bieten wir Ihnen in unserem denkmalgeschützten Landgasthof. Genießen Sie das Flair dieses besonderen Hauses und überlassen Sie sich ganz den Gaumenfreuden unserer feinen Küche mit ihren regionalen Spezialitäten.

ÜF 57,50 - 80 DM

Abschließbare Garage und Stellplatz, Trockenraum für Lederkleidung. Sonderangebote für Motorradfahrer!

Bankholzen

Landgasthof Zum Sternen **

Schienerberg 23, D-78345 Bankholzen-Moos/Bodensee
Tel. 07732-2422 Fax 58910

Unterkunft: ÜF, HP **Zimmerzahl:** 4 EZ, 5 DZ
Zimmer mit: DU/Bad/WC, Telefon, Radio, TV
Sonstiges: Frühstücksbuffet, Parkplatz, Garage für Motorräder

Familienbetrieb mit badischen und schwäbischer Spezialitäten. 800 m vom Bodensee und 3 km vor der Schweiz entfernt. Goldmedaille: „Unser Dorf soll schöner werden". Anerkannter Erholungsort Biergarten + Nebenzimmer bis 60 Pers. Wir nehmen auch Gäste für 1 Nacht!

http://members.aol.com/zumsternen/

ÜF 45 - 60 DM, HP + 22 DM

Behilflich bei Tourenplanung. Überdachter Stellplatz und Trockenraum vor-handen. Besitzer fährt selbst Motorrad.

Sipplingen   Gasthaus Sternen

B.-v.-Hohenfels-Str. 20, D-78354 Sipplingen Tel. 07551-63609 Fax 3169

Unterkunft: ÜF, HP, VP
Zimmerzahl: 13 DZ auch als EZ möglich, 5 App.
Zimmer mit: DU/WC, Telefon, TV, Minibar, Balkon
Sonstiges: Frühstücksbuffet, bei HP/VP Menüwahl Parkplatz, Garage

Wir bieten eine gepflegte, vom Verkehr abgeschirmte Atmosphäre für den anspruchsvollen Urlauber und Tagesgast. Unsere Küche bietet Lammspezialitäten Bodensee-Fische, im Herbst Wildwochen und preiswerte Tagesmenüs.

Betriebsferien: Mitte Januar bis Mitte März.

ÜF 119 - 171 DM, HP 165 - 217 DM, VP 235 - 241 DM

Garage und Stellplätze vorhanden.

Freiburg — Hotel Victoria ****

Eisenbahnstr. 54, D-79098 Freiburg Tel. 0761-207340 Fax ⌐

Unterkunft: ÜF, HP, VP **Zimmerzahl:** 33 EZ, 30 DZ
Zimmer mit: DU/Bad, Telefon, Radio, KabelTV, Minibar, Fön, Schminkspiegel, Modem-Anschluß **Sonstiges:** Aufenthaltsraum, Parkplatz, Garage, Frühstücksbuffet, Cocktailbar

Das Hotel Victoria liegt am Rande der Fußgängerzone, 200 m zu Hauptbahnhof und Theater. Ein historisches Gebäude, liebevoll eingerichtet mit zeitgenössischem Ambiente. Jeder Gast findet sein Wunschzimmer: einige stuckverzierte Zimmer mit Parkettboden und Blick auf den Colombipark. Ruhige Zimmer, eine Nichtraucheretage, Allergikerzimmer und Zimmer mit besonders großen Betten. Freundliche und fröhliche Mitarbeiter verwöhnen die Gäste rund um die Uhr.
Klassifiziert: vier Sterne, besonders umweltfreundliches Hotel.

Tourenvorschläge für Schwarzwald und Vogesen.
Abschließbare Garage, Wasseranschluß im Hof.

ÜF 104,50-179 DM, HP +30 DM, VP +60 DM   *Besitzerfamilie fährt selbst Motorrad, auf Wunsch geführte Touren.*

Waldkirch — Gasthaus-Pension Waldhaus

Am Moosrain 2, D-79183 Waldkirch Tel. 07681-7309 Fax 7329

Unterkunft: ÜF, HP, VP
Zimmerzahl: 1 EZ, 6 DZ, 1 Vierbettzimmer
Zimmer mit: Dusche/WC, Telefon, TV
Sonstiges: TV-Raum, Aufenthaltsraum, Frühstücksbuffet, Fön, Parkplatz, Garage

Ruhige Lage mit herrlichem Panoramablick über das Kandelmassiv. Bekannt gutbürgerliche Küche mit vielen Spezialitäten. Motorradfahrer sowie Radfahrer, auch für nur eine Nacht, sind uns herzlich willkommen!

ÜF 49 - 55 DM, HP 69 - 75 DM, VP 79 - 85 DM

Trockenraum f. Lederkleidung, Garage für Motorräder gratis.
Chef und Juniorchef fahren selbst Motorrad.

Bad Krozingen — Hotel Hofmann Zur Mühle ***

Litschgistr. 6, D-79189 Bad Krozingen
Tel. 07633-9088590 Fax 9088599

e-mail: info@hotel-hofmann.de, www.hotel-hofmann-de

Unterkunft: ÜF **Zimmerzahl:** 8 EZ, 8 DZ, 3 App., 2 Suiten
Zimmer mit: DU/Bad/WC, Telefon, TV, Minibar, Balkon
Sonstiges: Aufenthaltsraum, Frühstücksbuffet, Sauna, Dampfbad, Wellness-Center, Massage, Kosmetik, Liegewiese, Parkplatz, Garagen

Ganzjährig geöffnet.

ÜF 80 - 100 DM/Pers., Kreditkarten werden akzeptiert

Tourenberatung. Überdachter Stellplatz
und Trockenraum kostenlos.

*** Komfort

Hausen — Hotel-Restaurant Fallerhof

D-79189 Bad Krozingen - Hausen a.d.M. Tel. 07633-4400 Fax 14828

Garage und Trockenraum vorhanden.

ÜF 35 - 90 DM p.P.
HP + 15 - 30 DM

Unterkunft: ÜF, HP, FeWo + App. „IDEAL"
Zimmerzahl: 6 EZ, 20 DZ, 4 Mehrbettzi., 9 FeWo + App., Fam.-Zi. **Zimmer mit:** Du/Bad/WC, Radio, TV, Telefon, z.T. Etagen-DU **Sonstiges:** Parkplatz, Garage, Frühstücksbuffet, a-la-carte Essen, Sauna, Solarium, Fahrräder, Fitneßraum, Trockenraum

400 m neben der A5, Ausfahrt Bad Krozingen nach Hausen. Zwischen Freiburg (15 km) und Basel (50 km), Elsaß (10 km). Gute Küche wo Leistung und Preis noch stimmen. Motto „gut essen, trinken, schlafen". Ideale Ausflugsmöglichkeiten. Tankstelle und Werkstatt nebenan.

Simonswald Gasthaus Pension Löwen Zweribachweg 1, D-79263 Simonswald-Wildgutach Tel. 07723-7396 Fax 7386

Unterkunft: ÜF, HP
Zimmerzahl: 2 EZ, 9 DZ
Zimmer mit: Dusche/WC
Sonstiges: TV-Raum, Parkplatz, Frühstücksbuffet
Unser Haus im Wildgutachtal ist ideal gelegen für Ausflugsfahrten im Schwarzwald, ins Elsaß, in die Schweiz und an den Bodensee.

Wir bieten regionale Küche und Schwarzwälder Gastlichkeit.
Donnerstag Ruhetag.

Trockenmöglichkeit für Motorradkleidung,
ÜF 48 - 53 DM, HP 64 DM ab 4 Nächten, EZ-Zuschlag 10 DM   *Unterstellmöglichkeit für Motorräder. Chef fährt selbst Motorrad.*

St. Märgen   Gästehaus Talblick   Schweighöfe 2, D-79274 St. Märgen Tel. 07669-340 Fax 310

e-mail: gaestehaus-talblick@t-online.de
www.gaestehaus-talblick.de

Unterkunft: ÜF
Zimmerzahl: 2 EZ, 8 DZ, 1 Mehrbettzimmer, 1 FeWo
Zimmer mit: Dusche/WC, Balkon, Terrasse, TV, Telefon
Sonstiges: Aufenthaltsraum, Frühstücksbuffet, Parkplatz

Herrlicher Panoramablick, idealer Ausgangspunkt für Touren im Schwarzwald, nach Frankreich, in die Schweiz und zum Bodensee.

ÜF 36 - 55 DM, Sonderangebote auf Anfrage.

Abschließbare Garage, Trockenraum.
Behilflich bei Tourenplanung.

Heitersheim   Gasthaus Löwen   Hauptstr. 58, D-79423 Heitersheim Tel. 07634-2284 Fax 1859

Unterkunft: ÜF, HP
Zimmerzahl: 5 EZ, 14 DZ, 1 Appartement
Zimmer mit: Dusche/Bad, Telefon, TV
Sonstiges: Parkplatz, Garage, Frühstücksbuffet

Ortszentrum. Ausgangspunkt für schöne Tagesausflüge in die Schweiz, ins Elsaß und natürlich in den Schwarzwald!

Familiäre Atmosphäre, Wildspezialitäten, Frühstücksbuffet.
Räumlichkeiten für 10 - 80 Personen.

ÜF 40 - 80 DM/EZ, 75 - 135 DM/DZ,
Familienzimmer bei 4 Pers. = 180 DM, bis 7 Pers. belegbar

Abschließbare Garage, Trockenraum für Lederkleidung.

Lörrach   STADT-Hotel Garni ***   Weinbrennerstr. 2, D-79539 Lörrach Tel. 07621-40090 Fax 400966

Unterkunft: Ü, ÜF **Zimmerzahl:** 28 DZ, 1 Appartement
Zimmer mit: Dusche/Bad/WC, Telefon, Radio, TV, Frigo-Bar
Sonstiges: Garage, Frühstücksbuffet, Lift, Terrasse

Persönlich geführtes Haus mit künstlerischem Ambiente.
Zentral gelegen, direkt am Rande der Lörracher Fußgängerzone.
Ideal als Zwischenstop oder als Ausgangspunkt für Exkursionen im Dreiländereck Deutschland-Frankreich-Schweiz.

Ü EZ 115 DM, DZ 140 DM, App. 160 DM,
ÜF EZ 125 DM, DZ 170 DM, App. 195 DM,
Garage im Preis inbegriffen

Tiefgarage im Haus (Parkhaus „Am Markt") über Nacht geschlossen, aber für Hotelgäste jederzeit zugänglich.

Zell im Wiesental

Hotel Löwen

Schopfheimer Str. 2, D-79669 Zell im Wiesental
Tel. 07625-92540 Fax 8086

Unterkunft: ÜF, HP, VP **Zimmerzahl:** 6 EZ, 28 DZ
Zimmer mit: Dusche/Bad/WC, Telefon, TV, Frigo-Bar
Sonstiges: TV-Raum, Aufenthaltsraum, Parkplatz, Garage, Frühstücksbuffet, bei HP/VP Menüwahl

Sehr günstig gelegen für Ausflugsfahrten in den Schwarzwald - Bodensee - Schweiz - Elsaß (Frankreich).

ÜF 50 - 70 DM, HP 70 - 90 DM, VP 85 - 105 DM

Behilflich b. Tourenplanung, abschließb. Garage, Trockenraum, Motorradwerkstatt im Ort. Besitzer fährt selbst Motorrad.

Todtnau

Gasthaus zum Hirschen

Kapellenstr. 1, D-79674 Todtnau-Brandenberg
Tel. 07671-1844 Fax 8773

Unterkunft: ÜF, HP, VP **Zimmerzahl:** 2 EZ, 5 DZ
Zimmer mit: Dusche/Bad, Telefon, TV **Sonstiges:** Aufenthaltsraum, bei HP 2 Menüs zur Auswahl, Parkplatz, Garage

Unser Haus liegt in einem der schönsten Ski- und Wandergebiete des südlichen Schwarzwaldes. In den im Schwarzwald-Stil eingerichteten Gasträumen speisen Sie regionale Gerichte sowie Schwarzwälder Spezialitäten bei familiärer Atmosphäre.

ÜF DZ 55 DM, ÜF EZ 57 DM, HP + 20 DM, VP auf Wunsch

Auf Wunsch, nach Absprache, ausgearbeitete Touren oder auch Führungen.

Todtnau   Gasthaus Sonne

M.-Thoma-Str. 1, D-79674 Todtnau Tel. 07671-385 Fax 8956
e-mail: sonne.todtnau@t-online.de, www.sonne-todtnau.de

Unterkunft: ÜF, HP, VP
Zimmerzahl: 1 EZ, 5 DZ, 4 Mehrbettzimmer
Zimmer mit: DU/WC, TV, Telefon, teilw. Etagendusche
Sonstiges: TV-Raum, Aufenthaltsraum

Zentrale Lage im Ortskern. Idealer Ausgangspunkt für Touren in die Umgebung: Schweiz, Frankreich - 50 km.

ÜF 31 - 56 DM, HP 53 - 78 DM, VP 58 - 81 DM

Unterstellplatz für Motorräder, Fertige Tourenplanung u. Organisation von Freizeitgestaltung möglich, Trockenraum, mehrere Motorradclubs als Stammgäste, Sonderkonditionen möglich.

Wieden   Hotel Hirschen

Ortsstr. 8, D-79695 Wieden Tel. 07673-1022 Fax 8516

Unterkunft: ÜF, HP, VP **Zimmerzahl:** 5 EZ, 30 DZ, 1 FeWo **Zimmer mit:** z.T. DU/Bad, z.T. Etagen-DU/-bad, Telefon, TV
Sonstiges: TV-Raum, Aufenthaltsraum, Parkplatz, Garage, Frühstücksbuffet, Sauna, Hallenbad (8x12m, 29°C), Solarium, Tennis (Quarzsand), 2 Kegelbahnen.

Unser Haus liegt in einem der schönsten Ski- und Wandergebiete des südlichen Schwarzwaldes, zwischen Feldberg und Belchen. Im Drei-Länder-Eck Deutschland, Schweiz, Frankreich.

Behilflich bei Tourenplanung, abschließbare Garage, Stellplatz und Trockenraum vorhanden. Sonderangebote für Motorradfahrer! Sehr beliebte Motorradstrecken.

ÜF 45 - 77 DM p.P., HP 75 - 107 DM p.P., VP 85 - 117 DM p.P., FeWo 120 DM, Pauschalangebote

Wieden — Hotel „Moosgrund"

Steinbühl 16, D-79695 Wieden Tel. 07673-7915 Fax 07673-1793

ÜF 96 - 140 DM DZ,
75 DM EZ,
HP 156 - 200 DM DZ,
105 DM EZ

Behilflich bei
Tourenplanung,
abschließbare Garage,
Stellplatz, Trockenraum.

Unterkunft: ÜF, HP **Zimmerzahl:** 1 EZ, 14 DZ, 2 App., 4 Whg. **Zimmer mit:** Dusche/Bad, Telefon, Radio, TV **Sonstiges:** TV-Raum, Aufenthaltsraum, Parkplatz, Garage, Frühstücksbuffet, Lift, Hallenbad, Sauna, Solarium, Fitneß, Kneippanlage, Kaminstube

Ruhige Südlage, in 900 m Höhe gelegenes Hotel. Zimmer überwiegend mit Balkon. Ideal für Ausflugsfahrten in die nahe gelegene Schweiz und nach Frankreich. „Aktionswochen".

Wieden — Hotel Sonnenhang

Steinbühl 11, D-79695 Wieden Tel. 07673-918170 Fax 9181720

Unterkunft: ÜF, HP **Zimmerzahl:** 1 EZ, 9 DZ, 1 App.
Zimmer mit: DU/Bad/WC, Telefon, Radio, TV
Sonstiges: Aufenthaltsraum, Frühstücksbuffet, bei HP Menüwahl, Sauna, Whirlpool, Solarium, Parkplatz, Garage
Betriebsferien: November.

Wieden, ein anmutiges Bergdorf auf 890 m ü.M. Das Hotel-Cafe Sonnenhang liegt ruhig und sonnig, abseits von Hektik und Verkehr. Es erwarten Sie gemütliche Zimmer, ansprechende Gasträume und ein Kaminzimmer. Die Sonnenterrasse, die ihren Namen verdient, lädt mit gemütlichen Liegen zum Verweil.

ÜF 55 - 75 DM, HP + 26 DM

Behilflich bei Tourenplanung. Abschließbare Garage,
Stellplatz und Trockenraum.

Ühlingen-Berau — Gasthof Rössle

Landstr. 15, D-79777 Ühlingen-Berau Tel. 07747-208 Fax 599

Unterkunft: ÜF, HP, VP
Zimmerzahl: 2 EZ, 11 DZ,
FeWo 65 - 85 DM
Zimmer mit: Dusche/WC, Telefon, Radio, TV **Sonstiges:** TV-Raum, Aufenthaltsraum, Unterstellplatz für Motorräder, Trockenraum

Landgasthof in ruhiger Lage, schöne Landschaft.
Eigene Hausschlachtung, selbstgebackenes Bauernbrot, reichhaltige Speisekarte.

Kurvenreiche Strecken. Nähe der Schweiz und Frankreich.
Juniorchef und Juniorchefin begeisterte Motorradfahrer.

ÜF 31 - 58 DM

Titisee — Schwarzwaldgasthof „Zum Löwen"

Unteres Wirtshaus Tel. 07651-1064 Fax 3853

Langenordnach, D-79822 Titisee-Neustadt www.sbo.de/loewen
Unterkunft: ÜF, HP, VP **Zimmerzahl:** 2 EZ, 7 DZ, 7 App. 4 Whg.
Zimmer mit: Dusche/Bad, Telefon, TV, Balkon **Sonstiges:** Aufenthaltsraum, Bauerngaststube, Nebenräume, Parkplatz, Garagen, reichhaltiges Frühstücksbuffet, bei HP/VP Menüwahl, Sonnenterrasse
Unser bodenständiger Schwarzwaldgasthof liegt nur 5 km vom Titisee entfernt im idyllischen Langenordnachtal. Inmitten des Hochschwarzwaldes, unweit vom Feldberg und Freiburg. Hier erwartet Sie: Familiäre Gastlichkeit, Tradition u. Komfort zu reellen Preisen, gemütlich eingerichtete Zimmer, große Auswahl an Speisen zum Mittag- u. Abendessen, Liegewiese, Wassertretstelle, Tischtennis.

ÜF 43 - 86 DM p.P., HP 62 - 105 DM p.P., VP 72 - 115 DM p.P., FeWo's je nach
Größe 69 - 109 DM pro Tag, Nebensaisonermäßigungen, Pauschalangebote

Großer Parkplatz u. Garagen für Motorräder, Trockenraum. Wir sind gerne bei der Tourenplanung behilflich.

Titisee Parkhotel Waldeck Ringhotel Titisee **** Parkstr. 4-6, D-79822 Titisee-Neustadt Tel. 07651-8090 Fax 80999

www.parkhotelwildeck.de
Unterkunft: ÜF, HP **Zimmerzahl:** 3 EZ, 38 DZ, 12 Suiten **Zimmer mit:** DU/Bad, Telefon, Radio, TV, Minibar **Sonstiges:** Aufenthaltsraum, Parkplatz, Garage, Frühstücksbuffet, bei HP Menüwahl, Hallenschwimmbad, Innen- u. Außenwhirlpool, Fitneßraum, Bar, Bibliothek, Café mit Gartenterrasse, Liegewiese, gegen Gebühr: Sauna - Solarium - Sportgeräteverleih

Das Parkhotel Waldeck liegt umgeben vom kleinen Kurpark und unserer eigenen Parkanlage. In unmittelbarer Nähe zum Titisee (2 Min. Fußweg), aber abseits vom Tourismus gelegen, bietet es ein familiäres Flair mit persönlicher Betreuung und optimale Entspannung und Erholung. Im typischen Stil des Schwarzwaldes erbaut, aber ausgestattet nach dem internationalen Standard, verspricht es mit seinen vielen Freizeitangeboten und Sitzecken einen unvergeßlichen Urlaub.

ÜF DZ 146 - 222 DM p.Tg., Suite 212 - 320 p.Tg.,
Preise inkl. Frühstücksbuffet, HP 29 DM p.P./Tg. ab 2 Übern.

Freie Unterstellmöglichkeit für Motorräder in unserer Garage, Tourenplanung mit Hilfe unserer Landkarten.

St. Blasien   Pension Vogelbacher *** Kutterau 2, D-79837 St. Blasien Tel. 07672-2825 Fax 90432

Unterkunft: Ü, ÜF, HP, VP
Zimmerzahl: 2 EZ, 20 DZ
Zimmer mit: DU/Bad/WC
Sonstiges: Aufenthaltsraum, Frühstücksbuffet, bei HP/VP Menüwahl, Sauna, TV-Raum, Kaminzimmer, Tischtennis

Unser Haus liegt in abwechslungs- und kurvenreicher Mittelgebirgslandschaft ca. 15 Min. in die Schweiz, 60 Min. nach Frankreich oder zum Bodensee. Schattiger Biergarten mit deftiger Küche und eigener Schlachtung, eigene Forellenzucht. Ruhige zentrale Lage. Gepflegte familiäre Gastlichkeit. Gaststätte von 11:00 bis 23:00 Uhr geöffnet.

Behilflich bei Tourenplanung. Abschließbare Garage, Stellplatz und Trockenraum vorhanden. Besitzer fährt selbst Motorrad.

Ü/ÜF 36 - 42 DM, HP + 22 DM, VP + 37 DM   *Sonderangebote für Motorradfahrter, ab 10 Personen 10% Rabatt!"*

Löffingen   Gasthaus Linde Obere Hauptstr. 10, D-79843 Löffingen Tel. 07654-354 Fax 77095

e-mail: info@linde-loeffingen.de, www.linde-loeffingen.de

Unterkunft: ÜF
Zimmerzahl: 3 EZ, 9 DZ, 2 FeWo
Zimmer mit: DU/Bad/WC, TV, Minibar, z.T. Balkon an Südseite
Sonstiges: Frühstücksbuffet, Parkplatz, Garage

Unser Haus liegt im Herzen des romantischen Luftkurortes Löffingen im Hochschwarzwald. Bei uns finden Sie jederzeit freundliche Aufnahme in familiärer Atmosphäre. In gemütlich eingerichteten Gasträumen wollen wir Sie so richtig verwöhnen, denn auf unsere vorzügliche „Badische Küche" legen wir ganz besonders viel Wert.

ÜF 37,50 - 55 DM

Tourenplanung, abschließbare Garage. Bin selbst Biker!

Bonndorf   Gasthof Sonne

Martinstr. 7, D-79848 Bonndorf Tel. 07703-93930 Fax 939320

e-mail: gasthaus_sonne@t-online.de

Unterkunft: ÜF, HP, VP
Zimmerzahl: 5 EZ, 24 DZ, 2 Wohnungen, 2 Dreibettzimmer
Zimmer mit: Dusche/WC, Telefon, TV auf Wunsch
Sonstiges: Garage, Frühstücksbuffet, bei HP/VP Menüwahl

Gemütliche Gasträume und eine anerkannt gute Küche mit reichhaltiger Speisekarte laden zu angenehmen Aufenthalt ein.

Günstiger Ausgangspunkt für Ausflüge in die nahe Wutachschlucht, zum Bodensee in die Schweiz oder ins Elsaß.

ÜF 45 - 50 DM, HP 62 - 67 DM, VP 70 - 75 DM

Lenzkirch Hotel + Schwarzwaldgasthof Ochsen Dorfplatz 1, D-79853 Lenzkirch-Saig Tel. 07653-90010 Fax 900170

Unterkunft: Ü, ÜF, HP **Zimmerzahl:** 6 EZ, 29 DZ **Zimmer mit:** Dusche/Bad, Telefon, TV **Sonstiges:** Aufenthaltsraum, Parkplatz, Garage, Frühstücksbuffet, bei HP Menüwahl, Hallenbad, Sauna, Solarium, Billard, Fitneßraum mit Tischtennis, Tennisplatz, Mountainbikes, große Liegewiese, Spielplatz, Spielzimmer

Der „Ochsen" zählt zu den ältesten, im Originalstil erhaltenen Schwarz-waldgasthöfen. Lassen Sie sich in gemütlichen Gasträumen von unserer excellenten Küche verwöhnen. Wir bieten internationale Gerichte, badische Spezialitäten, Wild- u. Fischgerichte und dazu immer den passenden Wein. In freundlicher, familiärer Atmosphäre und in komfortablen Zimmern werden Sie sich wohlfühlen und erholen.
Saig ist der ideale Ausgangspunkt für Touren zum Bodensee, in die Schweiz und ins Elsaß.

Ü 60 - 107 DM p.P./Tag, ÜF 72 - 119 DM p.P./Tag,
HP + 25 DM p.P./Tag, Kurtaxe von 1,80 - 2,10 DM

Höchenschwand Porten's Hotel Fernblick Im Grün 15, D-79862 Höchenschwand Tel. 07672-93020 Fax 411240

Unterkunft: ÜF, HP, VP
Zimmerzahl: 14 EZ, 20 DZ, 2 App., 1 FeWo
Zimmer mit: DU/Bad, Telefon, TV
Sonstiges: TV-Raum, Aufenthaltsraum, Parkplatz, Garage, Frühstücksbuffet, Hallenbad, Sauna, Dampfbad, Kegelbahn, Fitneßraum (freier Eintritt) im 5 Gehmin. entfernten Porten's Kurhaus, mit dem Spezialitätenrestaurant „Hubertusstuben". In Porten's „Georgsklause" familienfreundliches Restaurant und Tanz-Bar mit Live-Musik. Di-So 15:00-17:00 u. 19:00-24:00. Das Hotel Fernblick liegt ruhig am südl. Ortsrand von Höchenschwand. Aufzug, Nichtraucherzimmer und Nichtraucheraufenthaltsraum.

ÜF 60 - 75 DM p.P., HP + 25 DM,
VP + 50 DM,
Zustellbett 30 DM pro Nacht

Trockenraum, abschließbare Garage, Stellplätze f. Motorrad.

Tettnang Gutshof Camping Badhütten Badhütten, D-88069 Tettnang Tel. 07543-96330 Fax 963315

Größe/Boden: 10 ha, 500 Stellplätze, 10 FeWo, 1 Mietcaravan, vorrangig Wiese, Abstellplatz mit festem Untergrund für Motorräder vorhanden **Sanitär/Energie:** 20 WK, 42 DU, 108 WB, 15 GB, 58 Sitz-WC, Sanitärkabine für Rollstuhlfahrer, Ausguß für Chemikal-WC, Entsorgungsmöglichkeit für Wohnmobile, Stromanschlüsse mit 16 A, 300 CCE-Stromanschlüsse mit 16 A, 200 Frischwasseranschlüsse, 200 Abwasseranschlüsse **Verpflegung:** Lebensmittelversorgung, Imbißmöglichkeit, Gaststätte/Restaurant **Allgemeines:** Hunde erlaubt Betriebszeiten: 1. 4 bis 31. 10.
Im wildromantischen Argental (Naturschutzgebiet) mit Schwimmbad, uriger Gartenwirtschaft, Speiserestaurant, Pizzeria, Reiterranch, Reitschule, Kutschfahrten, Rallyes, u.v.m.

Unterstellmöglichkeit für Motorräder, Chef u. Chefin fahren Motorrad, Motorradstammtisch, Motorradtreffen 2000 geplant - es gibt Zelte mit Feldbetten.

Preise: Zelt+Motorrad/Auto 7 - 15 DM, Caravan/Wohnmobil 13 - 20 DM

Wangen Romantik-Hotel Alte Post *** Postplatz 2, D-88239 Wangen Tel. 07522-97560 Fax 22604

e-mail: altepost@t-online.de
Unterkunft: ÜF, HP, VP **Zimmerzahl:** 5 EZ, 13 DZ, 1 App.
Zimmer mit: DU/Bad, Radio, SAT-TV, Telefon **Sonstiges:** Räume bis 80 Personen für Tagungen und Festlichkeiten
Die „Alte Post" mitten im Herzen der mittelalterlichen, einst freien Reichsstadt Wangen, mit ihrem südländischen Gepräge. Unser

Haus ist ein Kleinod im Voralpengebiet des württembergischen Allgäus. Sie werden verwöhnt von einer exquisiten Küche. Die Zimmer sind stilvoll und gleichzeitig komfortabel eingerichtet.

ÜF 80 - 120 DM, HP u. VP auf Anfrage

Abschließbarer Stellplatz + Garagen.

Salem Gasthof Lindenbaum Neufracherstr. 1, D-88682 Salem Tel. 07553-211 Fax 60515

Unterkunft: ÜF
Zimmerzahl: 3 EZ, 5 DZ
Zimmer mit: Dusche/Bad/WC
Sonstiges: Aufenthaltsraum, Parkplatz, Garage

ÜF 40 - 45 DM

Behilflich bei Tourenplanung.
Trockenraum für Lederkleidung vorhanden.

Isny — Hotel garni am Roßmarkt

Roßmarkt 8-10, D-88316 Isny/Allgäu Tel. 07562-4051 Fax 4052
e-mail: hotel-garni@t-online.de   www.hotel-am-rossmarkt.de

Unterkunft: ÜF, HP auf Wunsch im Nebenhaus möglich
Zimmerzahl: 5 EZ, 9 DZ, 2 App.
Zimmer mit: DU/Bad/WC, Telefon, Radio, TV mit Premiere, Minibar
Sonstiges: Frühstücksbuffet, Sauna, Solarium, Fitneß u. Kurabtlg.,
Parkplatz, Garage

Betriebsferien: 20. November bis 10. Dezember.

ÜF 64 - 85 DM

Abschließbare Garage, Stellplatz, Trockenraum.
5% Preisrabatt für Motorradfahrer!

Owingen-Hohenbodman — Gasthaus „Adler"

Lindenstr. 25, D-88696 Owingen-Hohenbodman/Bodensee
Tel. 07557-241 Fax 8968

ride & est
ride&rest international
Motorrad - Hotels, - Gasthöfe
und - Pensionen

Unterkunft: ÜF, HP **Zimmerzahl:** 2 EZ, 7 DZ
Zimmer mit: DU/Bad, TV, teilw. Balkon
Sonstiges: Frühstücksbuffet, Ruhige Lage, gut-
bürgerliche Küche, Wildspezialitäten, Kinder-
spielplatz, Parkplatz, Garage, ruhige Lage
Idealer Ausgangspunkt für Touren und vielerlei
Freizeitmöglichkeiten.

Garagenbenutzung für Motorradfahrer kostenlos.
Tourenplanung, Trockenraum und kleine Werkstatt vorhanden.
Besitzer fährt Gespann. Jährlich im Juni großes Gespanntreffen,
monatlich Gespannfahrer-Stammtisch!

ÜF von 42 - 50 DM p.P./Nacht, HP + 16 DM

Wertheim — Pension Hofgarten

Unterkunft: ÜF
Zimmerzahl: 5 EZ, 13 DZ
Zimmer mit: Dusche/Bad, teilweise Etagen-Du/-bad
Sonstiges: TV-Raum, Aufenthaltsraum, Parkplatz, Garage

ÜF 42 - 52 DM

Untere Heeg 1, D-97877 Wertheim Tel. 09342-6426 Fax 6437
Zentral gelegen im Maintal zwischen Odenwald, Spessart und
Rhön.

Besitzer fahren selbst Motorrad,
abschließbare Garage, Trockenraum vorhanden.

Wittighausen-Unterwittighausen — Gasthof Zum Bären

Tel. 09347-246 Fax 95023

Unterkunft: Ü, ÜF, HP **Zimmerzahl:** 2 EZ, 12 DZ, 1 3-Bettzi., 2
App. **Zimmer mit:** DU/Bad/WC, z.T. Telefon, z.T. Radio, z.T. TV
Sonstiges: Frühstücksbuffet, Dampfbad, Sauna, Solarium, Dart,
Lift, Terrasse, Nichtraucherzimmer, Parkplatz, Garage.
Ganzjährig geöffnet.

Ü auf Anfrage, ÜF 38 - 65 DM, HP auf Anfrage

Königstr. 9, D-97957 Wittighausen-Unterwittighausen

Zentraler Ausgangspunkt für Touren nach
Rothenburg, Würzburg, in den Odenwald
oder Spessart.

Garage und Trockenraum gratis.

Bayern

Hotel/Camping		
Katalogseite		
Ort		

Ort	Katalogseite	Hotel/Camping
Altenkunstadt	96	H
Aschau	81	H
Bad Aibling	80	H
Bad Reichenhall	82	H
Bayreuth/Eckersdorf	96	H
Bayrischzell	83	H
Berchtesgaden	82	H
Bischofsheim	98	H
Burghaslach	96	H
Chamerau	94	H
Diebach-Unteroestheim	92	H
Eichstätt	84	H
Etzelwang	93	H
Falkenstein	93	H
Gotteszell	95	H
Grafenwiesen	94	H
Hammelburg-Morlesau	98	H
Harthausen	85	H
Hersbruck	91	H
Hirschegg	89	H
Hüttenheim	97	H
Kinding	85	H
Königsbrunn	85	H
Langlau	92	H
Lenggries-Fall	83	H
Lindau	90	H
Lindberg/Zwiesel	94	H
Markt Heidenheim	92	H
Marktoberdorf	89	H
Mittelberg	89	H
Mittenwald	80	H
Motten-Kothen	98	C
Mühlhausen	96	H
Muschenried	93	H
Nesselwang	87	H
Neuötting	84	H
Nonnenhorn	90	H
Nördlingen	86	H
Oberaudorf	80	H
Oberstaufen	87	H
Oberstdorf	88	H
Ochsenfurt-Goßmannsdorf	97	H
Postmünster	84	H
Prien a. Chiemsee	81	H
Regensburg	93	H
Rödental	97	H
Rothenburg o.d.Tauber	91	H
Scheidegg	90	H
Schönau a. Königssee	83	H
Schwangau	90	H
Schweitenkirchen	85	H
Sonthofen	86	H
Steinsfeld	92	H
Sulzberg	86	H
Unterjoch	88	H
Waldkirchen	95	H
Warmensteinach	95	H
Weiden	93	H
Weidhausen	97	H
Wemding	86	H
Zwiesel	94	H

Mittenwald — Gästehaus Edlhuber

Innsbrucker Str. 33, D-82481 Mittenwald Tel. 08823-1389 Fax 94138

e-mail: edlhuber@mittenwald.de
www.mittenwald.de/edlhuber.html
Unterkunft: ÜF **Zimmerzahl:** 4 EZ, 8 DZ, 4 App.
Zimmer mit: z.T. Etagen-DU/-bad, z.T. DU/Bad, Radio, TV
Sonstiges: TV-Raum, Aufenthaltsraum, Parkplatz, Garage,
Frühstücksbuffet, Fitneßraum

Gehobene Ausstattung. Sehr ruhige und zentrale Lage.
Unterbringung der Motorräder samt Fahrer auch für eine Nacht.
Unser Haus ist ganzjährig geöffnet.

ÜF Zi. mit DU/Bad 40 - 55 DM, Zi. mit Etagendu. 35 - 45 DM

Trockenraum, überdachter Abstellplatz.

Bad Aibling — Sport- und Familienhotel St. Georg GmbH

Ghersburgstr. 18, D-83043 Bad Aibling Tel. 08061-4970 Fax 497105

Unterkunft: ÜF, HP **Zimmerzahl:** 43 EZ, 166 DZ, 10 Appartements
Zimmer mit: DU/Bad, Telefon, Radio, TV, Minibar, größtenteils mit Balkon od.
Terrasse **Sonstiges:** 2 Restaurants, Frühstücksbuffet, bei HP Buffet,
Schwimmbad, Liegewiese, Sauna, Whirlpool, Solarium, Tennisplatz,
Fitneßraum, Moor- und Massageabteilung, Kosmetikstudio, Vitalclub

Oberbayer-Touren-Paket von
Freitag bis Sonntag pro Person
im **DZ 198 DM** inkl. reichhaltigem Frühstücksbuffet, 2 Lunch-
pakete, 1 Abendessen am An-
reisetag, Tourenbeschreibung und Tiefgaragenstellplatz.
Nach der Fahrt Entspannung pur im Schwimmbad, Sauna, Whirlpool oder Fitnessraum.
Alle Zimmer sind komfortabel ausgestattet und verfügen über eine kleine Teeküche.

Unser besonderer Tip - die Oberbayern-Tour vom Mangfalltal zum Wendelstein über Schliersee nach Bad Wiessee und Kreuth. Vom
Achenpaß nach Fall in die Eng zum Ahornboden und zurück Richtung Bad Tölz, Dietramszell, Irschenberg nach Bad Aibling.
Am Sonntag noch ein Besuch in König Ludwig's Traumschloß auf Herrenchiemsee. Eine Rundfahrt um den Chiemsee beschließt ein
unvergeßliches Wochenende und lädt zum Wiedersehen ein.

Ihr Sport- und Familienhotel St. Georg hat noch viele tolle Tips - einfach Angebote anfordern - wir freuen uns auf Sie!

Wir wünschen eine angenehme Anreise!
Von der A8 München/Salzburg bis Ausfahrt Bad Aibling. Dann links Richtung Bad
Aibling und der Beschilderung folgen. In Bad Aibling nach dem Bahnübergang scharf
rechts und nach 300 m erreichen Sie das Sport- und Familienhotel St. Georg.
Mit öffentlichen Verkehrsmitteln: Bahnhof und Busbahnhof Bad Aibling 3 km, Bahnhof
Rosenheim 12 km.

ÜF/DZ ab DM 140, ÜF/EZ ab DM 99, HP (ab 3 Tg.) DM 29 p.P

Oberaudorf — Hotel Garni Lambacher ***

Rosenheimer Str. 4, D-83080 Oberaudorf Tel. 08033-1046 Fax 3948

Unterkunft: Ü, ÜF, HP ab 20 Pers.
Zimmerzahl: 2 EZ, 17 DZ, 1 App., 3 DZ m. Zustellbett
Zimmer mit: Dusche/Bad/WC, Telefon, SAT-TV
Sonstiges: TV-Raum, Aufenthaltsraum, hauseigener Pils-Pub, Parkplatz

Das familiär geführte Haus befindet sich im Herzen des Bilderbuchdorfes Oberaudorf im oberbayeri-
schen Inntal. Die zentrale Lage von Oberaudorf bietet die vielfältigsten Möglichkeiten zur Urlaubs- und
Freizeitgestaltung.
Das Hotel mit Atmosphäre bietet Ihnen ein erstklassiges Frühstücksbuffet und für abends ein Pils Pub
im Haus, das jeden Tag bis 1:00 Uhr geöffnet ist.

Ü 43 - 53 DM im DZ, ÜF 48 - 58 DM im DZ, HP 69 - 79 DM ab 20 P. EZ-Zuschlag 10 DM

Abschließbare Garage für Motorradfahrer kostenlos. Besitzer fährt selbst Motorrad.
Sonderangebote für Motorradfahrer!

Oberaudorf — Sporthotel Wilder Kaiser ****

Naunspitzstr. 1, D-83080 Oberaudorf Tel. 08033-9250 Fax 3106

Unterkunft: Ü, ÜF, HP **Zimmerzahl:** 15 EZ, 82 DZ, 1 Suite
Zimmer mit: Bad/Dusche, Telefon, Radio, SAT-TV, Fön
Sonstiges: Aufenthaltsraum, Parkplatz, Frühstücksbuffet, bei HP
Menüwahl, Sauna, Solarium, Aroma-Dampfbad, Fitnessraum,
Erlebnishallenbad, Pool-Billard

1 km von Autobahnausfahrt Oberaudorf entfernt.
Ruhige Ortsrandlage, mehrmals wöchentlich Livemusik im Haus.

Ü 44 - 55 DM, ÜF 51 - 62 DM, HP 64 - 78 DM p.P. im DZ

Überdachte Stellplätze vorhanden (bewacht).

Oberaudorf Gasthof Ochsenwirt *** Carl-Hagen-Str. 14, D-83080 Oberaudorf Tel. 08033-30790 Fax 30791.

e-mail:Ochsenwirt/T-Online.de
www.oberaudorf.de/ochsenwirt/
Unterkunft: ÜF, HP **Zimmerzahl:** 22 DZ, 2 Suiten, 6 Zi. können in 3-Bettzimmer umgewandelt werden
Zimmer mit: Dusche/Bad, Telefon, Radio, TV, Fön
Sonstiges: Aufenthaltsraum, Parkplatz, Garage, Frühstücksbuffet, bei HP Menüwahl, Sauna, Solarium.
Ruhig, aber zentral gelegen. Idealer Ausgangspunkt für Tagestouren. In unserem urgemütlichen Stüberl und Restaurant werden Sie mit bayrischen Schmankerln und internationalen Gerichten verwöhnt. Unsere Küche kann sich schmecken lassen!

ÜF 54 - 70 DM p.P. i. DZ, 63 - 75 DM i. EZ, Junior-Suite 61 - 74 DM, Kinder bis 2 Jahre frei, Kinder bis 6 Jahre 22 - 25 DM, Jugendliche bis 14 Jahren 36 - 41 DM, HP + 21 DM

Tourenvorschläge, Garage, großer Parkplatz, Werkzeug, Trockenraum. Besitzer Motorradfahrer.

Oberaudorf Hotel Bayerischer Hof ** Sudelfeldstr. 12, D-83080 Oberaudorf Tel. 08033-92350 Fax 4391

e-mail: mbwolf@aol.com
www.hotels-mit-herz.de/hotel-bayerischer-hof

Unterkunft: ÜF, HP **Zimmerzahl:** 3 EZ, 8 DZ, 1 App., 1 FeWo **Zimmer mit:** DU/Bad/WC, Telefon, Radio, TV
Sonstiges: Aufenthaltsraum, Frühstücksbuffet, bei HP Menüwahl, Parkplatz, Garage.
Betriebsferien: November.

Der Bayerische Hof, seit vielen Jahrzehnten ein Haus der Gemütlichkeit und des Zusammentreffens, ist bestens für Sie gewappnet. Als Mitglieder der Hotelkooperation „Hotels mit Herz", die eine Gemeinschaft von familiär geführten Hotels ist, bieten wir Ihnen für Ihren Urlaub eine besondere Atmosphäre: Jederzeit um Sie bemüht.

Herrliche Tourenmöglichkeiten. Stellplatz u. Garage vorhanden.

ÜF 50 - 69 DM, HP 59 - 88 DM

Prien a. Chiemsee Golf-Hotel Reinhart Seepromenade, D-83209 Prien a. Chiemsee Tel. 08051-6940 Fax 694100

Unterkunft: ÜF, HP **Zimmerzahl:** 22 EZ, 39 DZ, 4 App.
Zimmer mit: DU/Bad, Telefon, TV, teilw. Minibar
Sonstiges: Aufenthaltsraum, Parkplatz, Garage, Frühstücksbuffet, bei HP Menüwahl, Hallenschwimmbad

Schwimmen, Segeln, Surfen direkt vor der Haustür. Und ob Sie's bei uns elegant mögen oder zünftig - auf's Feiern verstehen wir uns, „mir Bayern"! Kulinarische Köstlichkeiten aus unserer Heimat.
Ob Seeblick oder Aussicht auf den Garten: in unseren ruhigen Zimmern werden Sie sich wohlfühlen.

ÜF 70 - 100 DM p.P. i. DZ, 120 DM EZ

Kostenlose Garage für Motorradfahrer - besitze selbst eine Harley Davidson.

Prien a. Chiemsee Panoramacamping Harras

Größe/Boden: 2,2 ha, 200 Stellplätze, 2 Mietzelte, 3 Mietcaravans, teilw. Wiese, teilw. steiniger Boden **Sanitär/Energie:** 8 DU, 16 WB, 4 GB, 14 Sitz-WC, Ausguß f. Chemikal-WC, 65 CCE-Stromanschlüsse 16 A
Verpflegung: Lebensmittelversorgung, Imbißmöglichkeit, Gaststätte
Allgemeines: Hunde erlaubt, 4 km zur Autobahn, direkt am See!
Gruppen willkommen, bin selbst Motorradfahrer!

Harrasser Str. 135, D-83209 Prien a. Chiemsee
Tel. 08051-90460 o. 2515 Fax 904616

Betriebszeiten: 1. Mai bis 31. Oktober

Preise/Tag: Zelt + Motorrad ab 8 DM, Motorrad 2,50 DM, Zelt + Auto ab 8,50 DM, Auto 3 DM, Zelt ab 5,50 DM, Caravan/Wohnmobil ab 6/9 DM

Aschau Gasthof Kampenwand

Unterkunft: ÜF, HP **Zimmerzahl:** 2 EZ, 12 DZ, 1 3-Bettzimmer
Zimmer mit: teilw. Etagen-DU/-bad/WC, teilw. DU/Bad/WC
Sonstiges: Frühstücksbuffet, Kegelbahn, Parkplatz

Di Ruhetag, Mi ab 16:00 Uhr geöffnet. Keine Betriebsferien.

Bernauer Str. 1, D-83229 Aschau Tel. 08052-2440 Fax 4702

BAB A9 München-Salzburg, Ausfahrt Frasdorf.

ÜF 38 - 51 DM, HP + 25 DM

Stellplatz - auch überdacht. Trockenmöglichkeit für Lederbekleidung vorhanden.

Bad Reichenhall

Hotel-"Karlsteiner Stuben"

Staufenstr. 18, D-83435 Bad Reichenhall Tel. 08651-9800 Fax 61250

e-mail: KarlsteinerStuben@t-online.de

Unterkunft: ÜF, HP, VP **Zimmerzahl:** 9 EZ, 25 DZ, 1 Thai-Suite, 1 Almhütte
Zimmer mit: DU/Bad, größtent. m. Balkon/Terrasse, Radio, Telefon, TV (a. Wunsch)
Sonstiges: Aufenthaltsraum, Innenhofparkplatz, Frühstücksbuffet, bei HP/VP
Menüwahl

Familiär, sehr ruhige, sonnige zentrale Lage, großer Garten und Liegewiese, gutbürgerliche Küche, Thai-Spezialitäten, im Berchtesgadener Land gelegen, 17km von Salzburg entfernt. Autobahn München-Salzburg 10 Min. entfernt, im Ortsteil Karlstein. Aktiv- bzw. Relaxurlaub wird angeboten: Rafting, Canyoning, Mountainbiking über Outdoor-Club, med. Bäder über Kurmittelhaus (nur 150m entfernt).
Herzlich willkommen - Familie Schindler.

Trockenraum, Stellplatz, behilflich bei Tourenplanung.

ÜF 49 - 80 DM, HP + 21 DM, VP + 30 DM,
Orig. THAI-SUITE u. Almhütte auf Anfrage, 2 FeWo (60-65 qm) 85 - 90 DM

Bad Reichenhall

Hotel Pension Oechsner

Am Thumsee 7, D-83435 Bad Reichenhall
Tel. 08651-96970 Fax 969729

http://home.t-online.de/home/pension.oechsner/

Unterkunft: ÜF, HP **Zimmerzahl:** 2 EZ, 11 DZ
Zimmer mit: Dusche/WC, Telefon, TV-Anschluß
Sonstiges: 2 TV-Räume mit Satellitenprogramm, Aufenthaltsraum,
Parkplatz, erweitertes Frühstück, Hallenbad, Sauna, Hausbar, große
Liegewiese

Unser gepflegtes, familiäres Haus liegt mitten im Grünen, umgeben von Bergen oberhalb des Thumsees. Ruhige, sonnige Lage, kein Durchgangsverkehr. Kostenloser Zubringerdienst zu den Kuranstalten. Unsere Zimmer sind rustikal eingerichtet. Winterpauschale bis 30.4.

ÜF 50 - 60 DM, HP + 19 DM

Bad Reichenhall   Hotel Residenz Bavaria   Am Münster 3, D-83435 Bad Reichenhall Tel. 08651-7760 Fax 65786

Unterkunft: Ü, ÜF, HP, VP **Zimmerzahl:** 143 EZ/DZ, 30 App. **Zimmer mit:** DU/Bad, Telefon, Radio, SAT-TV **Sonstiges:** Garage, Frühstücksbuffet, bei HP/VP Menüwahl, Sauna, Solarium, Schwimmbad, Kurabteilung, Beauty-Studio, Gästebetreuung, Tagungsräume, Kutscherstüberl = Bier-Weinstüberl

Ruhiges Mittelklassehotel gehobenen Standards mit 173 Zimmern im Berchtesgadener Land, 15 km von Salzburg, 20 km vom Königssee. Von der Autobahn München-Salzburg ca. 5 Min zum Hotel. Für Ihren Aktivurlaub bieten wir an über „Club Aktiv": Rafting, Canyoning, Paragliding ... etc.

e-mail: info@hotel-bavaria.de, www.hotel-bavaria.de

Ü 85 - 205 DM in Ferienwohnung I+II, EZ p.P.: ÜF 125 - 170 DM,
DZ p.P.: ÜF 105 - 135 DM, HP + 15 DM p.P, VP + 30 DM p.P,
Speizialangebote und Aktionstermine bitte erfragen

Behilflich bei Tourenplanung d. Gästebetreuung, abschließbare Garagen. Motorradfahrer erhalten 5% Rabatt!
Nach Absprache Begleitung durch 2. Direktor - selbst begeisterter Motorradfahrer.

Berchtesgaden   Hotel „Hoher Göll"   Berchtesgadener Str. 104, D-83471 Berchtesgaden/Stanggaß Tel. 08652-4701 Fax 64890

FuD1 0171-5826634   e-mail: handl@hohergoell.de
www.hohergoell.de

Unterkunft: ÜF, Restaurant **Zimmerzahl:** 3 EZ, 8 DZ, 3 FeWo in der Villa „Carissima" nebenan
Zimmer mit: Bad/DU/WC, SAT-TV, Balkon
Sonstiges: Aufenthaltsraum, Parkplatz, Frühstücksbuffet, Sauna, Solarium, Fitwirbel, Restaurant „Hobelbank", Radverleih, Tischtennis

Behilflich bei Tourenplanung, da Besitzer selbst Motorradfahrer. Sonderangebote für Motorradfahrer.

Am Ortsrand von Berchtesgaden, ca. 1km zur Ortsmitte, Bushaltestelle der Ortslinie ca. 50 m vom Haus, herrlicher Blick auf die gesamte Gebirgskette, zahlreiche Wanderwege in unmittelbarer Nähe des Hauses. Unsere Zimmer sind sehr gemütlich und komfortabel eingerichtet; am Haus befindet sich ein großer Terassen-Balkon und eine große, nicht einsichtbare Liegewiese mit anschließendem Wald.

p.P.: ÜF 45 - 64 DM, FeWo 125 - 165 DM, je Nacht (4-6 P.)

Berchtesgaden — Gasthof Auerwirt

Kirchplatz 2, D-83471 Berchtesgaden 08652-2052 Fax 6.

Unterkunft: ÜF, HP **Zimmerzahl:** EZ, DZ, 3-Bettzimmer
Zimmer mit: Etagen-DU/-bad/WC
Sonstiges: TV-Raum, Aufenthaltsraum, Menüwahl möglich, großer Saal, Biergarten, sonnige Terrasse, Almtanz, Grillen bei schönem Wetter, Rafting, Bergwandern, Parkplatz

Abseits vom üblichen Urlaubsrummel an der Roßfeldstraße in Oberau liegt der Gasthof Auerwirt. Gemütliche Gasträume mit großem Saal, Biergarten und Sonnenterrasse. Leistungsfähige Küche. Gästezimmer mit unverbautem Blick zu den Berchtesgadener Bergen.

Freizeitangebote z.B.: Rafting, Bergtouren, Mountainbiking.

ÜF 28 - 30 DM, HP 48 - 50 DM

Besitzerin fährt selbst Motorrad, Tourenplanung.

Schönau am Königssee — Pension Berganemone ***

Grünsteinstr. 37, D-83471 Schönau am Königssee
Tel. 08652-61544 Fax 61796

e-mail: Pension-Berganemone@t-online.de
http://www.koenigssee.com/berganemone

Unterkunft: ÜF **Zimmerzahl:** EZ auf Anfrage 11 DZ, 1 Whg., 6 3-4-Bettzimmer
Zimmer mit: Bad/Dusche, SAT-TV möglich, teilw. Balkon, teilw. Terrasse
Sonstiges: Aufenthaltsraum, Parkplatz, (Mountainbike-Verleih, Saunabesuch kann vermittelt werden), Alpinskilift sowie Langlaufloipe am Haus, Kinderspielplatz

Die Pension Berganemone bietet Urlaub zu jeder Jahreszeit in geruhsamer, familiärer Atmosphäre. Komfortable Zimmer, reichhaltiges Frühstück, gemütlicher Aufenthaltsraum, Sonnenterrasse, in ruhiger zentraler Lage. Moderne Ferienapp. ab 2-5 Pers.. Abendimbiß im Haus möglich.
Auf Ihren Besuch freut sich Fam. Küpper.

ÜF VS 30 - 41 DM, HS 34 - 45 DM, Angebotswochen in der Vs u. NS ab 7 Ü zu 210 DM/Pers.

Lengries-Fall — Hotel „Jäger von Fall"

Ludwig-Ganghofer-Str.8, D-83661 Lengries-Fall, Tel. 08045-130 Fax 13222

Unterkunft: ÜF, HP, VP **Zimmerzahl:** 40 EZ, 26 DZ, 2 App., 1 FeWo (2xDZ) **Zimmer mit:** DU/ Bad, Telefon, Stereoanlage m. CD-Player, TV **Sonstiges:** Bei HP/VP Menüwahl, Frühstücksbuffet, Bibliothek, Billard, Sauna, Whirlpool, Solarium, Boots- und Mountainbikeverleih, Parkplatz

Dort, wo Ludwig Ganghofer seine Romanfiguren im alten Dorfgasthof am Sylvensteinsee zur abendlichen Stamm-tischrunde zusammenkommen ließ, ist die moderne Vision von einem Hotel ganz besonderer Art Wirklichkeit geworden. Kulinarisch genießen und sich verwöhnen lassen in unseren beiden Restaurants, entspannen im Fitneßbereich mit Sauna, Whirlpool und Solarium. Harmonisch den Tag ausklingen lassen an unserer stimmungsvollen Pianobar.

Für Motorradfahrer 10% Rabatt auf Übernachtungspreise.

ÜF 90 DM p.P. i. DZ, HP 120 DM p.P. i. DZ, VP 150 DM p.P. i. DZ, 7 Ü mit HP 690 DM p.P. i. DZ

Bayrischzell — Hotel-Gasthof „Wendelstein" ***

Ursprungstr. 1, D-83735 Bayrischzell Tel. 08023-80890 Fax 808969

Unterkunft: ÜF, HP, VP **Zimmerzahl:** 5 EZ, 14 DZ, 2 Wohn. **Zimmer mit:** DU/Bad, z.T. Etagen-WC, Telefon, z.T. Radio, TV auf Bestellung kostenlos **Sonstiges:** TV-Raum, Aufenthaltsraum, Parkplatz, Garage, Frühstücksbuffet, bei HP/VP Menüwahl, Sonnenterrasse, Motorräder können sicher im Hof untergestellt werden! Motorradbegeisterter Familienbetrieb in ruhiger aber zentraler Lage nahe der (B307) Paßstraße zum Inntal u. Tirol. Idealer Ausgangspunkt für Tagesausflüge nach Österreich u. Südtirol. Gemütliche Lokale u. großer Biergarten, in denen wir für hungrige Motorradfahrer große Portionen servieren.

Trockenraum f. Motorradbekleidung, sicherer Stellplatz im Hof.

ÜF 40 - 60 DM, HP + 22 DM, VP + 38 DM., Sonderwochen im Mai und Oktober = 4 Tg. wohnen, 3 Tg. bezahlen

Postmünster **Landhotel am See ***** Seestr. 10, D-84389 Postmünster Tel. 08561-470 Fax 5904

Unterkunft: Ü, ÜF, HP, VP
Zimmerzahl: 41 EZ, 29 DZ, 4 Suiten
Zimmer mit: DU/Bad/WC, Telefon, Radio, TV
Sonstiges: Aufenthaltsraum, Frühstücksbuffet, bei HP/VP Menü-
wahl, Sauna, Schwimmbad, Kegelbahn, Parkplatz

Im Landhotel am See Postmünster wohnen Sie in einem der schönsten Hotels zwischen Donau, Rott und Inn. Hier können Sie, fernab
vom Massentourismus, erlebnisreiche Ferientage verbringen und
trotzdem viel unternehmen: Der Rottauensee mit seinen Liegewiesen
und eigenem Bootshafen mit Bootsverleih lädt ein zum Segeln,
Surfen, Schwimmen. Ebenso in der Nähe: Tennisplätze, ein Trimm-
Dich-Pfad, ein Wildgehege und das Clubhaus des Rottaler Golf- und
Countryclubs, wo Sie als unser Gast immer gerne willkommen sind.

Das altbayerische Restau-
rant „Seestüberl" mit traditioneller Küche im königlich-
bayrischem Charme, die
Hotelbar und die Café-
Terrasse im malerischen
Innenhof variieren das bayrische Thema mit Ge-
schmack und Abwechslung.
Entdecken Sie uns. Wir sorgen mit Gefühl und Pro-
fessionalität für einen unvergeßlichen Aufenthalt.

Ü 70 - 200 DM, ÜF 70 - 200 DM, HP + 25 - 30 DM, VP + 30 - 50 DM

Neuötting **Gasthof Krone** Ludwigstr. 69, D-84524 Neuötting Tel. 08671-2343 Fax 72307

Unterkunft: Ü, ÜF
Zimmerzahl: 5 EZ, 10 DZ, 2 Dreibettzimmer
Zimmer mit: Dusche/Bad, TV
Sonstiges: 2 Nichtraucherzimmer, Parkplatz, Garage, Lift

Unser Haus unter Familienleitung liegt zentral in der historischen Inn-
stadt Neuötting an der B12 zwischen München und Passau. Die
Zimmer sind ruhig, der Gaumen wird durch gutbürgliche Küche ver-
wöhnt. Im Sommer haben wir einen Biergarten.
Ein Trödelmuseum befindet sich im Dachgeschoß.
Zum Wallfahrtsort Altötting sind es 2 km, nach Salzburg ca. 60 km.
Motorradwerkstatt für Yamaha, Suzuki, Honda und BMW ist im Ort.

Ü 23 - 50 DM p.P., ÜF 28 - 55 DM p.P.

Abschließbare Garage und Trockenraum für Lederkleidung.

Eichstätt **Gasthof Zum Hirschen *****
Brückenstr. 9, D-85072 Eichstätt-Wasserzell Tel. 08421-9680 Fax 968888

Unterkunft: ÜF, HP, VP **Zimmerzahl:** 10 EZ, 20 DZ,
2 App., 2 Suiten, 5 Mehrbettzimmer **Zimmer mit:**
DU/ WC, Telefon, Radio, TV **Sonstiges:** Aufenthaltsraum, Parkplatz, Garage, Frühstücksbuffet, bei
HP/VP Menüwahl, Biergarten
Der an der Altmühl gelegene Gasthof bietet Räumlichkeiten zu den verschiedensten Anlässen. Die
„Fränkische Bratwurst" und das „Altmühltaler Lamm"
sind nur zwei der vielen Spezialitäten aus der regionalen bayerischen Küche.
Im Sommer finden Grillparties im gemütlichen Biergarten statt.

Abschließbare Garage und Stellplatz vorhanden.   ÜF 49 - 53 DM, HP 69 - 73 DM, VP 79 - 83 DM

Eichstätt   Hotel Schießstätte garni

Schießstättberg 8, D-85072 Eichstätt/Bayern   Tel. 08421-98200 Fax 982ს

e-mail: xhillner@aol.com   members.aol.com/xhillner

Unterkunft: ÜF, HP möglich - Restaurant „Zum Ammonit" 5 Gehmin.
Zimmerzahl: 1 EZ, 22 DZ, 3 Mehrbettzimmer **Zimmer mit:** DU/WC, Radio, Telefon, Kabel-TV **Sonstiges:** reichhaltiges Frühstücksbuffet, Terrasse mit Panoramablick, Getränkeservice, Nichtraucherzimmer, Tischtennis, Parkplätze, Garagen

Garagenstellplatz kostenlos - Trockenraum für Motorradbekleidung.

Etwas oberhalb von Eichstätt und doch fast im Herzen der Stadt liegt unser neuausgestattetes historisches Haus. Das Hotel liegt in sehr ruhiger Lage mit Panoramablick auf die Altstadt mit Burg, Dom, Kirchen und Klöstern. Nur 7 Gehmin. zum Zentrum der Stadt. Eine moderne Einrichtung der Zimmer und des Frühstücksraumes warten auf den Gast in einem familiär geführten Ambiente. Ihr Zuhause in Eichstätt im Naturpark Altmühltal. Ingolstadt (30 km), München (100 km), Fränkische Seenplatte (70 km). Wir freuen uns auf Ihren Besuch!

ÜF 55 - 70 DM p.P., HP-Zuschlag 22 DM p.P.

Kinding   Gasthof Rundeck **

Erlingshofen 24, D-85125 Kinding   Tel. 08423-488 Fax 98230

Unterkunft: ÜF, HP, VP **Zimmerzahl:** 3 EZ, 10 DZ
Zimmer mit: DU/Bad/WC, Telefon auf Wunsch, Radio, TV auf Wunsch
Sonstiges: TV-Raum, Aufenthaltsraum, Frühstücksbuffet, bei HP/VP Menüwahl, Parkplatz, Garage

Unser neu renovierter mit heimischer Bausubstanz ausgestatteter Gasthof liegt im ruhigen idyllischen, von Mischwäldern umgebenen Aulautertal. In familiärer Atmosphäre bieten wir gepflegte Getränke, gutbürgerlichen Mittagstisch mit täglich frischen Forellen und Brotzeiten aus eigener Hausschlachtung.
Betriebsferien: November, Dienstag Ruhetag (v. Okt. bis April).

ÜF 32 - 35 DM, HP 49 DM, VP 52 DM, EZ-Zuschlag 5,– DM

Garage für Motorradfahrer kostenlos, überdachter Stellplatz, behilflich bei Tourenplanung.

Schweitenkirchen   Pension Karl Heigl

Hauptstr. 4, D-85301 Schweitenkirchen   Tel. 08444-7209 Fax 1088

Unterkunft: ÜF **Zimmerzahl:** 7 EZ, 6 DZ, 5 Mehrbettzimmer
Zimmer mit: teilw. Etagen.DU/-bad, teilw. DU/Bad, teilw. TV
Sonstiges: Aufenthaltsraum, Parkplatz, Garage

An der A9, Abfahrt Pfaffenhofen, 1 km entfernt.
Gemütliche Atmosphäre. Ganzjährig geöffnet.

Als Zwischenstop auf dem Weg in die Berge.

ÜF: EZ DU/WC/TV 50 DM, EZ Etagen-DU/WC 40 DM, DZ DU/WC/TV 40 DM p.P., DZ m. TV Etagen-DU/WC 30 DM p.P., EZ klein oh. TV mit DU/WC 40 DM, 3-Bett-Zi. DU/TV 110 DM, 4-Bett-Zi. DU/TV 140 DM

Harthausen   Landgasthof Forstwirt

Beim Forstwirt 1, D-85630 Harthausen   Tel. 08106-36380 Fax 363811

Unterkunft: ÜF **Zimmerzahl:** 22 EZ, 10 DZ, 6 App.
Zimmer mit: DU/Bad, Telefon, Radio, TV
Sonstiges: Parkplatz, Garage, Frühstücksbuffet

Unser Landgasthof ist seit Generationen in Familienbesitz, ca. 20 km östl. von München, direkt am Waldrand. Der Tradition des Hauses entsprechend, können Sie sich in gemütlicher Atmosphäre niederlassen, im Hotel erwarten Sie komfortabel ausgestattete Zimmer, oder im Lokal in dem wir Sie mit einer großen Speisenauswahl gerne verwöhnen. Wer sich sportlich betätigen will, hat die Möglichkeit sich auf der benachbarten Drivingranch zu testen. Auch für Abkühlung ist gesorgt am nahegelegenen Stein- bzw. Kastensee. Nach all diesen Aktivitäten können Sie den Tag in unserem Biergarten ausklingen lassen.

Trockenraum für Lederkleidung, Garage, Motorradwerkstatt, Wochenendpreise.

ÜF 79 - 260 DM, für Motorradfahrer Wochenend-Preise: von 79 - 200 DM

Königsbrunn   Hotel Arkadenhof ***

Rathausstr. 2, D-86343 Königsbrunn   Tel. 08231-96830 Fax 86020

Unterkunft: Ü, ÜF **Zimmerzahl:** 60 Zimmer **mit:** Bad o. DU, WC, Fön, Minibar, Color-TV, ISDN-Telefon **Sonstiges:** hoteleigene Tiefgarage, Sauna, Dampfbad, Whirlpool, Fitneßraum, Frühstücksterrasse, Konferenzräume, - kurzum: - ein schickes, sehr modernes Privathotel - Südl. Augsburg an der B17 (romatische Straße), in Königsbrunn-Nord abfahren. Das Hotel befindet sich im Ortszentrum; div. Restaurants befinden sich in unmittel-

barer Nähe. Ein großer Motorradhändler befindet sich in der Nachbarschaft. Idealer Ausgangspunkt für Ausflüge nach: München, Füssen, Ammersee, ...
Wir freuen uns auf Ihren Besuch!

Abschließbare Tiefgarage kostenlos.

Ü ab 90 DM, ÜF 99 - 160 DM

Wemding — Kur- u. Sporthotel Seebauer

Wildbad, D-86650 Wemding Tel. 09092-9980 Fax 998100

Unterkunft: Ü, ÜF, HP, VP
Zimmerzahl: 30 EZ, 22 DZ, 4 Suiten
Zimmer mit: DU/Bad/WC, Telefon, TV
Sonstiges: Aufenthaltsraum, Frühstücksbuffet, bei HP/VP Menüwahl, Schwimmbad, Sauna, Kegelbahn, Tennisplatz, Parkplatz, Garage Ganzjährig geöffnet.

See mit Biergarten, Parkanlage. Idylle im Grünen und Ausgangslage für Ausflüge. Display-Restaurant, Massageabteilung bietet Ihnen Entspannung nach einem Tag auf dem Motorrad.

Ü 60 - 168 DM, ÜF 75 - 198 DM, HP + 18 - 25 DM, VP + 28 - 35 DM

Selbst Motorradfahrer. Stellplätze, Trockenraum und Kartenmaterial vorhanden. Meisterwerkstatt im Anwesen.

Nördlingen — Gasthof „Drei Mohren"

Reimlinger Str. 18, D-86720 Nördlingen Tel. 09081-3113 Fax 28759

Unterkunft: ÜF **Zimmerzahl:** 3 EZ, 4 DZ
Zimmer mit: Etagendusche, teilw. mit Dusche
Sonstiges: Parkplatz, Garage

Kleiner, gemütlicher Gasthof inmitten von Nördlingen, der alten Reichsstadt an der Romantischen Straße. Preisgünstige Zimmer mit einfacher Ausstattung incl. Frühstück. Bekannt gute Küche mit regionalen Schmankerln und dem Motorradfahrer gut gesinnte Wirtsleute! Donnerstag Ruhetag.

ÜF 35 DM pro Person

Sichere Stellplätze im Hof, kleine Werkstatt, Trockenraum, Garage für Motorräder kostenlos. Chef ist selbst Biker, Schrauber und HOG-Member!

Sulzberg — Gasthof „Kreuz"

Moosbach, Dorfstr. 17, D-87477 Sulzberg Tel. 08376-217 Fax 663

Unterkunft: ÜF **Zimmerzahl:** 2 EZ, 5 DZ, Schlafraum bis 10 P.
Zimmer mit: Etagen-Du **Sonstiges:** Aufenthaltsraum, Parkplatz, Garage, Sauna, Kegelbahn, Liegewiese, Sonnenterrasse.
Unser familiär geführter, gutbürg. Gasthof liegt im landschaftlich reizvollen Allgäuer Alpenvorland. Idealer Ausgangspunkt f. Touren nach Oberbayern, Österreich, Italien u. Schweiz. Nach

einer erlebnisreichen Fahrt lockt eine Erfrischung im Rottachsee (5 Gehmin.). Am Abend können Sie die frisch zubereiteten Gerichte unserer reichhaltigen Speisenkarte in gemütlicher Atmosphäre genießen.

ÜF 22 - 35 DM

Garage, Stellplatz, Trockenraum. Junior-Chef fährt selbst Motorrad.

Sonthofen — Landhotel Bauer ***

Hans-Böckler-Str. 86, D-87527 Sonthofen-Rieden Tel. 08321-7091 Fax 87727

www.oberallgäu.de/ballon-sport-alpin

Unterkunft: ÜF, HP, VP **Zimmerzahl:** 4 EZ, 10 DZ, 2 App. **Zimmer mit:** Dusche/Bad, Telefon, Radio, TV
Sonstiges: TV-Raum, Aufenthaltsraum, Parkplatz, abschließbare Garagen, Frühstücksbuffet, bei HP/VP Menüwahl, „Hard Break Cafe" American Bar und Livemusikclub, jeden Freitag Biker-Stammtisch

Unser Haus befindet sich in sonniger Ortsrandlage. Die gutbürgerliche Küche mit angeschlossenem „Angus-Steakhouse" wird auch gehobenen Ansprüchen gerecht. Landhausküche und internationale Speisen, im Hard Break Cafe wird in typisch amerikanischer Atmosphäre amerikanische Küche angeboten.

ÜF 67 - 87 DM, HP + 18 DM, VP + 28 DM

Abschließbare Garage, Stellplatz und Trockenraum vorhanden. Besitzer fährt selbst Motorrad (Harley) und steht für geführte Touren zur Verfügung. A, CH, Südtirol, Bodensee und traumhafte Pässe oder Allgäuer Alpen vor der Haustür!

Sonthofen

ÜF 60 - 85 DM, HP-Zuschlag 20 DM,
Kinderermäßigung auf Anfrage.

*Behilflich bei Tourenplanung, Stellplatz und
Trockenraum vorhanden. Besitzer ist selbst
Motorradfahrer.*

Berggasthof „Sonnenklause"

Hinang 48, D-87527 Sonthofen-Altstädten
Tel. 08321-3614 Fax 22705

Unterkunft: ÜF, HP **Zimmerzahl:** 2 EZ, 14 DZ
Zimmer mit: DU/WC, Radiowecker, Farb-TV
(5 Programme), z.T. Balkon **Komfortzimmer:**
ca. 40 qm groß, DU/WC, Radiowecker, SAT-
TV, separate Sitzecke, sonnenverwöhnter
Westbalkon mit herrlichem Blick ins Tal
Sonstiges: Hallenbad, Sauna, Solarium,
Liegewiese, Tischtennis, gemütliche Bar, Aufenthaltsraum mit SAT-TV,
Parkplatz, Ausflugsgaststätte im Haus
Alleinlage in 1100 m Höhe, sehr ruhig. 2 km zum nächsten Ort (Hinang).
Geteerte Straße mit 16% Gefälle (im Winter Schneeketten erforderlich). Tauch-
und Gleitschirmschule in nächster Nähe. Keine Haustiere erlaubt.

Sonthofen Gasthof-Hotel Schwäbele Eck

Hindelanger Str. 9, D-87527 Sonthofen, Tel. 08321-4735 o. 67200 Fax 88310

e-mail: gasthof-hotel-schwaebele-eck@t-online.de
www.oberallgaeu.de/schwaebele-eck
Unterkunft: ÜF, HP **Zimmerzahl:** 7 EZ, 17 DZ, 1 App.
Zimmer mit: Bad/Dusche, Radio, TV, Telefon
Sonstiges: TV-Raum, Aufenthaltsraum, Gartenterrasse, Parkplatz,
Garage, reichhaltiges Frühstücksbuffet, bei HP Menüwahl, Unterbrin-
gung der Motorräder kostenlos!   ÜF 65 - 78 DM, HP 85 - 98 DM

Unser modernes Haus in rustikalem Stil befindet sich in zentraler Lage
und ermöglicht Tagesausflüge in die Schweiz sowie nach Österreich
und Italien.
Alle Zimmer mit Dusche/WC. Gemütlicher Aufenthaltsraum mit TV.

*Abschließbare Garage kostenlos, behilflich bei Tourenplanung.
Besitzer ist selbst Motorradfahrer.*

Nesselwang Alpenhotel Martin ***

An der Riese 18, D-87484 Nesselwang Tel. 08361-1424 Fax 1890

Unterkunft: ÜF, HP
Zimmerzahl: 5 EZ, 18 DZ
Zimmer mit: Bad/Dusche, TV
Sonstiges: Sauna, Terrasse, Parkplatz, Garage, TV-Raum,
Aufenthaltsraum, bei HP Menüwahl, Frühstücksbuffet

Ein Haus mit familiärer Atmosphäre in ruhiger zentraler Lage, in dem
Motorradfahrer herzlich willkommen sind!

ÜF 50 - 60 DM, HP 65 - 75 DM

*Abschließbare Garage, Stellplatz, Trockenraum.
Besitzer fährt selbst Motorrad.*

Oberstaufen Kur- u. Ferienhotel „Bad Rain"

Hinterstaufen 9, D-87534 Oberstaufen Tel. 08386-93240 Fax 932499

Unterkunft: ÜF, HP (auch Diät) **Zimmerzahl:** 10 EZ, 15 DZ
Zimmer mit: DU/Bad, Radio, Telefon, TV **Sonstiges:** TV-Raum,
Aufenthaltsraum, Parkplatz, Garage, Frühstücksbuffet, bei HP
Menüwahl, Sauna, Solarium, Massagen, großes Sportprogramm,
Wassergymnastik, Golf-Hotel, Kostmetikstüberl

1 km von Oberstaufen entfernt. Sehr ruhige Lage inmitten der Natur.
Alle Zimmer sind gehobener Komfort. Sohn Michael ist Küchenchef
und verwöhnt Sie mit feinen Schmankerln aus der regionalen Küche!
Gemütliche Allgäuer Stuben und Biergarten unter alten Kastanien.

ÜF 70 - 110 DM, HP 100 - 145 DM auch Diät (1000kcal)

*Trockenraum für Lederkleidung, Garage, Stellplätze.
Motorradfahrer herzlich willkommen, auch für 1 Nacht,
selbstverständlich auf Wunsch auch HP.*

Unterjoch/Hindelang

Du-Hotel Krone *** „Familotel-Betrieb"

Sorgschrofenstr. 11, D-87541 Unterjoch/Hindelang
Tel. 08324-982010 Fax 9820199 PC-Fax 901609

e-mail: kroneuj@t-online.de www.bibi.de
Unterkunft: ÜF, auf Wunsch HP **Zimmerzahl:** 8 EZ, 18 DZ, 12 App., 18 FeWo
Zimmer mit: Dusche/Bad/WC, Telefon, z.T. Frigo-Bar, SAT-TV, z.T. Safe, Balkon
oder Terrasse **Sonstiges:** Solarium, urige Bauernstube, gemütliche Bar, Sonnen-
terrasse, Billard, Radverleih, Reiten, Waschmaschine, Trockner, Begrüßungstrunk,
Wochenprogramm, Restaurant, Cafe, ruhige Lage,

*Tip: Familienurlaub mit Motorrad
Biker - Treff vor Joch- und Gaichtpaß,
15 km von A7, Abfahrt 137, Oy-Mittel-
berg, Hindelang-Oberjoch, Ausgangspunkt für viele Motorradtouren, über 30
Alpenpässe in der näheren Umgebung.*

Ganzjährig
geöffnet
ohne Ruhetag.

ÜF 48 - 90 DM, HP Aufpreis ab 21 DM (Menüwahl),
Garage, Trockenraum, Sauna und Fitneßbereich im Preis enthalten, auch für eine Nacht.

Unterjoch

Pension Haus Hotzenbauer

Hotzenweg 5, D-87541 Unterjoch Tel. 08324-7777 Fax 7777

Unterkunft: ÜF **Zimmerzahl:** 3 DZ, 1 Mehrbettzimmer
Zimmer mit: Dusche/Bad, TV-Anschluß .
Sonstiges: Aufenthaltsraum, Parkplatz, Garage, Kühlschrank, Terras-
se, Liegewiese, Spielplatz

300 Jahre altes Bauernhaus mit komfortabel ausgestatteten Zimmern,
Einzellage am Südhang. Milchtrinken kostenlos.
Ausgangspunkt für verschiedene Paßfahrten.
Bitte fordern Sie unseren Hausprospekt an.

ÜF 36 DM

Abschließbare Garage kostenlos.

Oberstdorf. Hotel Garni Sonnenhof Kornau 48, D-87561 Oberstdorf Tel. 08322-2602 Fax 8099048

Unterkunft: Ü, ÜF **Zimmerzahl:** 4 EZ, 4 DZ, (3+4-Bett möglich!), 5 FeWo
Zimmer mit: Bad/DU/WC, Balkon, Wohnteil, SAT-TV, Radio, Wecker, Telefon, Safe
Sonstiges: Aufenthaltsräume, Hotelbar, Sauna/Solarium, Sonnenterrasse, Parkplatz,
Liegewiese, Freigelände, Frühstücksbuffet mit persönlichem Service, Brotzeiten und
Toastgerichte im Haus! In einmaliger Lage - auf der Sonnenterrasse von Oberstdorf! -
steht Ihnen (Euch) in familiärer Bikeratmosphäre (Sohn fährt Cagiva 125 W8) unser Haus
zur Verfügung. Der TOP-AUSGANGSPUNKT für Bergwanderungen u. Motorrad-
Tagestouren nach Österreich, in die Schweiz und nach Südtirol!
ÜF 60 - 90 DM, FeWo 2 Pers. 80 - 150 DM, „BIKERRABATT = 5 DM pro Tag u. Pers.!"

*„BIKERURLAUB IM MOTORRADHOTEL!"
Abschließbare Garagen für alle Mopeds kostenlos! Trockenraum für alle Bekleidung und Tümmlernutzung kostenlos!
Optimale Tourenplanung durch über 25jährige Mopederfahrung des Wirtes (Mitte 40 mit über 150.000 Motorradkilometern),
der zur Zeit Yamaha XJ 600N - 70 PS fährt und seit über 10 Jahren beim DMV-Siegerland-Preis auf dem Nürburgring - GP
Strecke (DM-Läufe in allen Klassen mit PRO SUPER BIKE) als ORGA-Helfer aktiv tätig ist!*

Oberstdorf Hotel Garni Gerberhof Zweistapfenweg 7, D-87561 Oberstdorf Tel. 08322-7070 Fax 707100

Unterkunft: Ü, ÜF **Zimmerzahl:** 18 EZ, 25 DZ, 4 App., 2 Whg.
Zimmer mit: Dusche/Bad, Telefon, TV
Sonstiges: TV-Raum, Aufenthaltsraum, Parkplatz, Garage,
Frühstücksbuffet, Schwimmbad, Sauna, Solarium

Ruhige Lage am südwestlichen Ortsrand an den Wiesen.

Gediegenes Haus, lockere freundliche Atmosphäre. Umwelt-
bewußtes Hotel: Produkte aus der Region, Solartechnik für
Schwimmbad und Brauchwasser.

Ü 40 - 85 DM, ÜF 50 - 97 DM

Garage, Stellplatz, Trockenraum.

Oberstdorf

Café Tanneck

Im Weidach 14, D-87561 Oberstdorf-Tiefenbach
Tel. 08322-2679 Fax 2679

Unterkunft: ÜF **Zimmerzahl:** 1 EZ, 6 DZ **Zimmer mit:** DU/ Bad/WC
Sonstiges: TV-Raum, Aufenthaltsraum, Parkplatz

Unser Gästehaus hat eine ruhige Südlage mit freiem Bergblick. Wir bieten unseren Gästen ein reichhaltiges Frühstück und eine kleine Abendkarte. Durch unsere zentrale Lage mitten in den Alpen, bieten sich eine Vielzahl von reizvollen Touren für Motorradfahrer an.
Auf Ihren Besuch freut sich Familie Rausch.

ÜF 34 - 42 DM

Tourenvorschläge vorhanden, Besitzer fährt selbst Motorrad,
Vor- u. Nachsaison-Sonderpreise für Motorradfahrer!

Hirschegg — Gasthaus-Pension Küren

Wäldelestr. 44, D-87568 Hirschegg Tel. 08329-68900 Fax. 3574

e-mail: haus.kueren@aon.at
Unterkunft: ÜF, HP, **Zimmerzahl:** 17 DZ, DZ auch als EZ mgl. **Zimmer mit:** DU/WC, Telefon, TV, Fön, Safe, kostenloser Bademantelservice **Sonstiges:** Aufenthaltsraum, Parkplatz, Garage, Frühstücksbuffet, bei HP Menüwahl, Hallenbad (10x5m, 30° C), Sauna (kostenlos), Solarium

Unser gastliches, gepflegtes Haus in schönster Gebirgslage des bezaubernden Schwarzwassertales, weitab von jeglichem Verkehrslärm, bietet beste Voraussetzungen für Erholung und Entspannung. Bei uns fängt der Urlaub schon beim Frühstücksbuffet mit hausgemachter Marmelade und selbstgebackenem Brot an und geht abends bei der HP mit Menüwahl (zubereitet vom Küchenmeister) und Salatbuffet weiter. Interessiert ? Rufen Sie einfach an.

Kostenlose Garage für Motorradfahrer. Besitzer fahren selbst Motorrad!

ÜF 65 - 77 DM, HP 85 - 97 DM
Günstige Aktionswochen in 5/6/7/10 1999

Urlaub bei Liebl's ...... einfach etwas Besonderes

ride & est
ride&rest international
Motorrad - Hotels, - Gasthöfe und - Pensionen

Mittelberg — Gästehaus Wildbach

Höfle 19, D-87569 Mittelberg Tel. 08329-5630 Fax 3235

Unterkunft: ÜF **Zimmerzahl:** 4 EZ, 17 DZ
Zimmer mit: Dusche/Bad, WC, Balkon, Radio, SAT-TV, Kühlschrank, Wasserkocher
Sonstiges: TV-Raum, Aufenthaltsraum, Parkplatz, Garage, Frühstücksbuffet

Die Zimmer unseres Hauses sind teilweise mit Luft-Sauerstoff- u. Massage-Sprudelbädern ausgestattet, die von unseren Gästen benutzt werden können.
Die herrlich ruhige, sonnige Lage, komfortable 1- bis 3-Bett-Zimmer mit o.g. Ausstattung gewährleisten erholsame Urlaubstage.

ÜF 42 - 50 DM

Abschließbare Garage, Stellplatz, Trockenraum.

Marktoberdorf — Restaurant-Gasthof „Buchenhain"

Buchenweg 11, D-87616 Marktoberdorf Tel. 08342-2338 Fax 2432

Unterkunft: ÜF, HP
Zimmerzahl: 2 EZ, 6 DZ
Zimmer mit: z.T. DU/Bad, z.T. Etagen-DU/-bad, Radio
Sonstiges: TV-Raum, Aufenthaltsraum, Parkplatz, Garage, bei HP Menüwahl

Ruhige Stadtrandlage. Jeden 1. Freitag im Monat Musikanten-Treffen. Samstag Ruhetag - Anreise möglich.
Juni-Juli Motorradtreffen vor Ort!

ÜF 38 - 45 DM, HP + 13 DM

Behilflich bei Tourenplanung, Trockenraum f. Lederkleidung.
Chefin fährt selbst Motorrad. Sonderangebote Juni - September.

Schwangau — Feriengasthof Helmer

Mitteldorf 10, D-87645 Schwangau Tel. 08362-9800 Fax 980200
e-mail: feriengasthof-helmer@t-online.de

Unterkunft: ÜF, HP
Zimmerzahl: 10 EZ, 35 DZ
Zimmer mit: DU/Bad, Telefon, TV
Sonstiges: TV-Raum, Aufenthaltsraum, Parkplatz, Frühstücksbuffet

Ruhige zentrale Lage im Herzen von Schwangau. 2 km von den beiden bayerischen Königsschlössern entfernt. Idealer Ausgangspunkt für Wanderungen.

ÜF 65 - 95 DM p.P. i. EZ, 55 - 85 DM p.P. i. DZ
HP-Zuschlag 24 DM

Lindau — Landhotel Martinsmühle

Bechtersweiler 25, D-88131 Lindau Tel. 08382-5849 Fax 6355

Unterkunft: ÜF
Zimmerzahl: 1 EZ, 20 DZ
Zimmer mit: Dusche/WC
Sonstiges: TV-Raum, Parkplatz, Vesperstube, Sonnenterrasse

Unser freundliches Landhotel liegt 6 km nordwestlich von Lindau im romantischen Hinterland in traumhaft ruhiger Einzellage. Eine Vesperstube mit idyllischer Sonnenterrasse und gemütliche Zimmer mit Bauernmöbeln warten auf Sie.

ÜF 50 - 70 DM

Trockenraum für Kleidung, Einstellmöglichkeit für Motorräder.
Der Opa fährt eine BMW Baujahr 1952.

Nonnenhorn — Landhaus Zita Hotel-Garni

Uferstr. 36, D-88149 Nonnenhorn Tel. 08382-8009 Fax 8009

Unterkunft: ÜF
Zimmerzahl: 6 DZ, 1 App.
Zimmer mit: DU/Bad/WC, Radio, TV **Sonstiges:** TV-Raum, Aufenthaltsraum, Parkplatz, Garage

Gepflegtes, familiär geführtes Landhaus direkt am See mit eigenem Badestrand.

ÜF 50 - 70 DM 10% Vor- und Nachsaison Rabatt ab 4 Tagen

Abschließbare Garage vorhanden. Besitzer fährt selbst Motorrad.

Scheidegg — Gästehaus Montfort Hotel-Garni

Höhenweg 4, D-88175 Scheidegg Tel. 08381-1450 Fax 1450

Unterkunft: ÜF
Zimmerzahl: EZ auf Anfrage, 11 DZ
Zimmer mit: Dusche/Bad, TV, Balkon od. Terrasse
Sonstiges: Aufenthaltsraum, Parkplatz, Frühstücksbuffet, Hallenbad 13x4m 28°C Wassertemperatur, Tennisplatz - Miete f. Tennisplatz 16.- DM/Std., Spezial-Kunstrasen versandet.

Erhöhte Lage über Scheidegg, ruhig, kein Durchgangsverkehr. Dorfkern in 3 Gehminuten erreichbar.

ÜF 47 - 52 DM DZ pro Pers., ÜF 65 - 69 DM EZ

Möglichkeit der Unterstellung in der Garage,
ansonsten Stellplätze am Haus.

Hersbruck   Gasthof Grüner Baum   Kühnhofen Nr. 3, D-91217 Hersbruck Tel. 09151-94447 Fax 96.

Unterkunft: ÜF, HP
Zimmerzahl: 3 EZ, 4 DZ
Zimmer mit: DU/WC, Telefon, Radio, TV **Sonstiges:** Parkplatz, Garage, Frühstücksbuffet, Aufenthaltsraum, eigene Metzgerei, Balkon mit Liegestuhl.
Landgasthof im Herzen der Hersbrucker Schweiz, ruhige Lage. Biergarten, familiäres, gepflegtes Ambiente. Fränkische Küche mit eigener Schlachtung.
Im Sommer auch Frühstück im Freien.

ÜF 48 - 68 DM p.P., HP auf Anfrage   *Abschließbare Garage, Stellplatz und Trockenraum.*

Rothenburg o.d.Tauber   **Hotel Rothenburger Hof ***

Bahnhofstr. 13, D-91541 Rothenburg o.d.Tauber Tel. 09861-9730 Fax 973333

e-mail: hotel@rothenburger-hof.com
www.rothenburgerhof.com

Unterkunft: ÜF, HP, VP **Zimmerzahl:** 11 EZ, 38 DZ, 4 Drei- u. 2 Vierbettzimmer **Zimmer mit:** DU/Bad/WC, Telefon, Radio, RV **Sonstiges:** Frühstücksbuffet, bei HP/VP Buffet, Parkplatz, Garage

Betriebsferien: Anfang Januar bis Mitte Februar.

Behilflich bei Tourenplanung. Besitzer fährt selbst Motorrad. Garage kostenlos, Trockenraum für Lederkleidung vorhanden.

p.P.: ÜF 50 - 90 DM, HP + 25 - 28 DM, VP + 40 - 43 DM

Rothenburg o.d.Tauber   **Hotel Eisenhut**

Herrngasse 3-5/7, D-91541 Rothenburg o.d.Tauber Tel. 09861-7050 Fax 70545

e-mail: hotel@eisenhut.com   www.eisenhut.com
Unterkunft: ÜF, HP
Zimmerzahl: 14 EZ, 63 DZ, 2 Suiten
Zimmer mit: DU/Bad/WC, Telefon, Radio, TV, Minibar
Sonstiges: Frühstücksbuffet, Terrasse, Biergarten, Einzelgaragen

Betriebsferien: 3. Januar bis 13. Februar.

Das Hotel Eisenhut besteht aus 4 Patrizierhäusern aus dem 15. und 16. Jahrhundert. Alle Zimmer sind individuell eingerichtet. Das Hotel liegt im Zentrum direkt am Marktplatz.

ÜF: EZ 225 - 260 DM
DZ: 250 - 445 DM
HP + 48 DM

Behilflich bei der Tourenplanung.

Direktor fährt selbst Motorrad.

Trockenraum und abschließbare Garagen vorhanden.

Diebach-Unteroestheim

Land-Gasthof „Schwarzer Adler" **

Würzburger Str. 8, D-91583 Diebach-Unteroestheim
Tel. 09868-845 Fax 7374

Unterkunft: ÜF, HP, VP **Zimmerzahl:** 3 EZ, 12 DZ
Zimmer mit: DU/Bad, Telefon, TV **Sonstiges:** TV-Raum, Aufenthaltsraum, Parkplatz, Garage, Frühstücksbuffet, bei HP/VP Menüwahl,
Sauna, Fitneßraum
Wir haben unser Haus 1990/1991 vergrößert und total neu hergerich-
tet bzw. renoviert. Nähe Rothenburg o.T. (12 km) an der „Romantischen Straße". Autobahnen A7, Ausfahrt Rothenburg oder Wörnitz
(5 km), oder A6, Ausfahrt Dorfgütingen (10 km).

ÜF 40 - 60 DM, HP + 15 - 20, VP + 25 - 30 DM

Abschließbare Garage, Stellplatz und Trockenraum vorhanden.
Motorradclub im Ort „FMO". Besitzer fährt selbst Motorrad!

Steinsfeld

ÜF 37 - 50 DM

Abschließbare Garage und
Stellplatz vorhanden.

Gasthof „Alte Schreinerei"

Bettwar 22, D-91628 Steinsfeld-Bettwar
Tel. 09861-1541 Fax 86710

e-mail: alte.schreinerei@t-online.de
www.alte-schreinerei.rothenburg.com

Unterkunft: ÜF **Zimmerzahl:** 11 DZ, 1 Suite **Zimmer mit:** DU/Bad, z.T.
TV **Sonstiges:** Parkplatz, Garage, Frühstücksbuffet

Bettwar etwa 5 km von Rothenburg o.d.T., und die nähere Umgebung
bieten das ganze Jahr über viele Möglichkeiten zur kulturellen und sport-
lichen Hobby- und Freizeitgestaltung.

Gemütliche, im altfränkischen Stil eingerichtete Gasträume.
Reichhaltige Weinkarte, Spitzenweine aus Franken.

Donnerstag Ruhetag.

Markt Heidenheim

Hotel Gasthof Alte Post **

Marktplatz 7, D-91719 Markt Heidenheim
Tel. 09833-202 Fax 5099

www.gunnrt.baynet.de/hahnenkamm

Unterkunft: ÜF **Zimmerzahl:** 4 EZ, 9 DZ
Zimmer mit: DU/WC, TV, Minibar, Fön u. Kosmetikspiegel
Sonstiges: Frühstücksbuffet, Freibad, Tennis, Parkplatz, Garage

Ca. 7 km entfent: 3. BMW-Enduropark.
Idealer Ausgangspunkt für Ausflugsfahrten durchs Altmühltal.

ÜF 1-3 Tg. 48 DM, 4-6 Tg. 41 DM, ab 7 Tg. 38 DM
Vor- u. Nachsaison 6 DM Nachlaß v. 15.9. bis 1.6.

Langlau   Strandhotel Seehof ****   Seestr. 33, D-91738 Langlau Tel. 09834-9880 Fax 988988

seehof@strandhotel-seehof.de
www.strandhotel-seehof.de

Ü 144 - 183 DM f. 2 Pers. i. DZ,
Aufpreis: Fr. 19,50 DM, AE/HP 35 DM

Unterkunft: Ü, ÜF, HP
Zimmerzahl: 85 DZ
(zur Einzelbelegung möglich) **Zimmer mit:** Dusche/WC, Bidet,
Kosmetikspiegel, Fön, Telefon, SAT- TV, Radio, Frigo-Bar,
Eßecke, Komfortbetten **Sonstiges:** Parkhaus, Frühstücksbuffet,
bei HP/VP Menüwahl, Badelandschaft mit Saunen, Whirlpool,

Solarium, Beauty+ Massage, Kneippbecken, 2 Bundeskegelbahnen.
4 Sterne Hotel, große Seeterrasse; Buffeteria, Restaurant. Frische
saisonale Küche und fränkische Spezialitäten. Sportliches und
kulturelles Angebot im Haus und in unmittelbarer Nähe. Direkt am
„Kleinen Brombachsee" gelegen. Neues „Fränkisches Seenland"

Etzelwang   Berggasthof zum Neutrasfelsen

Neutras 5, D-92268 Etzelwang Tel. 09154-1323 Fax 2157
home.t-online.de/home/096614633-0001/BGH-Neutras.htm

Unterkunft: ÜF, HP **Zimmerzahl:** 3 EZ,11 DZ, bzw. 2 3-Bettzimmer **Zimmer mit:** DU/WC, Telefon, TV-Anschluß **Sonstiges:** TV-Raum, Parkplatz, Frühstücksbuffet, Sauna, Whirlpool, Solarium, Freibad, Sonnenterrasse, Reitstall, Sonderprospekt Reiten.

ÜF 34 - 44 DM, HP 45 - 55 DM

Abschließbare Garagen, überdachter Unterstand, Toureninfo, Gruppenrabatte.

Unser Haus liegt in abwechslungs- und kurvenreicher Mittelgebirgslandschaft, ca 10 min. von den beliebten Motorradstrecken (z.B. Fränkische Schweiz) entfernt 40 km östlich von Nürnberg. Nach einer schönen Tagestour lädt unser schattiger Biergarten und die deftige Oberpfälzer Küche zum gemütlichen Ausklang ein. Vielleicht will der eine oder andere Biker sein Stahlroß mal gegen ein lebendes Roß eintauschen? Auch das ist bei uns möglich.

Muschenried   Hotel-Restaurant Seeschmied

Lettenstr. 6+7, D-92559 Muschenried Tel. 09676-241 Fax 1240

www.hotel.ami.de/hotels/seeschmied.htm

Unterkunft: ÜF, HP **Zimmerzahl:** 15 DZ **Zimmer mit:** DU/Bad/WC, Telefon, Radio, TV **Sonstiges:** Frühstücksbuffet, Hallenbad, Solarium, Angelsee, Leihfahrräder, Tennisplätze, Parkplatz, Garage

Betriebsferien: 7. Januar bis 14. Februar.

ÜF 48 - 60 DM, HP 64 - 70 DM

Behilflich bei Tourenplanung. Abschließbare Garage, Stellplatz und Trockenraum. Besitzer fährt selbst Motorrad.

Wir laden Sie ein in unser gepflegtes und fröhliches Haus - bei uns finden Sie Ruhe und Erholung genauso wie zahlreiche Sport- und Ausflugsmöglichkeiten, dabei immer Spaß u. gute Laune!

Wir freuen uns auf Sie - herzlich willkommen!

Weiden   Hotel Klassik am Tor ***

Schlörplatz 1a, D-92637 Weiden Tel. 0961-47470 Fax 4747200

Unterkunft: Ü, ÜF **Zimmerzahl:** 16 EZ, 22 DZ, 2 Suiten (f. 3-4 P.) **Zimmer mit:** DU/Bad, Telefon, Radio, TV, Minibar **Sonstiges:** Einstellplätze, Parkplatz, Frühstücksbuffet, Sauna, Solarium, Bistro, Dachterrasse   e-mail: mail@klassikhotel.de
Stellplatz, behilflich bei Tourenplanung, Chef + Juniorchef fahren selbst. Gratis Begrüßungsdrink für alle Motorradfahrer.

Lage im Herzen der Altstadt, am Eingang zur Fußgängerzone. Familiengef. Haus in teilw. historischen Gebäuden. Alle Zimmer liebevoll, unterschiedlich eingerichtet u. komfortabel ausgestattet. Vielfältiges Gastronomieangebot in der Fußgängerzone.

Ü 58,50 - 88,50 DM, ÜF 68,50 - 98,50 DM, EZ-Zuschlag 28,50 - 38,50 DM

Regensburg

Unterkunft: ÜF
Zimmerzahl: 22 EZ, 30 DZ, 1 Suite
Zimmer mit: Dusche/Bad/WC, Telefon, TV, Minibar
Sonstiges: Aufenthaltsraum, Frühstücksbuffet, Parkplatz

Hotel Münchner Hof ****

Tändlergasse 9, D-93047 Regensburg
Tel. 0941-58440 Fax 561709
e-mail: info@muenchner-hof.de
www.muenchner-hof.de

ÜF: EZ 115 - 135 DM, DZ 160 - 190 DM

Falkenstein   Gasthof zur Post **

Marktplatz 8, D-93167 Falkenstein Tel. 09462-213 Fax 450

Unterkunft: Ü, ÜF, HP, VP **Zimmerzahl:** 4 EZ, 22 DZ **Zimmer mit:** DU/Bad/WC, TV, Balkon **Sonstiges:** Aufenthaltsraum, Frühstücksbuffet, bei HP/VP Menüwahl, Parkplatz, Garage

Wir sind ein gepflegter Familienbetrieb im Herzen unseres Luftkurortes mit bayerischer Gastlichkeit und modernen, ruhigen,

zum Innenhof hin gelegenen Zimmern

Ü 36 - 54 DM, ÜF 36 - 54 DM, HP + 15 DM, VP + 22 DM

Tourenplanung. Stellplätze in abschließbarem Hof und Trockenraum vorhanden.

Chamerau **Gasthof „Zum Bäcker-Wirt"** Chamerstr. 5, D-93466 Chamerau Tel. 09944-763 Fax 9248

Unterkunft: Ü, ÜF, HP
Zimmerzahl: 4 EZ, 20 DZ
Zimmer mit: Dusche/Bad, TV
Sonstiges: Garage,Parkplatz,
Frühstücksbuffet, bei HP Menüwahl

Der Gasthof „Bäckerwirt" befindet
sich im wunderbaren Ort Chamerau, unmittelbar am Fluß Regen.
Man kann von den neu ausgestalte-
ten Zimmern zum Fluß blicken.
Eigene Metzgerei und gutbürgerliche Küche bürgen für Qualität.

Ü 28 - 37 DM, ÜF 30 - 42 DM, HP 45 - 57 DM

Abschließbare Garage und Trockenraum für Lederbekleidung vorhanden.
Behilflich bei Tourenplanung.

Grafenwiesen **Feriendorf Wildgatter** Kaitersbergerweg 27, D-93479 Grafenwiesen Tel. 09941-6080 Fax 608199

Unterkunft: Ü, ÜF, HP **Zimmerzahl:** EZ auf Anfr., 25 DZ, 62 FeWo
Zimmer mit: DU/Bad, Telefon, Radio, TV **Sonstiges:** Aufenthaltsraum,
Parkplatz, Frühstücksbuffet, 3-Gang-Menü am Abend, Spezialtäten-
buffets, Sauna, Solarium, Dampfbad, Kegelbahnen, Fitneßraum, Spie-
lothek, TT. Naturnahes Feriendorf, idyllische Lage am Waldrand. Uriger
Biergarten, Grillmöglichkeit, Lagerfeuerplatz, Fischerhütte für eigene
Feste, Minigolfplatz, eigener Stall mit Streicheltieren, Ponyreiten für
Kids, Kinderbetreuung, Baby-, Kinder- u. Jugendclub. Sehr kinderfreundliches Haus. Organisation
von Bootsfahrten auf dem Regen, geführte Wanderungen, Fackelwanderungen, u.v.m.

e-mail: wildgatter@t-online.de   Ü 62 - 148 DM p. FeWo 2-5 Pers., ÜF 55 - 68 DM p.P./Tg. i.DZ, HP 72 - 85 DM p.P./Tg. i.DZ

Behilflich b. Tourenplanung, „Biken im Bayerischen Wald", tolle Touren z.B.: Grafenwiesen - Zellertal - Zwiesel - Großer Arber -
Arbersee - Bayerisch Eisenstein - Lamer Winkel - Grafenwiesen, ca. 100 km. Durch die idyllische Landschaft, Waldgebirge, höch-
ster Berg des Bayerischen Waldes (Großer Arber 1456 m), interessante Streckenführung, kurvenreich, Bergstrecke.

Zwiesel **Hotel Chrysantihof *** Ahornweg 2-4, D-94227 Zwiesel Tel. 09922-6881 Fax 6883

e-mail: chrysantihof@bnv-regen.de
www.bnv-regen.de/home/chrysantihof

Unterkunft: Ü, ÜF, HP **Zimmerzahl:** 133 DZ, App.
Zimmer mit: Dusche/Bad/WC, Radio, SAT-TV
Sonstiges: Frühstücksbuffet, bei HP Menüwahl, Hallenbad, Sauna,
Solarium, Parkplatz, Garage
Der Chrysantihof wurde auf einem großzügigen Hang-Grundstück
in sehr ruhiger Lage am Ortsrand von Zwiesel errichtet. Sämtliche
Freizeiteinrichtungen des Luftkurortes Zwiesel, wie z.B. die Frei-
badanlage mit beheiztem Becken u. Moorbad, das Hallenbad mit
Solarium u. Sauna, die Tennisplätze u. Tennishalle sind in nächster
Nähe. Ganzjährig geöffnet.

Ü App. f. 2-4 Pers. 53 - 120 DM,
ÜF/Pers. 40 - 66 DM, HP/Pers. 54 - 80 DM

Lindberg/Zwiesel **Kur- und Sporthotel Ahornhof ****

Lehen 35a, D-94227 Lindberg/Zwiesel
Tel. 09922-8530 Fax 853500
Unterkunft: Ü, ÜF, HP **Zimmerzahl:** 7 EZ, 130 DZ **Zimmer mit:** DU/
Bad/WC, Telefon, TV, Minibar **Sonstiges:** Aufenthaltsraum, Früh-
stücksbuffet, bei HP Menüwahl, Sauna, Hallenbad, Schwimmbad,
Beauty-Farm, Fitnessraum, Solarium, Parkplatz, Garage.
Ganzjährig geöffnet.
Unser Hotel liegt inmitten der höchsten Gipfel des Bayerischen Waldes:
unserem Hausberg Großer Falkenstein, dem Großen Arber (5km) und
dem Rachel (10 km). Deshalb sind wir der ideale Ausgangspunkt zum
Erleben und Entdecken des „grünen Daches Europas".

Ü 65 - 80 DM, ÜF 65 - 80 DM, HP + 29 DM

Tourenplanung. Tiefgarage und Trockenraum vorhanden.

Waldkirchen   Sporthotel Reutmühle ***   Frauenwaldstr.7, D-94065 Waldkirchen Tel. 08581-2030 Fax 2031,

e-mail: service@reutmuehle.de, www.reutmuehle.de

Unterkunft: Ü, ÜF, HP **Zimmerzahl:** 20 EZ, 80 DZ, 40 Wohnungen **Zimmer mit:** DU/Bad, Telefon, TV **Sonstiges:** Aufenthaltsraum, Parkplatz, Garage, Frühstücksbuffet, HP mittags Menü od. abends Buffet), Schwimmbad, 3 Saunen (Dampf-, Soft-, Finnische), Tennishalle, Golfplatz, Fitness-Studio

3 km außerhalb von Waldkirchen, 25 km bis Passau, 20 km bis zur Grenze nach Österreich (Mühlviertel) 25 km bis zur Grenze nach Tschechien (Budweis/Moldau-staussee). Sehr kinderfreundliches Hotel, (Mo-So 8 Std. Kinderbetreuung) Teenieclub, in den Schulferien (Fels-klettern, Bogenschießen u.s.w.).

Ü 125 - 215 DM FeWo (2-5 Pers.),
ÜF 79 - 144 DM /DZ, HP 99 - 154 DM

Behilflich bei Tourenplanung, Tiefgarage, Trockenraum für Lederkleidung in einigen Zimmern, attraktive Touren im Grenzgebiet: Tschechien und Österreich.

Gotteszell   Gasthof Hackerbräu ***   Schulstr. 2, D-94239 Gotteszell Tel. 09929-1337 Fax 1438

Unterkunft: ÜF, HP
Zimmerzahl: 3 EZ, 6 DZ, 2 App.
Zimmer mit: Dusche/Bad, Telefon, Radio, TV, Frigo-Bar
Sonstiges: Parkplatz, Garage, bei HP Menüwahl

Traditioneller Braugasthof mit Brauerei-Museum und großem Biergarten deklariert als „Musikantenfreundliches Wirtshaus". Zentrale Lage im Mittleren Bayerischen Wald. BAB-Kreuz Deggendorf 17 km, Kreuz B11, B85 8 km.

ÜF 39 - 59 DM , HP 52 - 74 DM, Garagenmiete 6 DM/Tag

Garagen, überdachter abgeschlossener Stellplatz, Trockenraum.
Clublokal der Motorradfreunde „Cella Dei old friends".

Warmensteinach   Hotel Garni Barbara ***   Fleckl 27, D-95485 Warmensteinach Tel. 09277-9170 Fax 6153

e-mail: info@hottenroth.de   www.hottenroth.de

Unterkunft: ÜF, HP **Zimmerzahl:** 4 EZ, 12 DZ, 8 App., 12 Whg./App.

Komfort muß nicht immer teuer sein!
Ein gemütliches Hotel garni mit indiv. Komfort und einmalig idyllisch ruhiger Lage in einem großen Parkgrundstück. Zum Frühstück verwöhnen wir Sie mit einem großen Buffet. In gemütlichen DZ-Appartements mit Wohnteil, teils Küchenzeile, DU/WC, Balkon, Telefon, Safe u. SAT-TV* werden Sie sich wohlfühlen.

Es stehen Ihnen zur Verfügung: ein Trockenraum, Garagen, Sauna, Solarium, Fitneßraum, Whirlpool mit Frischwasser, Tischtennis, Badminton, Billard, Bogenschießanlage und Mountainbikes.

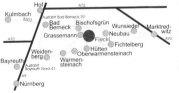

Die zentrale Lage ermöglicht Ihnen Ausflüge in jede Himmelsrichtung. Ausgearbeitete Tagestouren mit dem Motorrad oder zu Fuß erhalten Sie vor Ort.

Garagen für Motorradfahrer gratis! Trockenraum für Lederkleidung vorhanden.

ÜF 39 - 58 DM, Wohnung ab 60 DM

Bayreuth/Eckersdorf

Gästehaus Teupert

Bayreuther Str. 1,
D-95488 Eckersdorf b. Bayreuth
Tel. 0921-30012 Fax 35368
Unterkunft: Ü, ÜF
Zimmerzahl: 8 EZ, 17 DZ, 1 App.
Zimmer mit: teilw. Etagen-DU/-bad,
teilw. DU/Bad/ WC, TV
Sonstiges: reichhaltiges Frühstück,
Aufenthaltsraum, Parkplatz, Garage

Ganzjährig geöffnet.

e-mail: teupert@t-online.de, home.t-online.de/-teupert

Unser Haus liegt 4 km von Bayreuth entfernt am Rande der fränkischen Schweiz (Traumstrecken) sowie nur wenige km zum Fichtelgebirge und Frankenwald. Gesicherte Unterstellplätze, Tips für Touren aller Art und Länge, viele Sehenswürdigkeiten sowie günstige Pauschalpreise ab 6 Personen sind bestimmt eine Überlegung wert, einen Urlaub in unserer schönen Region zu verbringen.

p.P.: Ü 35 - 60 DM, ÜF 40 - 65 DM

Behilflich bei Tourenplanung. Abschließbare Garage und genügend Stellplätze vorhanden.
Auf Wunsch Leihmotorräder. Chef fährt selbst Motorrad - auf Wunsch Begleitung.

Burghaslach Hotel-Pension Steigerwaldhaus   Oberrimbach 2, D-96152 Burghaslach Tel. 09552-92390 Fax 923929

e-mail: Steigerwaldhaus@t-online.de   www.steigerwaldhaus.de
Unterkunft: Ü, ÜF, HP/VP **Zimmerzahl:** 2 EZ, 10 DZ, 1 Suite
Zimmer mit: Dusche/Bad, Telefon, TV **Sonstiges:** TV-Raum, Parkplatz,
Garage, Frühstücksbuffet, Billard, Tischtennis, Liegewiese, Grillplatz
Erholsame Tage fernab von Lärm der Großstadt, inmitten herrlicher Wiesen
und Wälder des südlichen Steigerwald!
Angenehme familiäre Atmosphäre, ideal auch für Familien mit Kindern. Zwei
gemütliche Gasträume, reichhaltige fränkische Kost und Gourmet-Küche.
Café-Terrasse. Große Liegewiese, Kinderspielplatz, Grillmöglichkeit und
Backofen für gesellige Abende. Komfortzimmer teilweise mit Balkon und
Minibar.
Gut markierte Wander- und Radwege. Im Urlaubsdreieck Würzburg-
Rothenburg o.d.T. - Nürnberg.

Ü 25 - 38 DM, ÜF 35 - 50 DM, HP 17 DM u. VP 30 DM Aufschlag

Mühlhausen

Gästehaus Hiltel **   mit Gasthaus Hertlein

Hauptstr. 18, 96172 Mühlhausen Tel. 09548-6066 Fax 6237

e-mail: hiltel@t-online.de   www.hiltel.de
Unterkunft: ÜF **Zimmerzahl:** 2 EZ, 6 DZ, Mehrbettzimmer möglich
Zimmer mit: DU/WC, Telefon, TV, Radiowecker, Faxanschluß
Sonstiges: Frühstücksbuffet, eigene Schlachtung, hausgemachte Marmela-
den, gemütliches Gasthaus, Parkplatz

Unser neuerbautes Gästehaus ist ein familiär geführter Betrieb. Sie finden uns
im Zentrum von Franken zwischen den Naturparks „Steigerwald" und
„Fränkische Schweiz". Von hier aus können Sie Bamberg, Nürnberg, Rothenburg ob der Tauber, Kulmbach und Bayreuth innerhalb kurzer Zeit erreichen.
Auch ein reichhaltiges Freizeitangebot ist in unserer Region vorhanden.

ÜF 60 - 65 EZ, 95 DZ, Pauschalangebote

Abschließbare Garage kostenlos,
Parkplätze im abgeschlossenen Hof.

Altenkunstadt   Hotel „Gondel"   Marktplatz 7, D-96264 Altenkunstadt Tel. 09572-3661 Fax 4596

Unterkunft: ÜF
Zimmer: EZ, DZ
Zimmer mit: Bad o. Dusche/WC, Telefon
Sonstiges: SAT-TV, Radio, Diät-/Schon-/ Vegetarische u.
Vollwertkost

Zentraler Ausgangspunkt zu kulturellen Stätten in Oberfranken.

EZ ÜF 70 DM, DZ ÜF 98 - 130 DM

Garage ohne Berechnung.

Weidhausen Hotel-Gasthof „Braunes Ross" Kappel 1, D-96279 Weidhausen Tel. 09562-98280 Fax 96.

e-mail: braunes-ross@t-online.de
www.braunes-ross.de

Unterkunft: ÜF **Zimmerzahl:** 2 EZ, 16 DZ **Zimmer mit:** DU/Bad/WC, Telefon, Radio, TV, Minibar **Sonstiges:** Aufenthaltsraum, Frühstücksbuffet, Parkplatz, Garage. Ganzjährig geöffnet.
Im gemütlichen Ambiente unseres Gasthofes erwartet Sie gepflegte Gastlichkeit mit fränkischem Charme. Genießen Sie die kulinarischen Köstlichkeiten unserer ausgezeichneten Küche, zu denen wir Ihnen ausgesuchte Weine oder ein kühles Bier servieren.
Die behagliche Atmosphäre unserer komfortabel eingerichteten Zimmer lädt zum Ausspannen und Wohlfühlen ein.

ÜF 25 - 35 EU

Abschließbare Garage für Motorradfahrer gratis. Herrliche Touren in Frankenwald, Fränkische Schweiz, Thüringer Wald.

Rödental Gasthof-Hotel-Brauerei-Grosch Oeslauerstr. 115, D-96472 Rödental Tel. 09563-750-0 Fax 750147

Unterkunft: ÜF **Zimmerzahl:** 1 EZ, 9 DZ, 5 3-Bettzimmer **Zimmer mit:** DU/WC, Fön, Telefon, TV, Radio, Modemanschluß, Minibar **Sonstiges:** Aufenthaltsraum, Parkplatz, Garage (teils), Frühstücksbuffet

Unser Haus, im Herzen von Deutschland, ist ein traditionsreicher, gemütlicher Gasthof mit Brauerei (Brauereibesichtigung auf Wunsch möglich). Bei uns wird seit über 500 Jahren Bier gebraut - Pilsner und der dunkle Fuhrmannstrunk, dazu servieren wir saisonale, fränkische und bierige Spezialitäten. Im Sommer ist unser Bierhof geöffnet.
Wir freuen uns auf Ihren Besuch.

Familien Müller und Pilarzky, sowie das Grosch'n-Team.

ÜF: 98 DM i. EZ, 70 DM p.P. i. DZ, 60 DM p.P. i. 3-Bettzimmer

Ochsenfurt Gasthof Zum Weißen Roß Rechte Bachgasse 5, D-97199 Ochsenfurt-Goßmannsdorf Tel. 09331-2614 Fax 7115

e-mail: info@gasthof-zum-weissen-ross.de@t-online.de, www.gasthof-zum-weissen-ross.de

Unterkunft: ÜF, HP **Zimmerzahl:** 2 EZ, 20 DZ, 15 App. **Zimmer mit:** DU/Bad, teilw. Radio, TV **Sonstiges:** Aufenthaltsraum, Parkplatz, Garage

Gutbürgerlicher Gasthof im fränkischen Weinland an der Südspitze des Maindreiecks.

Idealer Ausgangspunkt in die Fränkische Schweiz (80 km), Taubertal mit Rothenburg (60 km) Jagst.- u. Kochertal sowie Odenwald und Spessart (80 km).

ÜF 58 - 98 DM, Tagesessen Mittag 15 DM inkl. 1 Getränk p.P. Ü App. 2 Pers. 70 DM

Wir helfen bei Tourenplanung, Garage kostenlos. Wir stellen auch Werkzeug zum Schrauben. Trockenraum für Kleidung. Chef fährt selbst.

Hüttenheim/Bayern Landgasthof May Marktplatz 6, D-97348 Hüttenheim/Bayern Tel. 09326-255 Fax 205

Unterkunft: ÜF **Zimmerzahl:** 1 EZ, 4 DZ 3 Zusatzbetten möglich **Zimmer mit:** Dusche/Bad, teilweise Etagen-Dusche **Sonstiges:** TV-Raum, Aufenthaltsraum, Parkplatz, Garage, Frühstücksbuffet, sonnige Terrasse, Weinberg vorhanden, Hilfe bei der Weinlese möglich

Der Landgasthof May ist ein familiär geführtes Haus, eingerichtet im ländlich, romantischen Stil. Gemütliches Restaurant und Kachelofenzimmer, rustikale Winzerstube. Hier kocht der Chef für seine Gäste feine fränkische Küche und regionale Spezialitäten. Ebenso findet man auf der Speisekarte Wurst und Schinken aus eigener

Garage für Motorräder kostenlos.

Herstellung, Eigenbauweine und feine Brände aus der Hausbrennerei.
Der Landgasthof May steht direkt gegenüber des im Mittelpunkt des Dorfes stehenden mittelalterlichen Rathauses und liegt zentral am schönen neu angelegten Marktplatz. Im Hintergrund steht eine der größten Kirchenanlagen mit ihren romantischen Kellern und Gaden (1340-1435).
Weinfeste in Hüttenheim: Zeltweinfest Mai/Juni, Hof- und Gassenschoppenfest letztes Wochenende im Juli, Kirchenburgweinfest Ende August.
Ausflugsziele: Rothenburg o.d. Tauber, Dinkelsbühl.

ÜF 35 - 65 DM

Bischofsheim   Gasthof „Rhönlust" **

Geigensteinstr. 50, D-97653 Bischofsh./Oberweißenbr.Tel.09772-442 Fax 8735
e-mail: gerald.schumm@debitel.net   www.telehotel.de/rhoenlust-oberweissenbrunn

Unterkunft: ÜF, HP **Zimmerzahl:** 4 EZ, 12 DZ, 1 Wohn. **Zimmer mit:** DU/Bad, teilw. Radio, TV auf Wunsch, Balkon **Sonstiges:** TV-Raum, Aufenthaltsraum, Parkplatz, Garage, Frühstücksbuffet, bei HP Menüwahl, regionale Küche aus regionalen Produkten

Das Haus der gepflegten Gastlichkeit im Biosphärenreservat Rhön in dem familiäre Atmosphäre für Ihr Wohlbefinden und Erholung sorgen. Unsere gemütliche, rustikale Gaststube ist der anspruchsvolle Treffpunkt für jung und alt, zum Essen allein, zu zweit oder mit Freunden. Besonderen Wert legen wir auf unsere regionale Küche unter Verwendung von Rhöner Produkten. Die Zimmer sind mehr als eine moderne u. bequeme Schlafgelegenheit.

Hausprospekt u. Pauschalangebote anfordern!

ÜF 36 - 48 DM, HP + 20 DM

Behilflich bei Tourenplanung, Garagenplatz kostenlos für Motorradfahrer, Trockenraum, ADAC u. AVD empfohlen.

Bischofsheim   Gasthof Adler

Ludwigstr. 28, D.-97653 Bischofsheim/Rhön Tel. 09772-320 Fax 8898

Unterkunft: ÜF, HP **Zimmerzahl:** 4 EZ, 14 DZ **Zimmer mit:** Dusche/Bad, TV möglich **Sonstiges:** TV-Raum, Aufenthaltsraum, Parkplatz, Garage, Frühstücksbuffet, Sauna, Liegegarten

Ein Haus herzlicher Gastlichkeit im Rahmen gewachsener Familientradition seit 1884. Fränkische Küche, zentraler Ausgangspunkt zur Erkundung des Biosphärenreservates Rhön.

ÜF 40 - 48 DM, EZ 55 - 58 DM, HP 20 DM Aufschlag

Behilflich bei Tourenplanung, Trockenraum, Garage für Motorräder gratis.

Hammelburg-Morlesau   Hotel-Gasthof Nöth

Morlesauer Str. 3+6, D-97762 Hammelburg-Morlesau
Tel. 09357-479 o. 534 Fax 1357

ÜF 39 - 67 DM
HP 61 - 89 DM
VP 71 - 99 DM

Unterkunft: ÜF, HP, VP **Zimmer:** 17 DZ DU/WC, TV 3 DZ Etagen-DU/WC, 2 komfortable Appartements und 2 komfortable FeWo, 1 Suite **Sonstiges:** Aufenthaltsraum, Frühstücksbuffet, beheiztes Freischwimmbad 29° (Ostern-Nov.), Biergarten, Kanu-/Radverleih,Wein-/Bierproben, Parkplatz, Garage.

Angebote von A-Z, Prospekt anfordern!
Betriebsferien: Anfang März 2 Wochen.

e-mail: Hotel-Gasthof_Noeth@t-online.de
www.noeth.mysite.de

Behilflich bei Tourenplanung. Abschließbare Garage, Stellplatz und Trockenraum vorhanden. Besitzer fährt selbst Motorrad. Sonderangebote für Motorradfahrer!

Motten-Kothen Campingplatz Rhönperle ****

Zum Schmelzhof 36, D-97786 Motten-Kothen Tel. 09748-450 Fax 871

Größe/Boden: 3 ha, 200 Stellplätze, Wiese/Erdboden/steiniger Boden, Abstellplatz mit festem Untergrund f. Motorräder vorhanden **Sanitär/Energie:** 20 WK, 8 DU, 20 WB, 6 GB, 17 Sitz-WC, Sanitärkabine f. Rollstuhlfahrer, Ausguß f. Chemikal-WC, 200 Stromanschlüsse mit 16 A, 200 CCE-Stromanschlüsse mit 10 A, 2 Frischwasseranschlüsse

Verpflegung: Lebensmittelversorgung, Imbißmöglichkeit, Gaststätte/ Restaurant **Allgemeines:** Hunde erlaubt, Betriebszeiten: ganzjährig.

Ausgearbeitete Routen auf Wunsch. Kurvenreicher Wald und bergige Landschaften der Rhön.

Preise/Person/Nacht: Zelt + Motorrad 23 DM = 2 Pers.,1 Zelt, 1 Motorrad, Zelt + Auto 23 DM = 2 Pers., 1 Zelt, 1 Auto, Zelt 3,50 DM, Caravan/Wohnmobil 7 DM

Allgemeines zur Region Sucht man auf der Landkarte die Holsteinische Schweiz, wird man etwa zwischen Kiel, Hamburg und Lübeck fündig. Charakteristisch für die Landschaft sind romantische See- und Flußniederungen – von Wäldern und Wiesen umrahmt. Wie es sich für eine Schweiz gehört, prägen Hügel das Bild, und mehrere kurvige Strecken schlängeln sich durch diese „Gebirgslandschaft".

Beliebte Treffpunkte Lübeck: Bikerkneipe "Riders Café" (Leineweberstr. 4), mittwochs und freitags ab 18 Uhr, samstags ab 15 Uhr und sonntags ab 10 Uhr geöffnet. An Wochenenden geben Live-Bands Stücke von Blues bis Heavy Metal zum Besten. Gutes und preiswertes Essen bietet auch die Bikerkneipe "Zum Prinzenholz" in der Voßstraße in 23714 Malente.

Der Bikertraum: Einmal nach Kalifornien

Bild: Johannes Röser

Kulinarische Highlights Es gibt Fisch - den in allen Variationen: frisch aus dem Meer, mariniert oder viereckig-paniert und tiefgekühlt. Aus den zahlreichen Seen der Gegend kommen verschiedene Süßwasserfische in den Topf. Eine regionale Spezialität ist der Krautpudding. Getrunken wird hauptsächlich herbes Pils, oder Schnaps.

Souvenirs Süßigkeiten aus der Lübecker Marzipanfabrik. Muscheln oder Seesterne von der Küste oder ein "Buddelschiff".

Sehenswürdigkeiten/Aktivitäten Die Fahrt zum 164 Meter hohen Bungsberg ist Pflicht. Ebenso das Schleswig-Holsteinische Freilichtmuseum in Molfsee bei Kiel, der Hansapark bei Sierksdorf oder das Bananenmuseum. Die letzte volle Juniwoche gehört der "Kieler Woche", und im Juni beginnen die Karl-May-Festspiele in Bad Seegeberg.

Literatur/ Tourentipp Motorradtourenkarte "Schleswig-Holstein/Niedersachsen-West", GOOD VIBRATIONS-Verlag, 9,90 Mark.

Adressen Tourismusverband Schleswig-Holstein e.V., Niemannsweg 31, 24105 Kiel, Telefon (0431) 5600100, Fax 569810.

Fahrpause im Schatten des 164 Meter hohen Bungsberg

Bild: Johannes Röser

Dithmarschen/Nordfriesland

Cow meets Krabbenkutter: Fischerromantik ade, heute sind die Boote mit modernster High-Tech ausgerrüstet

Freilichtmuseum Husum (Nordhusumer Str. 13, tägl außer Mo. 10-12 u. 14-17 Uhr), Sichfffahrtsmuseum und Theodor-Storm-Haus in Husum. Walter Thedes große private Sammlung deutscher Motorräder in Ostrohe (direkt an der Hauptstraße, am Wochenende offen oder nach Vereinbarung, Tel.: 0481/5428).

Literatur/ Tourentipp Dithmarschen, Ein Reisebegleiter, Boyens & Co, Verlag, Westholsteinische Verlagsanstalt, ISBN 3-8042-0683-2, 16,80 Mark

Allgemeines zur Region Hoher Himmel - weites Land. Umspült von der Nordsee, zwischen Mooren und Kohlköpfen liegt die idyllische Region, welche durch ihren rauhen Charme und die friesische Beschaulichkeit ideales Ausflugsziel ist.

Beliebte Treffpunkte Die Töpferei und Teestube in Süden auf Nordstrand mit Galerie und Keramikmuseum (Tel.: 04842/506) und der Kunsthof Rott bei Ostenfelde mit den besten Kuchen und Torten des Landes sowie Übernachtungsmöglichkeiten (Tel.: 04845/1386).

Kulinarische Highlights Kohl an allen Ecken und Enden in jeder er-

denklichen Variation. Sonst sind Fischgerichte, Mehlbüddel oder Wurstwaren sehr zu empfehlen.

Souvenirs "Heider Marktmeister", "Marktmeuster sein Fru", Tellingstedter Töpferwaren, Dithmarscher Spezialitäten, Husumer Obladen.

Sehenswürdigkeiten/Aktivitäten Windmühlen wie in Dellstedt, Hochdonn oder Meldorf. Windenergiepark im Kaiser-Wilhelm-Koog (Tel.: 04331/18-2465), Wochenmarkt jeden Sa. auf dem Heider-Marktplatz, Stadtfest Anfang Juli, Wattwanderungen, Seehunde in Friedrichskoog,

Der Nord-Osteekanal beschert der Gegend riesige Dampfer zwischen grünen Wiesen und Schafen

Adressen Dithmarscher Touristikzentrale, Alleestraße 12, 25761 Büsum, Tel.: (04834) 900-10, Fax 900-50, e-mail touristikzentrale@dithmarschen.de, Internet www.dithmarschen.de

Allgemeines zur Region Touristisch ist Ostfriesland längst erschlossen, wer aber abseits der ausgetretenen Pfade fährt, kann so manche "stille Ecke" kennenlernen. Die Gegend besticht naturgemäß nicht durch ausgesprochenen Kurvenreichtum aber der rauhe Charme der Landschaft zieht Besucher in seinen Bann.

Beliebte Treffpunkte In drei Kneipen treffen sich die friesischen Biker: in der "Baguetterie" in 26434 Hooksiel, Friesenstraße 1, dem "Gemütlichen Eck" in 26789 Leer, Stettiner Straße 14 und im Bikerhotel "Zum Kronprinzen", 26553 Dornum, Kirchstraße 11 ist immer was los. Auf Norderney richten der BMW- und Harley-Verein viele Veranstaltungen für Biker aus.

Kulinarische Highlights Grünkohl mit Pinkel, der Sniertje-Braten, Labskaus und natürlich Fisch werden gerne gegessen. Zu den beliebtesten Getränken zählt Tee, Bier aus Jever oder Aurich und Korn.

Souvenirs Unterschiedliche Teemischungen und Kluntje (Kandiszucker) aus Aurich, Doornkat, Bontjesoop und Buddelschiffe aus Norden und Sanddornprodukte aus Norderney.

Sehenswürdigkeiten/Aktivitäten Sielhafenmuseum in Carolinensiel-Harlesiel, das Ostfriesen-Abi in Wittmund (geprüft wird unter anderem in Kuhmelken, Krabbenpulen, Teetrinken und Ostfrieslandkunde), der Glockenturm, das Schloss und Mühlenmuseum in Aurich oder das Teemuseum, das Muschelmuseum in der Gurre-Mühle, das Buddelschiffmuseum im Bakkersweg

Typisch Friesland: Windmühlen wie hier in Ostergroßefehn

in Norden und die Seehundeaufzuch- und Forschungsstation in Norddeich locken viele Besucher.

Literatur/ Tourentipp Merian live! Ostfriesland mit Inseln, 14,80 Mark, ISBN 3774204020
Falk Reisen, Nordseeküste/ Ostfriesland, 16,80 Mark, ISBN 3827928133

Adressen Ferienland Ostfriesland, Fischteichweg 7-13, 26603 Aurich, Telefon (04941) 16445, Fax 16980,
Internet: www.ostfriesland.de, e-mail: info@ostfriesland.de

Hoher Himmel – weites Land, Ostfriesland verkörpert Freiheit pur

Allgemeines zur Region Deutschland nördlichstes Mittelgebirge ist eine faszinierende Region und besticht durch tiefe, romantische Täler, dunkle einsame Fichtenwälder, steile Felswände, sagenumwobene Figuren aus uraltem Granitfels und Hochmoore im Nebel.

Beliebte Treffpunkte "Torfhaus" an der "B4" zwischen Braunlage und Bad Harzburg. Die Talsperren, wie Rappbode bei 38889 Rübeland, vor allem am Wochenende, oder die Kneipe "Fifth Avenue" in 37431 Bad Lauterberg (Südharz).

Kulinarische Highlights Die Küche ist herzhaft bis deftig. Wildgerichte aller Art, Zuchtforellen und Harzer Schmorwurst sind typisch. Den "Harzer Roller", aus Sauermilch, gibt's in rund 40 Sorten.

Souvenirs Hexenanhänger, Schnitzereien und einheimische Kräuterliköre wie z.B. der "Schierker Feuerstein".

Sehenswürdigkeiten/Aktivitäten Marktplatz in Goslar, mit Kämmereigebäude und Glockenspiel. Im "Rammelsberg Bergbaumuseum" bei 38640 Goslar, mit einer Grubenfahrt in das angeschlossene Bergwerk, erhält der Besucher einen tiefen Einblick in die Geschichte des Bergbaus. Geöffnet: täglich von 9.00-18.00 Uhr, Tel. 05321/ 34360. Weitere Highlights: die historische Innenstädte von 38855 Werningerode oder Stolberg, das Bergwerkmuseum in Clausthal-Zeller-

Ganz schön romantisch: Schuhhof in Go

feld, die Iberger Tropfsteinhöhle oder das Uhrenmuseum in 37539 Bad Grund.

Literatur/ Tourentipp "Motorradtouren in Norddeutschland" (mit herausnehmbaren Roadbooks), Steiger Verlag, 29,80 Mark, Reihe Edition Unterwegs, "Deutschland" Band 1", Motorbuch Verlag, 29,80 Mark, Motorradtourenkarte "Niedersachsen-Ost/Sachsen-Anhalt", GOOD VIBRATIONS Verlag, 9,80 Mark.

Adressen Harzer Verkehrsverband e.V., Marktstraße 45, 38640 Goslar, Tel. 05321/ 34040, Fax. 340466, Internet: www.harz-info.de, e-mail: harzer.verkehrsverband@t-online.de.

Bild: J. Röser

Kultur in ihrer schrecklichsten Form: Walpurgisnacht in Braunslage

Allgemeines zur Region Eine Welt aus Märchen und Sagen eröffnet sich dem Biker in der Region nördlich von Kassel. Zwischen anmutigen Uferlandschaften, stillen Bergwäldern und kleinen Gebirgen, schlängelt sich die Weser - von geborstenen Klippen, über erloschene Vulkane, bis hin zu den Lügengeschichten des Barons von Münchhausen oder der Sage vom Rattenfänger - alles drin.

Beliebte Treffpunkte "Villa Löwenherz" 37697 Lauenförde (Würgasser Straße 5, Tel. 05273/7567). Stammtisch des "MC Kuhlen Wampe" in der Bikerkneipe "Strubbelpeter" in 37603 Holzminden.

Kulinarische Highlights Die Sage vom "Pfeiffer" spiegelt sich auch in den Gerichten wieder: flambierte "Rattenschwänze", "Rattenfänger's Flötentöne" und "Rattenkiller". Sonst gibt's "Weserspatzen", Wildspezialitäten oder Grünkohl mit Bregenwurst. Ein Schluck Allersheimer oder Einbecker Bier und einen Malteser zum Abschied.

Souvenirs Münchhausen-Teller, -Likör, -Schlüsselanhänger oder Brotratten (aus Sauerteig) und Glasartikel aus Hameln.

Sehenswürdigkeiten/Aktivitäten Altstädte von Hann, Münden, Einbeck, Alfeld, Hameln; Theateraufführungen und Märchenfestspiele in Hameln (Rattenfänger) mit Museum im Leisthaus, Bodenwerder (Baron von Münchhausen)

Stein gewordene Geschichte des Lügenbarons

mit Geburtshaus im Rathaus und Museum und Brunnen. Am zweiten Samstag im August Lichterfest und Pfingsten finden sich Schausteller auf dem "Internationalen Straßentheaterfestival" in Holzminden ein.

Literatur/ Tourentipp Reihe Edition Unterwegs, "Deutschland" Band I", Motorbuch Verlag, 29,80 Mark, Motorradtourenkarte "Niedersachsen-Ost/Sachsen-Anhalt", GOOD VIBRATIONS Verlag, 9,80 Mark.

Adressen Fremdenverkehrsverband Weserbergland-Mittelweser e.V., Postfach 100339, 31753 Hameln, Tel. 05151/ 93000, Fax 930033.

Trockentransfers in niedersächsische Hemeln

Rügen

Allgemeines zur Region Die rund 600 Kilometer Küste machen Rügen zur zweitgrößten deutschsprachigen Insel gleich nach Mallorca. Die dazwischenliegenden Straßen schlängeln sich mal gut geteert oder als wahre Cross-Pisten zwischen Kiefern- und Laubwäldern oder ausgedehnten Wiesen hindurch. Neben einigen touristisch bereits wiederentdeckten Orten, gibt es auf dem Eiland aber noch genügend Plätze, an denen man die Natur alleine genießen kann.

Beliebte Treffpunkte Da Rügen von Motorradfahrern weitgehend links liegen gelassen wurde und die

Daytona Beach gibt's auch auf Rügen

Bild: P. Gall

Einheimischen lieber mit einem Kutter zur See fahren, gibt es auf der Insel keine speziellen Treffpunkte. Wer jedoch Anschluß sucht, findet den sicherlich auf den Campingplätzen.

Kulinarische Highlights Natürlich gibt es Fisch, doch auch Lammspeisen und Wildbretgerichte stehen auf der Speisekarte. Zum Nachtisch gibt's "Mecklenburger Götterspeise" und Rostocker "Doppelkümmel" oder "Fischergeist". Als Getränk empfiehlt sich ein "Störtebeker-Pils".

Souvenirs Als Andenken eignet sich ein "Rügener Badejunge", der aber keinen Helm braucht, da er ein feiner Camembert-Käse ist. Natürlich darf auch ein Räucheraal, Schinken oder ein Schmuckstück aus Bernstein mitgebracht werden.

Sehenswürdigkeiten/Aktivitäten Zwar kann Rügen keinen Ballermann aufweisen, doch wird trotzdem allerhand geboten: Das Räucherschiff "Berta" im Hafen von Lauterbach, das Puppenmuseum im Park zu Putbus oder der dortige Schloßpark. In Göhren lockt das Museumsschiff "Luise" am Südstrand oder der "Buskam", der als größter Findling an der deutschen Küste gilt. Eisenbahnfeunde können mit dem "Rasenden Roland" nach Putbus fahren und sich dort im Kleinbahnhof das Museum anschauen. Am ersten Wochenende im Mai feiern die

Badevergnügen: Traumhafte Strände Rügen normal

Bild: P. Gall

Göhrener ihr "Heringsfest", am dritten Wochenende im Juli das "Folk- und Country-Fest" und am dritten Wochenende im August das "Brückenfest".

Literatur Reihe Motorrad Reiseführer "Die schönsten Küstenstraßen Europas", Bruckmann Verlag, 29,80 Mark, Reihe Merian live!, "Rügen", Gräfe u. Unzer-Verlag, 14,90 Mark, Motorradtourenkarte "Mecklenburg-Vorpommern", GOOD VIBRATIONS-Verlag, 9,90 Mark.

Adressen Tourismusverband Mecklenburg-Vorpommern e.V., Platz der Freundschaft 1, 18059 Rostock, Telefon (0381) 4030500, Fax 4030555, Internet: http://www.tmv.de, e-mail: info@tmv.de.

Allgemeines zur Region Das Venedig Deutschlands: Kaum ein Winkel, der von mehr Wasserarmen durchzogen wird als der Spreewald. Neben einigen gut geteerten Straßen, durchziehen vor allem Schotter-, Natur- und natürlich Wasserstraßen das Gebiet. Das UNESCO-Biosphärenreservat ist das Paradies für Paddler und Wasserratten.

Beliebte Treffpunkte Der Bikertreff der Gegend ist das "Motorrad Center Beuchow", Vertragshändler für Triumph und Kawa, Werkstatt, Bistro und Begegnungsstätte in Einem (Hauptstraße 39 in 18581 Groß-Beuchow, täglich von 10 bis 20 Uhr geöffnet, freitags und samstags auch länger).

Kulinarische Highlights "Spreewaldgurken" (Essiggurken), "Hecht in Spreewaldsoße" oder Karpfen in vielen Varianten. Berühmt sind "Hefeplinsen" (Eierkuchen), die überall mit Apfelmus und Sahnehäubchen angeboten werden. Zum Nachtisch mundet ein "Fürst Pückler-Eis". Getränk: süffiges Schwarzbier aus der Neuzeller Klosterbrauerei oder Eibau und "Spreewaldbitter".

Souvenirs "Trachtenpuppen", in allen erdenklichen Größen. Schön, zerbrechlich, sind kunstvoll verzierte und bemalte sorbische Ostereier, besser: Spreewälder Meerrettich oder Gewürzgurken im Glas.

Sehenswürdigkeiten/Aktivitäten Bootsausflüge: Selbst, mit

Bild: Spreewald Touristik

Naturparadies Spreewald

Mietvehikel aus Lübben, Schlepzig, Lübbenau und Lehde - oder per "Gondolier". Lehde mit Freilandmuseum verkörpert ursprünglichen Charme und ging als "Lagunenstadt im Taschenformat" unter Theodor Fontane in die Literatur ein.

Literatur/ Tourentipp Reihe Marco Polo "Spreewald, Lausitz", Mairs Verlag, 9,80 Mark, Motorradtourenkarte "Sachsen/Brandenburg-Süd", GOOD VIBRATIONS-Verlag, 9,90 Mark.

Adressen Fremdenverkehrsverband Spreewaldkreis, Ernst-von-Houwald-Straße 15, 15907 Lübben, Tel. 03546/3090 und 2433, Fax 2543.

Bild: Spreewald Touristik

Singende „Staker"; Wasser überall – Spreewald, das Venedig Deutschlands

Thüringer Wald

 Allgemeines zur Region Ausgedehnte Wälder und saftige Wiesen - neuerdings dümpelt die Region etwas links liegengelassen im ehemaligen Grenzland der beiden deutschen Staaten. Zu DDR-Zeiten war dies allerdings ganz anders. Trotzdem, oder gerade deswegen bieten sich die herrlich-kurvenreichen Straßen in der "grünen Lunge Deutschlands" besonders für Biker an.

 Souvenirs Glaswaren, Keramik, Schnitzereien, Jagdwaffen und Feinmeßgeräte aus Suhl; Anschütz-Lebuchen, Wurstwaren, Tannenbaumschmuck aus Zella-Mehlis.

 Sehenswürdigkeiten/Aktivitäten Rennsteiggarten (botanischer Garten), die Ski-Sprungschanzen, Thermen und das Sport-Museum in Oberhof, Schloß

Die Ski-Arena von Oberhof

Lutherstube auf der Wartburg

 Beliebte Treffpunkte Bikerkneipe "Naturheilgarten" in der Prißnitzstraße 15, 98527 Suhl.

 Kulinarische Highlights Thüringer Klöße (Hütes), Thüringer Bratwurst und Sauerkraut, Zwiebelkuchen und Kartoffelpuffer. Rennsteigtropfen.

Wilhelmsburg in Schmalkalden, die Märchenhöhle in Walldorf, das Simson-Motorradmuseum, Waffenmuseum und Zeiss-Planetarium in Suhl und natürlich das Thüringer Meeresaquarium in Zella-Mehlis sowie Wartburg, Thüringer Museum im Schloß, Rathaus und Fahrzeugmuseum (Naumannstraße) in Eisenach.

 Literatur/ Tourentipp Motorradtourenkarte "Franken/Thüringen", GOOD VIBRATIONS Verlag, 9,90 Mark.
Reiseführer Thüringer Wald, Reise-Know-How-Verlag, 19,80 Mark

 Adressen Fremdenverkehrsverband Thüringer Wald e.V., August-Bebel-Straße 16, 98501 Suhl, Telefon (03681) 39450, Fax 722179.

Zeitzeugen: Wachtürme an der eins Grenze

Allgemeines zur Region Nicht ohne Grund trägt das Elbsandstein-Gebirge den Beinamen "Sächsische Schweiz": Bizarre Gesteinsformationen und blanke Felsen allerorten prägen das Bild in der ansonsten von Wäldern dominierten Gegend. Eine ganze Reihe wunderschöner Motorradstrecken locken die Biker aus der Umgebung dorthin.

Bild: LFV Sachsen

Wahrzeichen: Die Basteibrücke

Beliebte Treffpunkte In der Do-it-yourself-Werkstatt "Bleifrei" in 01279 Dresden (Wehlener Straße 35), gilt der Freitag als Biker-tag. Der obere Parkplatz der ehemaligen Rennstrecke Hohenstein.

Kulinarische Highlights Sächsische Kartoffelsuppe, Sauerbraten und Quarkkeulchen; Pils wie Radeberger oder hervorragende Weine der Sächsischen Weinstraße..

Souvenirs Sächsische Kuchen: Eierschecke, Klexelkuchen und ab Oktober Christstollen. Aber auch Pirnaer Töpferwaren, geräucherte Forellen oder edles Porzellan aus den Manufakturen in Meißen und Dresden.

Sehenswürdigkeiten/Aktivitäten Dresden: "Zwinger", "Semperoper", "Brühlsche Straße" und "Festung Dresden". Für Karl-May-Freunde: Radebeul mit "Villa Shatterhand" (Karl-May-Straße 5) und "Villa Bärenfett" (Ausstellung indianischer Kultur- und Gebrauchsdinge). Die Festung Königstein gilt als größte in ganz Europa und am zweiten Septemberwochenende öffnen in Pirna die sonst unzugänglichen Bauwerke und architektonische Entdeckungen.

Literatur/ Tourentipp "Motorrad Mitteldeutschland", Denzel Verlag, 39 Mark, Reihe Merian live!, "Sächsische Schweiz", Gräfe u. Unzer-Verlag, 14,90 Mark, Motorradtourenkarte "Sachsen/Brandenburg-Süd", GOOD VIBRATIONS Verlag, 9,90 Mark.

Kulturtortur: Burg Stolpen

Adressen Landesfremdenverkehrverband Sachsen e.V., Friedrichstraße 24, 01067 Dresden, Telefon (0351) 491700, Fax 4969306, Internet: http://www.sachsen-tour.de, e-mail: lfv-sachsen@imedia.de.

Teutoburger Wald

Allgemeines zur Region Einsame Wäldern, wiesenbedeckte Tälern und bizarren Felsen - voller Geheimnisse wie Saurierspuren, Externsteine, Dörenther Klippen und das Hermannsdenkmal. Neben phantastischen Motorradstrecken gibt es also viel zu entdecken.

"Fuhrmannsuppe", danach "Fuhrmannsschnitzel" oder "Lippischer Pickert", Grünkohl mit "Pinkel" und "Pfefferpothast". Nach dem Essen: "Steinhäger Wacholderschnaps" oder Westfälischen Kornbranntwein.

Das Herrmansdenkmal inmitten geschichtsträchtiger Landschaft

Beliebte Treffpunkte In Bielefeld treffen sich Biker im "Extra" (Siekerstraße 20, tägl. von 18-1 Uhr geöffnet) und "Black Rose" (Heeperstraße 52, von 18-1 und am Wochenende bis 3 Uhr geöffnet). Vorsicht, es gibt "Knöllchen". Im "La Trattoria" (Am Markt 7, 33034 Brakel) ist ab 17 Uhr immer was los.

Kulinarische Highlights Als Vorspeise

Souvenirs Die "Harsewinkeler Pferdeäpfel" ein Laib "Paderborner Landbrot" oder wer noch mehr "Ballast" braucht, kann aus verschiedenen Bronzereliefs der Paderborner Sehenswürdigkeiten auswählen.

Sehenswürdigkeiten/Aktivitäten Fahrzeugmuseen: Bad Iburg, 49479 Ibbenbüren (Veltmann, geöffnet nach tel. Vereinbarung, Tel. 05451/45500

und im Ortsteil Lehen, geöffnet von April-Okt. Sa. 14.30-17.30 Uhr, Fr., So. u. Feiertage 10-12 u. 14.30-17.30 Uhr, Markweg 26). Osnabrück: romanischer Dom, Rathaus, gotischer Marienkirche, Stadtwaage und massig Cafés, Kneipen. Die Externsteine von Horn, etwas südlich von Detmold, Saurierspuren zwischen Buer und Barkhausen und Dörenther Klippen bei Dörenthen.

Literatur/ Tourentipp Reihe Edition Unterwegs, "Deutschland" Band 1, Motorbuch Verlag, 29,80 Mark, Motorradtourenkarte "Nordrhein-Westfalen", GOOD VIBRATIONS Verlag, 9,80 Mark.

Adressen Fremdenverkehrsverband Teutoburger Wald, Postfach 2947, 32719 Detmold, Telefon (05231) 623473.

Bild: Topel, FVV Teutoburger Wald

Externsteine: Heidnische Kultstätte oder Naturwunder?

Allgemeines zur Region Eingebettet zwischen Hochmooren, Teutoburger Wald, mit Hecken durchzogenen Heideflächen und Flußdünen liegt dieser idyllische Landstrich, der sogar noch eine Herde Wildpferde sein eigen nennt. Für Motorradfahrer wie geschaffen sind die einsamen, oft von Alleen gesäumten Sträßchen.

Bild: J. Steiner, Münsterland Touristik

Schloß Hülshoff im Land der Herrenhäuser

Bild: J. Steiner, Münsterland Touristik

Fahrerlebnis einmal anders: Im Heißluftballon über das Münsterland

 Beliebte Treffpunkte Beliebte Treffpunkte Bei "Tinas Motorradtreff" am Haltener Stausee (Münsterstraße 317, 45721 Haltern-Sythen) kann sich der Biker mit Kuchen und Getränken versorgen, und auf dem Parkplatz zwischen Laer und Altenberge finden sich sonntags viele Motorradfahrer ein.

 Kulinarische Highlights "Pinkes" und "Korn", "Pickert" und "Pumpernickel" - die westfälische Küche hält allerlei Schmackhaftes bereit. Was sich hinter "Töttchen", "Schlodderkappes", "Kusemaleng" und "Heggemös" verbirgt, findet man am besten in der Altbierküche "Pinkus Müller" heraus, die sich auf dem Prinzipialmarkt Kreuzstraße 4/10 in 48143 Münster niedergelassen hat.

 Souvenirs Pumpernickel, Westfälischer Schinken, Knabbeln, Mettendchen.

 Sehenswürdigkeiten/Aktivitäten Das "Rüschhaus" in Münster-Nienberge steht bei Kulturhungrigen hoch im Kurs. Hier wirkte Westfalens berühmteste Tochter: die Dichterin Annette von Droste-Hülshoff, vom 20 Mark-Schein bestens bekannt. In zahlreichen Burgen und Schlössern wie Lembeck, Nordkirchen, Vischering, Darfeld oder Egelborg werden Führungen angeboten. Pferdeliebhaber kommen im Merfelder-Bruch bei Dülmen auf ihre Kosten.

Literatur/ Tourentipp "Motorrad Mitteldeutschland", Denzel Verlag, 39 Mark, Motorradtourenkarte "Nordrhein-Westfalen", GOOD VIBRATIONS-Verlag, 9,90 Mark.

Adressen Münsterland Touristik, Hohe Schule 13, 48565 Steinfurt, Telefon (02551) 939291, Fax 939293.

Traumstraßen satt – jenseits vom Nürburgring

Allgemeines zur Region Weite Wälder, malerische Städte, tiefblaue Seen und enge Flußtäler, dazwischen finden sich sagenhafte Motorradstrecken und nicht zuletzt der berühmte Nürburgring. Besonders interessant ist die vulkanische Region um das Brohltal.

Beliebte Treffpunkte "Café Fahrtwind" (53506 Ahrbrück, Hauptstraße 45, täglich von 14 bis 22 Uhr, am Wochenende von 10 bis 22 Uhr), Café "Formel M" (53518 Welcherath am Nürburgring, Hauptstraße 25), Schnellrestaurant "Beim Hannes" (Trierer Straße, 53518 Adenau) und die "Alte Schmiede" (54550 Daun-Pützborn, Alte Roßgasse).

Kulinarische Highlights Die "Terrine von Edelfischen", "Matjesröllchen" in Kräuter-Quarkcreme, "Sauerampfersuppe" mit "Räucherforelle" und Kaninchenbraten mit Backpflaumen gefüllt kommen auf den Tisch. Dazu passen gute Weine oder Bier aus der Region, zum Beispiel Bitburger.

Souvenirs Dauner Morcheln (spez. entwickelte Pralinenart) und Honig für die Freunde von Süßigkeiten.

Sehenswürdigkeiten/Aktivitäten Historischen Senfmühle (Laufenstraße 118, 52156 Monschau, Einzelpersonen nur Mi. 11-14 Uhr, Gruppen ab 12 Personen nach Anmeldung von Di.-Sa., Telefon 02472/2245). Das Felsenkeller-Brauerei-Museum in der St.Vither Straße 22 bis 28 (von April bis Okt. 11-18 Uhr, Mo. Ruhetag). Rennsportmuseum am Nürburgring (März bis Okt. tägl. 10-18 Uhr geöffnet). Wer eine Runde drehen möchte, erhält unter der Telefonnummer (02691) 302144 Infos.

Literatur/ Tourentipp Reihe Edition Unterwegs, "Deutschland Band 1", Motorbuch Verlag, 29,80 Mark,
Reihe Edition Unterwegs, "Eifel, Ardennen", Motorbuch Verlag, 29,80 Mark,
"Lust auf... Eifel", Highlights-Verlag, 14,80 Mark,

Kommunikativ: Café Fahrtwind in Ahrbrück

Adressen Eifel-Touristik NRM e.V., Marktstraße 15, 53902 Bad Münstereifel, Telefon (02253) 922222, Fax 922223.

Allgemeines zur Region Im Westerwald darf der Besucher keine tiefen Täler oder steile Gipfel erwarten. Sanfte Höhen und ausgedehnte Flächen prägen die von Rhein, Sieg und Lahn umgrenzte Hochflächen zwischen 300-600 m Höhe, die bei 657 m als "Fuchskaute" enden. Unbeschwerter Kurvengenuß ist hier vorprogrammiert.

Raum "Schlupemwecke" und "Fastenbretzel", in Montabaur "Eierkäs" und "Dippekuchen".

Souvenirs Töpferware und Kunstkeramik aus dem Kannebäcker Land, Westerwälder Korn und Kräuterliköre.

Sehenswürdigkeiten/Aktivitäten Herborn mit dem Hessen-Nas-

ne "Gelbbachtal", das zur Lahn führt und in Wirzenborn lädt das neue "Motorrad-Museum Montabaur" ein (Tel. 02602/4327).

Literatur/ Tourentipp "Motorrad Mitteldeutschland", Denzel Verlag, 39 Mark, Motorradtourenkarte "Rheinland-Pfalz/Saarland", GOOD VIBRATIONS Verlag, 9,80 Mark.

Adressen Nordrhein-Westfalen: Landesverkehrsverband Rheinland e.V. , Rheinallee 69, 53173 Bonn, Pf. 200861, 53138 Bonn, Tel. 0228/362921, Fax 363929, Internet: www.rheinland-info.de, e-mail: lvv@rheinland-info.de.
Rheinland-Pfalz: Fremdenverkehrsverband Rheinland-Pfalz, Löhrstraße 103-105, Internet www.rlp-info.de, email: info@rlp-info.de.

Da schau her: Auch mitten in Deutschland wie hier an der Lahn findet sich die ein oder andere Serpentinen

Beliebte Treffpunkte Burg-Café und Bikers Rast in Windeck-Dattenfeld, "Little Rock" in Herborn-Schönbach.

Kulinarische Highlights Im Herborner

sau-Marathon für Oldtimer im April. "Westerwälder Seenplatte" mit Bade- und Wassersportmöglichkeiten. Der Basaltpark in Bad Marienberg mit Museum. Die Therme "MarienBad", die Altstadt von Montabaur und danach ein Ritt durch das südlich gelege-

Hunsrück

Allgemeines zur Region Die einsame und sehr waldreiche Gegend, in der schon der "Schinderhannes" sein Unwesen trieb, bietet weite Landschaften und große Waldgebiete mit engen holprigen Straßen - beschauliches, aber superschönes Motorradwandern ist angesagt.

Beliebte Treffpunkte Urige Atmosphäre vermittelt die Dorfwirtschaft "Gasthof Kellenbach" in 55606 Kellenbach. Das "Forsthaus Altenhof" in 54293 Trier-Biewer (Aacher Weg 86) ist Treffpunkt und Campingplatz zugleich. An der Mosel finden sich viele Biker auf dem Parkplatz vor der Moselbrücke in 56812 Cochem ein.

Kulinarische Highlights Gasthöfe mit eigener Schlachtung bieten herzhafte Wurst- und Schlachtplatten an. Als regionale Spezialität gilt der Spieß- oder Schaukelbraten.

Souvenirs Nach wie vor zählen edle Steine in allen Variationen (gefunden oder gekauft) aus Idar-Oberstein und Umgebung zu den beliebtesten Mitbringseln.

Sehenswürdigkeiten/Aktivitäten Edelsteinmuseum in Idar-Oberstein am Marktplatz in Idar (geöffnet März-Okt. 9-17.30 Uhr). Das Heimatmuseum im malerischen Ortskern 55756 Herrstein vermittelt sehr anschaulich das Leben von einst (geöffnet So. 14-17 Uhr). Die

Modern Art in der historischen Altstadt von Herrstein

Besucherbergwerke bei Bundenbach, Fischbach und Idar-Oberstein sind ebenfalls eine Pause wert. Oldtimerfans kommen im weiter südlich gelegenen Otterbacher Motorradmuseum auf ihre Kosten (67731 Otterbach, Tel. 06301/ 2367).

Literatur/ Tourentipp "Motorrad Touren Süddeutschland", Denzel Verlag, 39 Mark, Motorradtourenkarte "Rheinland-Pfalz/Saarland", GOOD VIBRATIONS-Verlag, 9,90 Mark.

Adressen Fremdenverkehrsverein Rhein/Hunsrück, Ludwigstraße 4, 55469 Simmern, Telefon (06761) 7078, Hunsrück Schiefer- und Burgenstraße, Zum Idar 23, 55624 Rhaunen, Telefon (06544) 181-0.

Aufstiegsroute in den Hunsrück bei Oberwesel am Mittelrhein

Deutschland wo es am romantischsten scheint: Burg Katz und Maus am Mittelrhein

hein: z. B. Lahnstein, Braubach, St. Goarshausen, Kaub, Lorch. Touristische Überflieger ist Rüdesheim am Rhein, mit Drosselgasse und dem 1. Deutschen Roller Museum.

 Literatur/ Tourentipp Reihe Edition Unterwegs, "Deutschland" Band 1", Motorbuch Verlag, 29,80 Mark,
Motorradtourenkarte "Hessen", GOOD VIBRATIONS Verlag, 9,80 Mark.

Allgemeines zur Region Der südliche Teil des Rheinischen Schiefergebirges gilt als Erholungsgebiet der nahen Städte. Kurze Feierabendtouren hinauf zum Feldberg, dem Hausberg der Hessen, sind ebenso beliebt, wie Tages- oder Wochenendtrips in die idyllischen Wald- und Wiesenhochflächen zwischen Rhein und Lahn.

Beliebte Treffpunkte "Großer Feldberg" (bei 61389 Schmitten), beliebt an Heiligabend und Silvester. "Daytona" eine Biker-Kneipe bei 65510 Idstein, (Richtung Campingplatz, Tel. 06126/ 54258, offen Di.-Sa. ab 18, So. ab 17 Uhr, Mo. Ruhetag) und die "Wisperstube" der Imbiß-Dauertreff im Wispertal (Mo. geschl.) in 65321 Heidenrod-Geroldstein.

 Kulinarische Highlights "Rindworscht", "Handkäs mit Musik", rustikale Landwurst mit einem echten Landkorn, Rheinischer Sauerbraten. Wein.

Souvenirs Rheingauer Riesling

Sehenswürdigkeiten/Aktivitäten Feldberg, die Altstädte von Idstein, Limburg, Runkel, Weilburg mit Schloss und Schiffstunnel und die Kristallhöhle bei Kubach. Highlight im Taunus ist 56357 Holzhausen a. d. Haide, dort, im Geburtshaus von Nikolaus August Otto, dem Erfinder des Verbrennungsmotors gibt's ein liebevolles Museum (tägl. 9-16 Uhr) Infos: Tel. 06772/ 7242. Viele kleine Ortschaften am romantischen Mittelr-

Gasthaus in Idstein, besonders am Sonntag beliebt

Adressen Hessen Touristik Service e.V., Abraham-Lincoln-Str. 38-42, 65189 Wiesbaden, Tel. 0611/ 778800, Fax 0611/ 7788040, e-mail: hessen.touristik@t-online.de

Saarland

Allgemeines zur Region Kohle, Stahl und Industrie sind mit dem Saarland fest verwurzelt, aber auch weite Strecken kaum berührter Natur und landschaftliche Schönheit zeichnen dieses Gebiet aus und laden zu einer Tour ein.

Beliebte Treffpunkte "Waldschenke Görlinger" am Saarbrücker Flughafen (geöffnet Mo., Mi.,Do., So. 11.30-20 Uhr). "Wildscheider Hof" bei 66740 Saarlouis (Düppenweiler) am Mittwoch, "Route 66" in 66482 Zweibrücken, der "Roemer" in 66663 Merzig, der "Felsenkeller" in 66773 Schwalbach/Saar (Hülzweiler) oder der "Schuppen" in 66822 Lebach.

Kulinarische Highlights "Dibbellabbes" (Eintopf mit Dörrfleisch), "Geheirateten" (Mehlklöße). Zum Nachtisch gibt's Apfelmus und "Rostige (Arme) Ritter". Die saarländische Nationalwurst "Lyoner" gibt es in allen Variationen.

Souvenirs Keramikerzeugnisse aus Mettlach, gute Winzertropfen und Weingläser.

Sehenswürdigkeiten/Aktivitäten "Regionalgeschichtlichen Museum" in 66121 Saarbrücken (Schloßplatz 15), Motorradmuseum in 66787 Wadgassen (geöffnet So. 10-17 Uhr) und Bergbaumuseum in 66450 Bexbach (geöffnet von Mai-Okt. tägl. 9-19 Uhr).

Kurven überall, selbst die Flüsse wie hi bei Cloef winden sich nach allen Regel der Kunst

"Brennenden Berg" in 66125 Saarbrücken-Dudweiler aufwärmen, die Buntsandsteinhöhlen und Schloßberghöhlen in 66424 Homburg. Das UNESCO-Weltkulturerbe "Völklinger Hütte" mit Führungen, Konzerten und Ausstellungen wie der "Prometeus" und Anfang September wartet in Saarbrüchen der deutschfranzözische Weinmarkt mit allerhand edlen Tropfen.

Literatur/ Tourentipp "Motorrad Touren Süddeutschland", Denzel Verlag, 39 Mark. Motorradtourenkarte "Rheinland-Pfalz/Saarland", GOOD VIBRATIONS-Verlag, 9,90 Mark.

Adressen Tourismus-Zentrale Saarland, Franz-Josef-Roder-Straße 9, 66119 Saarbrücken, Telefon (0681) 927200, Fax 9272040.

Bild: VA Bad Dürkheim

Wein, Weib und Gesang – auch im Saarland versteht man zu feiern

Allgemeines zur Region Ausgedehnte Wälder, verwunschene Burgruinen, bizarre rötliche Bundsandsteingebilde, malerische Ortschaften und manchmal versteckte fahrerische Leckerbissen, locken den Biker in den "dunklen Tann".

Beliebte Treffpunkte Johanniskreuz mitten im Pfälzer Wald mit mehreren motorradfreundliche Gasthöfen. Schon seit Jahren ist die Zufahrt über das Elmsteiner Tal zu dem bekannten Treffpunkt an Wochenenden für Biker gesperrt.

Kulinarische Highlights Strittig ist nur die Herkunft der "Dampfnudeln", lecker sind sie allemal. Wesentlich deftiger schmeckt der "Dippehas", eine Art Eintopf mit Hasenfleich, Schweinebauch, Zwiebeln, Knoblauchzehen und anderen Gemüsen. Bestens bekannt ist der gefüllte Saumagen, weniger die köstliche Kartoffelsuppe mit Zwetschgenkuchen. Eine große Auswahl der Pfälzer Weine findet sich in jeder Speisekarte.

Souvenirs Weine aller Art (Süddeutsche Weinstraße), Weingelee, Weinessig, günstige Treter aus den Fabrikverkaufsstellen in der Schuhstadt Pirmasens.

Sehenswürdigkeiten/Aktivitäten Der Welt größtes Weinfaß in Bad Dürkheim, der Museumszug "Kuckusbähnle" (Telefon 06321/855329), der von Neustadt nach Elmstein fährt und das Motorradmuseum in Otterbach (April-Okt. So. u. Feiertage 10-12 u. 14-17 Uhr geöffnet).

Bild: VA Bad Dürkheim

Die Natur gibt, die Natur nimmt: Aus dem weltlichen Niedergang kirchlicher Gemäuer entstehen nicht selten schöne Naturparks wie hier in in der Klosterruine Limburg

Literatur/ Tourentipp HB-Bildatlas Nr. 112 "Die Pfalz", 16,80 Mark. "Motorrad Touren Süddeutschland", Denzel Verlag, 39 Mark, Motorradtourenkarte "Rheinland-Pfalz/Saarland", GOOD VIBRATIONS-Verlag, 9,90 Mark.

Adressen Zentrale für Tourismus Südliche Weinstraße, An der Kreuzmühle 2, 76829 Landau, Telefon (06341) 940408, Kreisfremdenverkehrsamt, Philipp-Fauth-Straße 11, 67098 Bad Dürkheim, Telefon (06322) 796102.

Bild: VA Bad Dürkheim

Michaeliskapelle mitten in der Pfälzer Weinlandschaft

Odenwald

Fahrt ins Mossautal zum Brauereigasthof Schmucker

 Allgemeines zur Region Eine liebliche Mittelgebirgslandschaft aus Nadelwäldern, heiteren Flußtälern, klaren Bächen und murmelnden Quellen, empfängt den Motorradfahrer. Versteckte Burgen und historische malerische Fachwerkstädtchen verführen ihn in beschauliche Welten vergangener Zeiten.

Beliebte Treffpunkte "Buckelwirt" in 64759 Sensbachtal/ Untersensbach, "Hill Up" in 64754 Hesseneck-Kailbach, "Waldklause" in 64385 Reichelsheim/Beerfurt, "Waldeslust" in Kailbach oder "Crazy Cactus" in 64342 Seeheim/Balkhausen.

Kulinarische Highlights Neben verschiedenen anderen Fleischsorten, kommt des öfteren Wild- und Lammfleisch auf den Tisch. Beilagen sind Kartoffeln oder Grünkernspeisen. Fast jede Ortschaft weist ein Gasthaus auf, in dem man sich an Wurstplatten oder Kochkäse laben kann. Getrunken wird Apfelwein.

Souvenirs Heidelbeerwein, Waldhonig, Elfenbein aus Erbach.

Sehenswürdigkeiten/Aktivitäten Mit liebevoll restaurierten Oldtimern lockt das Motorradmuseum in der Michelstädter Walter-Rathenau-Allee 17. Einen Granitsteinbruch, in dem sich schon die Römer ihr rustikales Mobiliar schnitzten, gibt's am Naturdenkmal Felsberg zu bestaunen. Das Felsenmeer liegt bei Reichenbach im Odenwald.

Literatur/ Tourentipp Reihe Edition Unterwegs, "Deutschland", Band 2, Motorbuch Verlag, 29,80 Mark, "Motorrad Touren Süddeutschland", Denzel Verlag, 39 Mark, Motorradtourenkarte "Hessen", GOOD VIBRATIONS-Verlag, 9,90 Mark,

Adressen Fremdenverkehrsverband Odenwald-Bergstraße-Neckartal, Marktplatz 1, 64711 Erbach, Telefon (06062) 94330, Fax 993333

Allgemeines zur Region Von den dunklen Wäldern im Spessart bis zu den kahlen Bergen der Rhön gehört dieses Gebiet zu den Top-Tourengebieten in Deutschland. Unzählige kleine Nebenstraßen, romantische Fachwerkstädtchen und geheimnisvolle Wirtshäuser sorgen dafür.

Lamm- und Wildgerichte in Wacholderrahmsoße gegessen und natürlich die "Spessartforellen". Zum Nachtisch oder als eigenständiges Mahl gibt's einen Zwiebelkuchen. Aber auch im übrigen Gebiet kommen des öfteren Lammspeisen oder Süßwasserfische auf den Tisch.

Anfang August Gleichmäßigkeitsfahrten von über 20 Jahre alten Old- und Youngtimern.

Literatur/ Tourentipp Reihe Edition Unterwegs, "Deutschland", Band 1, Motorbuch Verlag, 29,80 Mark,
Reihe Edition Unterwegs, "Deutschland", Band 2, Motorbuch Verlag, 29,80 Mark, Motorradtourenkarte "Hessen", GOOD VIBRATIONS-Verlag, 9,90 Mark,

Adressen Tourist Information Rhön, Obere Marktstraße 6, 97688 Rhön, Telefon (0971) 801119122, Fax 801121, Tourist Information Spessart, Bayernstraße 18, 63739 Aschaffenburg, Telefon (06021) 394271, Fax 394258.

Burgen und Schlösser gibt es am Main jede Menge

Beliebte Treffpunkte "Falltorhaus" kurz vor 63679 Schotten samt günstigen Speisen und Zimmern, am Wochenende werden Bikertreffen abgehalten. "Met-Onkel" im "Frohnhof" bei 36396 Steinau a.d. Straße, Bayrische Schanz an der hessisch-bayrischen Landesgrenze mitten im Nordspessart (Mo. u. Di. Ruhetag).

 Souvenirs Töpfereien aus Steinau a.d. Straße oder Schotten, das übrigens auch für die Schöter Wurst bekannt ist.

 Sehenswürdigkeiten/Aktivitäten "Rhönsegler", auf der Wasserkuppe mit Segelflugzeugmuseum und Bikertreff. In Schotten dreht sich dagegen alles um die zweirädrigen Asphaltflieger, wenn auf dem ehemaligen Schottenring-Rennkurs

Kulinarische Highlights Spessart:

Rhönmuseum in Fladungen

Allgemeines zur Region Bizarre Felsgebilde aus Jurakalken, imposante Tropfsteinhöhlen im Karst, unzählige kleine Brauereien und traumhafte Motorradstrecken machen die Fränkische Schweiz zu einem beliebten Tourenziel für Biker.

Beliebte Treffpunkte Im "Heckenhof" bei 91347 Aufseß finden sich an schönen Wochenenden Heerscharen von Bikern im "Kathi-Bräu" ein. Beim Aufenthalt in gemütlichen Biergärten, selbstgebrautem Dunkel und herzhaften Vesperplatten vergeht die Zeit wie im Fluge.

Kulinarische Highlights Zu einem guten und vielerorts selbstge-

Ausblick über Tüchersfeld, allerdings mit einer Kletterpartie verbunden

brauten Bier lassen sich die Franken gerne ein "Schäuferl" (Schweineschulter mit Schwarte) Klößen und Rotkraut schmecken. Als kleiner Imbiß dienen Bratwürste und Schinkenteller.

 Souvenirs Bocksbeuteluhren aus Gößweinstein, Liköre und fränkische Obstschnäpse aus Ebermannstadt, exotische Frankenbiere oder vor Ort gefundene Steine und Mineralien.

Sehenswürdigkeiten/Aktivitäten Durch das gesamte Gebiet zieht sich die Fränkische Bierstraße mit über 200 Privatbrauereien, sinnvollerweise sind einige mit Übernachtungsmöglichkeiten ausgestattet. In der "Teufelshöhle" bei 91278 Pottenstein und in vielen anderen kleinen Höhlen wird die Unterwelt Wirklichkeit. Dagegen erscheint das private Motorradmuseum von Manfred Brünner (geöffnet werktags ab 10 Uhr, an Feiertagen und Wochenenden von 9 bis 18 Uhr) in 91355 Hiltpoltstein geradezu harmlos.
Bei Gößweinstein blüht im Frühjahr das größte zusammenhängende Kirschenanbaugebiet des Kontinents.

Mittendrin statt nur dabei: Auf den Strecken um Pottenstein geht's mäch¹ zur Sache

Literatur/ Tourentip Reihe Edition Unterwegs, "Deutschland", Band 2, Motorbuch Verlag, 29,80 Mark,
"Motorrad Touren Süddeutschland", Denzel Verlag, 39 Mark,
Motorradtourenkarte "Franken/Thüringen", GOOD VIBRATIONS-Verlag, 9,90 Mark.

Adressen Tourismuszentrale Fränkische Schweiz, Oberes Tor 1, 91320 Ebermannstadt, Telefon (09194) 797779, Fax 797776, e-mail: info@fraenkische-schweiz.com

Wunderbares Straßengewirr: Nebenstrecken in Hülle und Fülle versüßen das Bikerleben

Allgemeines zur Region Die Landschaftsvielfalt in Mitteleuropas größtem Waldgebiet lockt Besucher aus nah und fern. Finden sich im unteren und vorderen Teil noch liebliche Berglandschaften, türmen sich an der Grenze zu Tschechien gewaltige, teilweise zerklüftete Bergmassive. Die menschenleere Gegend mit ihren einsamen Straßen ist für Motorradfahrer wie geschaffen und gerät zur Droge.

Beliebte Treffpunkte Ehemalige Ruselbergrennstrecke mit der Gaststätte "Wegmacherkurve" (94469 Deggendorf). Ruhiger geht's an der Sonnenterasse vom Arberseehaus zu.

Kulinarische Highlights "Schweinsbraten" mit Knödeln und Sauerkraut, Wild oder Geflügel und viel Schmalzgebackenes wie "Küchein", "Strauben" und "Bavesen", obligatorisch das Bier zur Mahlzeit, gerne auch ein Weißbier oder ein Radler (Bier mit Limo). Danach ein "Bärwurz", der den Magen wieder versöhnt.

Top-View: Vom Dreisessel schweift der Blick nach Tschechien und Österreich

Souvenirs Mundgeblasenes und geschliffenes Bleikristall oder eine Holzschnitzerei (Wurzelmännchen).

Sehenswürdigkeiten/Aktivitäten Regensburg an sich ist eine Reise wert, sämtliche Sehenswürdigkeiten befinden sich in Domnähe. Für Souvenirjäger ein Muß, sind die Glasbläserstädte 94227 Zwiesel und 94249 Bodenmais. Tabakfreunde kommen im Zwiesler Schnupftabakmuseum voll auf ihre Kosten. Im Passauer Dom "St. Peter" kann die größte Kirchenorgel der Welt besichtigt werden und die romantische Altstadt lockt zu einem Spaziergang.

Literatur/ Tourentipp Reihe Merian live!, "Bayrischer Wald", Gräfe u. Unzer-Verlag, 14,90 Mark, Polyglott Reiseführer, Band 602 "Bayrischer Wald/Donauebene, 7,80 Mark, Motorradtourenkarte "Bayern", GOOD VIBRATIONS-Verlag, 9,90 Mark.

Adressen Bayrischer Waldverein e.V., Angerstraße 39, 94227 Zwiesel, Telefon (09922) 9265.

Allgemeines zur Region Der gebirgigste Teil des Landes steht für Faszination, traumhafte Märchenschlösser, handfeste Speisen und ehemalige Rennstrecken - dazu ein weiß/blauer Himmel und die Bikerwelt ist in Ordnung.

Beliebte Treffpunkte Kesselberg bei Kochel (Auffahrt Sa. u. So. gesperrt), "Café Kotz" in Bayrischzell, Sudelfeld und Tatzelwurm, "Roßfeld-Höhenringstraße" bei Berchtesgaden. München: "Chinesischer Turm" (Biergarten im Englischen Garten), "Crash" (Hard-Rock-Disco, Ainmillerstraße 19), "Shamrock" (Irish-Pub, Trautenwolfstraße 6) und "Waldwirtschaft

Grosshesselohe" (Georg-Kalb-Straße 3).

Kulinarische Highlights Weißwürste, fette Speisen wie Schweinebraten/Haxe oder Kalbshaxe mit Knödeln. In der Pilzsaison gibt's "Schwammerl-Teller" mit Pfifferlingen in Rahmsoße und Semmelknödel. Dazu eine "Dampfnudel" und am Abend Brotzeit mit "Gselchtem" (Geräuchertem) oder Wurstsalat - und natürlich Bier.

Souvenirs Bergkäse, Enzian, Bergkristalle, Jaedickes Baumkuchen, Keramik, handgewebte Stoffe und Trachtenmoden, Bauernspeck, Spanschachteln, Filigrandosen oder Spielsachen.

Sehenswürdigkeiten/ Aktivitäten "Neuschwanstein", "Hohenschwangau" und "Hohes Schloß", Tannheimer Tal mit der "Live-Käserei Biedermann" in Grän. Ruhpolding mit "Schnauferlstall" (Bachwinkel 5, geöffnet März-Nov. Tägl. 10-12 u. 13-17 Uhr). Das Alpine Museum in Kempten zeigt das einstige harte Leben der

Bild: Storto, Kurdirektion Berchdesgadener Land

Bergsteigerglück an der Steinernen Agnes, im Hintergrund die Hohe Gröll

Bergbauer und eine Rundfahrt um den Forgensee gehört zum absoluten Muß.

Literatur/ Tourentipp "Lust auf... Deutsche Alpen", Highlights Verlag, 14,80 Mark, Reihe Edition Unterwegs, "Deutschland", Band 2, Motorbuch Verlag, 29,80 Mark.

Adressen Fremdenverkehrsverband München-Oberbayern. Sonnenstraße 10, 80331 München, Telefon (089) 8292180

Bild: Ammon, Kurdirektion Berchdesgadener Land

St. Bartholomä mit der Watzmann Ostwand

Einfach süß: Im nördlichen Schwarzwald präsentiert sich die Landschaft wie auf einer Eisenbahn

Bild: M. Hepper

Allgemeines zur Region Berge über 1000 Meter Höhe, weite Hochebenen und tief eingeschnittene Flußtäler kennzeichnen diese Landschaft. Die kurvenreichen Strecken entlang der Wasserläufe und attraktive Zwischenverbindungen, lassen Bikerherzen höher schlagen und verwöhnen mit nahezu alpinen Höhenunterschieden.

Beliebte Treffpunkte "Motodrom" zwischen Forbach und Freudenstadt mit günstigen Preisen für Essen und Getränke, ebenso im "Kugele" in 75365 Calw/Spesshardt und im "Café Glemseck" an der alten Rennstrecke "Solitude" bei Leonberg.

Kulinarische Highlights Die zahlreichen Obst- und Weinanbaugebiete der Gegend bringen süffigen Wein, Kirschwasser, Himbeer- oder Mirabellengeist hervor, allerdings auch manchen Biker um den Führerschein. Sonst gibt's Kirschtorte, Zucht- oder Wilbachforelle oder ein Schwarzwälder Schäufele. Unter den badischen Weinen sticht der Müller-Thurgau oder der Spätburgunder heraus.

Souvenirs Ein kleiner Vorrat der oben erwähnten Flüssigkeiten tröstet über manch kalten oder regnerischen Tag hinaus.

Sehenswürdigkeiten/Aktivitäten Fahrzeugmuseum 76359 Marxzell (Albtalstraße 2, Tel. 07248/6262) mit Lokomobilen, Motorrädern und vielen anderen Kuriositäten. Schmuckstadt Pforzheim mit Museum und vielen Läden, zahlreiche Kur- und Erholungsbäder.

Literatur/ Tourentipp Reihe Edition Unterwegs, "Deutschland", Band 2, Motorbuch Verlag, 29,80 Mark, Reihe Merian live!, "Schwarzwald", Gräfe u. Unzer-Verlag, 14,90 Mark, Motorradtourenkarte "Baden-Württemberg", GOOD VIBRATIONS-Verlag, 9,90 Mark.

Adressen Nördlicher Schwarzwald Touristik, Am Waisenhausplatz 26, 75172 Pforzheim.

Traumstrecken only: Im Schwarzwald denken Straßenbauer besonders an Biker

Bild: M. Hepper

Museal: 400 Jahre alter Hof in Wembach

 Allgemeines zur Region Den Süden beherrschen tiefe Kerbtäler mit dicht bewaldeten Steilhängen. In haarsträubenden Kurvenkombinationen schlängeln sich die Strecken durch die abwechslungsreiche Landschaft mal zwischen hohen Wänden, mal an verstecken Seen vorbei. Die vielfältige, teilweise fast alpine Gegend, mit Gipfeln bis rund 1500 Meter Höhe ist immer eine Tour wert.

Beliebte Treffpunkte Die ehemalige Bergrennstrecke Schauinsland, an Wochenenden für Biker gesperrt oder am Hochblauen, Kandel und Belchen.

Kulinarische Highlights Nach einem abwechslungsreichen Fahrtag gehören gehaltvolle Speisen auf den Tisch. Schwarzwälder Bauernschinken und ein kräftiges Schwarzbrot sind der Hauptbestandteil des Abendessens, zum Nachtisch darf's dann eine Schwarzwälder-Kirschtorte sein. Ein Obstler zum Abschied sorgt für Ordnung im Gedärm.

 Souvenirs Uhren, insbesondere die mit dem Kuckuck und ein Stück geräucherten Speck oder Schinken.

Sehenswürdigkeiten/Aktivitäten Deutsches Uhrenmuseum in 78120 Furtwangen, Schwarzwald-Museum und Wasserfälle in 78098 Triberg, "Silbergrube Teufelsgrund" bei 79244 Münstertal, Freilichtmuseum in 75057 Kürnbach, Laguna-Badeland in 79576 Weil am Rhein.

 **Literatur/ Tourentipp** Reihe Edition Unterwegs, "Deutschland", Band 2, Motorbuch Verlag, 29,80 Mark, Reihe Steiger Motorradführer, "Motorradtouren in den Alpen", Einstiegstour West, Steiger Verlag, 29,80 Mark, Reihe Merian live!, "Schwarzwald", Gräfe u. Unzer-Verlag, 14,90 Mark

Adressen Schwarzwald-Tourismusverband, Bertoldstraße 45, 79098 Freiburg, Telefon (0761) 31317, Fax 36021, Südlicher Schwarzwald Tourismus, Stadtstraße 2, 79104 Freiburg.

e, Wälder, Wiesen und Kurven im
ruß – die Alb begeistert   Bild: M.Hepper

Allgemeines zur Region Von Norden aus kommend, ragt die Schwäbischen Alb - einem Bollwerk gleich - dem Himmel entgegen. An vielen Stellen zeigt sich helles Kalkgestein in den dichten Wäldern der Steilhänge. Das Salz in der Suppe für Motorradfahrer sind die "Steigen" der Schichtstufe und Flußtäler.

Beliebte Treffpunkte Kloster Beuron und die beiden Kneipen "Ställe" in 73111 Lauterstein/ Weißenstein und "Kläcksle" in 73262 Reichenbach/a.d. Fils.

Kulinarische Highlights Linsen mit Spätzle, Kässpätzle, Rost-, Kalbs- und Schweinebraten oder eine Art "Wan-Tan", die sich dann "Maultasche" nennt. Der Liebhaber kann zwischen einer ganzen Reihe guter Weine ("Tröpfle) oder Bieren auswählen.

Souvenirs Schnäppchen in der Textilmetropole Albstadt: edle Dessous für die Dame, Freizeit- und Strickbekleidung für den Herrn, in den Fabrikverkäufen der Firmen Ascot, Comazo, Fischer, Georgi und vielen anderen.

Sehenswürdigkeiten/Aktivitäten Mittelalterliche Städte wie Tübingen, Sigmaringen oder Bad Urach und Bilderbuchschlösser wie Lichtenstein und Hohenzollern sind immer einen

Besuch wert. Wer weiter in die Tiefe gehen möchte, sollte dies in der "Bärenhöhle" bei 72820 Sonnenbühl, oder der "Nebelhöhle" bei 72805 Lichtenstein tun.

Literatur/ Tourentipp "Motorrad Touren Süddeutschland", Denzel Verlag, 39 Mark, Motorradtourenkarte "Baden-Württemberg", GOOD VIBRATIONS-Verlag, 9,90 Mark,

Adressen Touristik-Gemeinschaft Schwäbische Alb, Marktplatz 1, 72574 Bad Urach, Telefon (07125) 948106, Fax 948108, Internet: http://www.schwaebischealb.de,   e-mail: tgsa@schwaebischealb.de.

Bild: M.Hepper

Mit schwingenden Steigen garniert: Der Albtrauf

Bodensee

Allgemeines zur Region Gerade an den Uferstraßen des "schwäbischen Meeres" schiebt sich an Wochenenden eine nicht enden wollende Blechlawine voran. Wer sich davon nicht abschrecken läßt, findet am See malerische Ufer und großartige Kulturdenkmäler. Das Hinterland wartet hingegen mit wenig befahrenen Straßen und Kurven satt auf.

Schon schön: Schlängelt sich der Verkehr in einer endlosen Blechlawine am Ufer entlang, ist das Hinterland umso weniger bevölkert.

Beliebte Treffpunkte "Hegaublick" bei 78234 Engen, der Samstagnachmittag gehört den Italo-Fans.

Kulinarische Highlights Fische wie Felchen, Lachsforellen, Hecht, Egli, Trüsche, Aal, Karpfen oder Kässpätzle, "Maultaschen", "Krautkrapfen". Als Vorspeise dient die "Flädlessuppe" (Fleischbrühe mit Pfannkuchenstreifen), zum Nachtisch gibt's "Nonnenfürzle" - süße Brandteigknödel.

Souvenirs Obst, Honig, Weine, Obstler und Most. Kunsthandwerkliche Arbeiten

Sehenswürdigkeiten/Aktivitäten Blumeninsel Mainau, 88690 Uhldingen mit Pfahlbauten, 88709 Meersburg mit privatem Zeppelinmuseum (Schloßplatz 8, geöffnet April-Okt. tägl. 9-18 Uhr). Noch mehr über Luftschiffe erfährt man im Zeppelin-Museum (Seestr. 22, 88045 Friedrichshafen, Tel. 07541/3801-0). Die romantische Inselstadt Lindau und "Seenachtfest" in Konstanz am zweiten Samstag im August.

Literatur/Tourentipp "Lust auf... Deutsche Alpen", Highlights Verlag, 14,80 Mark, "Motorrad Touren Süddeutschland", Denzel Verlag, 39 Mark, Reihe Merian live!, "Bodensee", Gräfe u. Unzer-Verlag, 14,90 Mark, Motorradtourenkarte "Baden-Württemberg", GOOD VIBRATIONS-Verlag, 9,90 Mark,

Adressen Tourismusverband Bodensee/Oberschwaben, Postfach 100951, 78409 Konstanz, Telefon (07531) 90940, Fax 909494, Internet http://www.bodensee-tourismus.com, e-mail: info@touristik.bodensee.de

Frankreich

www.motorradfreizeit.de

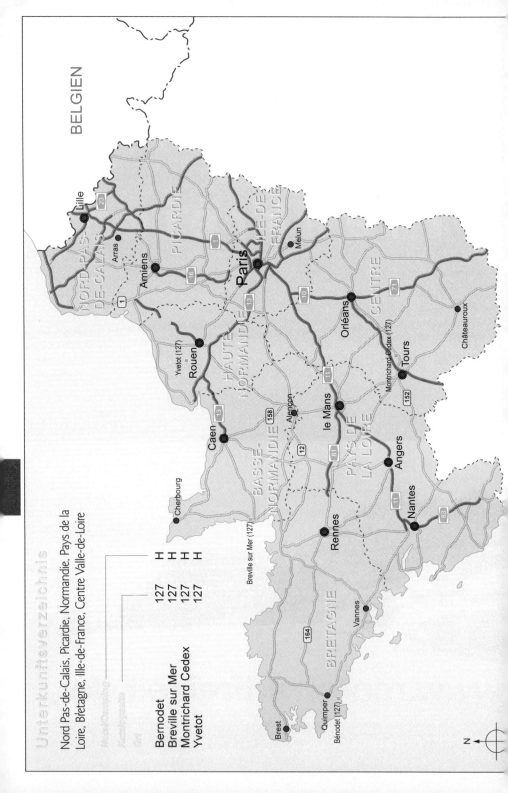

Unterkunftsverzeichnis

Nord Pas-de-Calais, Picardie, Normandie, Pays de la
Loire, Bretagne, Ille-de-France, Centre Valle-de-Loire

Hotel/Camping
Kartografie
Ort

Bernodet	127	H	
Breville sur Mer	127	H	
Montrichard Cedex	127	H	
Yvetot	127	H	

BELGIEN

Lille [23]

NORD-PAS-DE-CALAIS

Arras

Amiens [16]

PICARDIE [1]

Paris

ILE-DE-FRANCE

Melun

Rouen [1] Yvetot (127)

HAUTE-NORMANDIE [13]

Orléans

CENTRE [71]

Châteauroux

Montrichard Cedex (127)

Tours [152]

Caen [3]

Cherbourg

BASSE-NORMANDIE [158]

Alençon [12]

le Mans [8]

PAYS DE LA LOIRE

Angers

Breville sur Mer (127)

Rennes

Nantes [11] [83]

BRETAGNE [164]

Vannes

Brest

Quimper

Bénodet (127)

N

Benodet — Armoric Hotel ***

3, rue de Penfoul, F-29950 Benodet Tel. 02 98570403 Fax 02 98572128
e-mail: amoric.29@aol.com   www.amoric-benodet.com
Unterkunft: Ü, ÜF, HP **Zimmerzahl:** 25 DZ, 4 App., 1 Suite
Zimmer mit: DU/Bad/WC, Telefon, Radio, TV, Minibar
Sonstiges: Frühstücksbuffet, Aufenthaltsraum, großer Parkplatz, Park mit vielen Blumenarrangements und beheiztem Schwimmbad, Garage
Ganzjährig geöffnet. Das Hotel ARMORIC liegt zwischen den Stränden und dem Jachthafen von Bénodet, einem berühmten Badeort in der Bretagne. Sie werden von dem herzlichen Empfang und der Gastfreundschaft, dem Komfort eines gemütlichen Hauses aufs angenehmste überrascht sein. Einige Zimmer liegen im Erdgeschoß mit Blick auf einen blumenreichen Park, wo Sie Ruhe und Erholung finden. Aufgrund des milden Klimas können Sie das ganze Jahr über zahlreiche Aktivitäten ausüben. Herr und Frau Clément freuen sich, Sie auch in deutscher Sprache begrüßen zu dürfen.

Ü 300 - 950 FF, ÜF 205 - 530 FF p.P.,
HP 340 - 720 FF p.P.

Parkplatz und Garage vorhanden.

Montrichard Cedex — Château de la Menaudière ***

F-41401 Montrichard Cedex

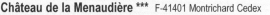

Tel. 02 54712345 Fax 02 54713458

Unterkunft: Ü, ÜF, HP
Zimmerzahl: 17 EZ, 8 DZ, 2 Singles
Zimmer mit: DU/Bad/WC, Telefon, TV, Minibar
Sonstiges: Aufenthaltsraum, beheizter Pool, Tennis. Betriebsferien: 4. Januar bis 1. März.

An der Straße von Montrichard nach Amboise in einem Park gelegenes Schloß mit stilvollem Ambiente. Ausgesuchte Küche.

In unmittelbarer Nähe der berühmtesten Loire-Schlösser.

Parkplatz und Garage vorhanden.

f. 2 Personen: Ü 600 - 850 FF, ÜF 570 - 920 FF, HP 1100 - 1350 FF

Breville sur Mer — La Mougine des Moulins a Vent ***

F-50290 Breville sur Mer Tel. 02 33502241 Fax 02 33505171

Unterkunft: Ü, ÜF **Zimmerzahl:** 5 EZ, 1 App.
Zimmer mit: DU/Bad/WC, Telefon, TV, Minibar **Sonstiges:** Frühstück wird im Zimmer serviert, Privatparkplatz
Betriebsferien: Januar

An der Westküste der Halbinsel Cotentin, in der Nähe von Granville und 40 km von Mont Saint-Michel entfernt gelegen.
In der Nähe: Golfplatz, Reitmöglichkeit, Tennis, Aeroclub, Hippodrom, Segeln, Angeln, Surfen.

Parkplatz und Trockenraum vorhanden.

Ü 375 - 490 FF, Frühstück 38 FF p.P.

Yvetot — Auberge du Val au Cesne

Le Val au Cesne, F-76190 Yvetot Tel. 02 35566306 Fax 02 35569278

Unterkunft: Ü, ÜF, HP, VP **Zimmerzahl:** 5 DZ
Zimmer mit: DU/Bad/WC, Telefon, TV **Sonstiges:** Parkplatz
Ganzjährig geöffnet.

Ü 440 FF; ÜF 480 FF, HP 580 FF, VP 600 FF
Zuschlag bei Benutzung als EZ

Das Hotel liegt etwas abseits in einem grünen Tal der Normandie, umgeben von Wald, zwischen einem Obstgarten u. einem Bauernhof. Typisch ist das in mehrere kleine Räume unterteilte Restaurant. Die fünf Gästezimmer befinden sich in einem anderen Haus, das an einen Ziergarten grenzt. Die am Haus vorbeiführende D5 ist nachts ruhig, da kein Durchgangsverkehr herrscht.

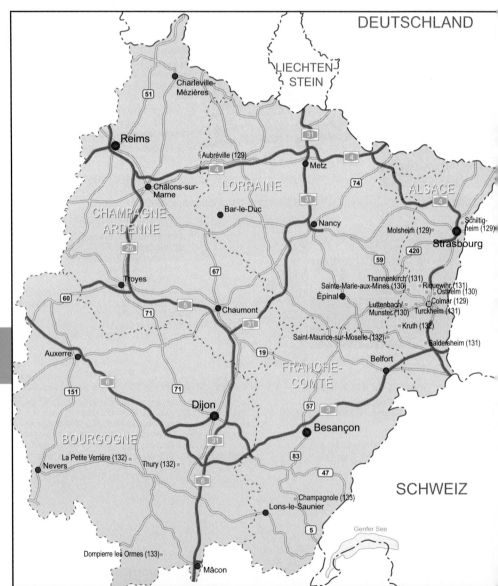

Aubréville   Hôtel du Commerce * 1 rue de la Louvière, F-55120 Aubréville   Tel. 03 29874035 Fax 03 29874369

Unterkunft: Ü, ÜF, HP, VP
Zimmerzahl: 3 EZ, 5 DZ, 1 Dreibettzimmer
Zimmer mit: z.T. DU/WC, z.t. Etagen-DU/WC
Sonstiges: Parkplatz, Garage

Zwischen Metz und Reims 100 km. 25 km von Verdun entfernt.

Typisch französisches, abseits der Touristenrouten gelegenes Hotel. Gutbürgerliche Küche. Gehört zu Kette der Logis de France.

Ü 160-210 FF; ÜF 185-235 FF, HP 220-250 FF; VP 245-275 FF

Parkplatz und Garage vorhanden.

Molsheim   Hôtel du Centre ** 1, rue St. Martin, F-67120 Molsheim Tel. 03 88385450 Fax 03 88498257

www.hotelrestaurant-centre.com

Unterkunft: Ü, ÜF, HP, VP **Zimmerzahl:** 29 DZ
Zimmer mit: DU/Bad/WC, Telefon, TV, Minibar **Sonstiges:** Aufenthaltsraum, Frühstücksbuffet, bei HP/VP Menüwahl, Garten-Terrasse, Parkplatz

Nahe bei den Vogesen an der malerischen Weinstraße liegt Molsheim. Charme und Tradition kennzeichnen diesen schönen Familiensitz mit seinen 29 schmucken, komfortablen Zimmern. „Le Caveau St. Martin", der rustikale Charme eines Weinkellers aus gehauenem Stein und freiliegenden Balken, in dem man am Kamin alle Freuden und Genüsse des Elsaß der Feinschmecker erleben kann.

Parkplatz und Trockenraum vorhanden.   Ü 190 - 290 FF, ÜF 160 - 180 FF, HP 250 - 270 FF, VP 340 - 360 FF

Strasbourg-Schiltigheim

Zimmer 420 - 470 FF,
Frühstücksbuffet 50 FF

Viedeoüberwachte Tiefgarage vorhanden.

Relais Mercure *** Strasbourg Nord

Route de Bischwiller 50, F-67300 Strasbourg-Schiltigheim
Tel. 03 88625555 Fax 03 88626602

e-mail: H0513-@accor-hotels.com

Unterkunft: Ü, ÜF **Zimmerzahl:** 44 EZ, 41 DZ
Zimmer mit: DU/Bad/ WC, Telefon, Radio, TV
Sonstiges: Aufenthaltsraum, Frühstücksbuffet, Tischtennis, Billard, Bar, Parkplatz, Garage

Der Schlüssel zur Stadt. Um Ihnen das Beste anbieten zu können, steht unser Team immer zu Ihrer Verfügung und wird sich freuen, Ihnen helfen zu dürfen unsere schöne Hauptstadt von Europa zu entdecken. Unsere Ratschläge werden Ihnen sicher nützlich sein um das kleine „Etwas" nicht zu verfehlen, welches zu einem erfolgreichen und angenehmen Aufenthalt beiträgt.

Colmar   Hôtel Saint-Martin *** 38 Grand Rue, F-68000 Colmar Tel. 03 89241151 Fax 03 89234778

e-mail: colmar@hotel-saint-martin.com   www.hotel-saint-martin.com

Unterkunft: Ü, ÜF **Zimmerzahl:** 24 EZ, 23 DZ, 1 Suite
Zimmer mit: DU/Bad/WC, Telefon, TV, Minibar **Sonstiges:** Frühstücksbuffet.
Betriebsferien: Januar und Februar.

50 m vom ehemaligen Zollhaus (Koifhus) und 80 m von der Kathedrale Saint-Martin entfernt, empfängt Sie das Hotel Saint-Martin in einem authentischen, ehemaligen Bürgerhaus. Seine Architektur wird Sie bezaubern (Fassade Louis XVI, Innenhof, Renaissance-Türmchen) sowie auch seine behaglichen und ruhigen Zimmer, von denen jedes sein eigenes Ambiente und eine anders geprägte Ausstattung besitzt.

DZ: Ü 370 - 650 FF; ÜF 470 - 750 FF

Garage für Reservierung vorhanden.

Luttenbach/Munster — Hôtel Au Chêne Voltaire **

Chemin Voltaire 3, F-68140 Luttenbach/Munster Tel. 03 89773174 Fax 03 89774571

Unterkunft: Ü, ÜF, HP, VP
Zimmerzahl: 19 DZ
Zimmer mit: 15 Zi. DU/Bad/WC, 4 Zi. Etagen-DU/-bad/WC, Telefon, TV
Sonstiges: Sauna, Schwimmbad im Bau, Parkplatz, Garage

In 535 m Höhe, von Wäldern umgeben, im Herzen des Naturparks der Hochvogesen eingenistet, bietet Ihnen das niedliche Hotel-Restaurant „Au Chêne Voltaire" eine angenehme Erholung mit dem nötigen Komfort in einer gemütlichen Atmosphäre. Die ideale Lage ermöglicht Ihnen zahlreiche Freizeitbeschäftigungen in der Umgebung. Sie entdecken die Wein-, Kamm- und Käsestraße, Rad- und Wanderwege, Skigebiete für Langlauf und Pistenski, ...

Parkplatz und Garage vorhanden.

Ü 185 - 300 FF, ÜF 220 - 340 FF, HP 220 - 290 FF; VP 250 - 310 FF

Munster — Hôtel Le Tetras

Col de la Schlucht, F-68140 Munster Tel. 03 29631137 Fax 03 29631314

Unterkunft: Ü, ÜF, HP
Zimmerzahl: 6 EZ, 8 DZ
Zimmer mit: 2 Zi. DU/Bad/WC, 8 Zi. Etagen-DU/-bad/WC, 4 Zi. DU (in 1-2 Jahren werden sämtliche Zimmer renoviert, so daß das Hotel dann unter die 2-Sterne-Kategorie fällt)
Sonstiges: Parkplatz, Garage

Der Col de la Schlucht gehört zur touristisch interessanten Route des Crêtes (Vogesenkammstraße). Aussichtspunkt. Sommerrodelbahn und Skipisten im Winter. An den Wochenenden werden hier mehr als 2000 Motorräder gezählt.

Ü 130 - 250 FF, Frühstück 30 FF p.P., HP 165 - 225 FF

Parkplatz, Garage, Sonderangebote für Motorradfahrer.

Ostheim — Hôtel „Chez Félix"

1 rue de Strasbourg, F-68150 Ostheim Tel. 03 89479154 Fax 03 89479640

Unterkunft: Ü, ÜF
Zimmerzahl: 1 EZ, 10 DZ, 2 Drei- u. 1 Vierbettzimmer
Zimmer mit: z.T. DU/Bad/WC, z.T. Etagen-DU/-bad/WC, TV
Sonstiges: 500 m entfernt: Schwimmbad mit Park, Spielplatz, großer Garten mit Picknickmöglichkeit

5 km von der Weinstraße entfernt.

In einem Radius von 20 km liegen Colmar und die berühmten Weinorte Riquewihr, Ribeauvillé, usw. Bis Strasbourg sind es 57 km.

e-mail: chezfelix.hoteltabac@lemel.fr

Ü 180 - 260 FF p. Zimmer, ÜF + 30 FF p.P.

Parkplatz, Garage und Trockenraum vorhanden.

Sainte-Marie-Aux-Mines — Auberge Les Bagenelles **

15, la petite Lièpvre, F-68160 Sainte-Marie-Aux-Mines
Tel. 03 89587077 Fax 03 89586769

e-mail: bagenelles@rmcnet.fr   www.valdargent.com/bagenelles

Unterkunft: ÜF, HP, VP **Zimmerzahl:** 9 DZ, 1 Drei- u. 1 Fünfbettzimmer
Zimmer mit: DU/Bad/WC, Telefon, TV auf Wunsch, Radio
Sonstiges: Solarium, Bar, jeden Sonntag Brunch, große Terrasse, hauseigener Parkplatz, 4 Garagenstellplätze

Gute elsässische und badische Küche. Haus liegt direkt an der „Route des Crêtes". Sehr ruhige Lage.

p.P.: ÜF 160 - 180 FF, HP 245 - 265 FF, VP 305 - 325 FF
Ermäßigung in Mehrbettzimmern, wir akzeptieren DM und Kreditkarten (VISA + EC)

Tourenvorschläge im Haus, Straßenkarten im Verleih, Garage, Waschplatz.

Turckheim

Parkplatz und Garage vorhanden.

Hôtel & Restaurant des Deux Clefs ***

3 rue du Conseil, F-68230 Turckheim
Tel. 03 89270601 Fax 03 89271807   www.hotellerie-deuxclefs.fr
Unterkunft: Ü, ÜF, HP, VP **Zimmerzahl:** 22 EZ, 19 DZ, 1 App.
Zimmer mit: DU/Bad/WC, Telefon, TV **Sonstiges:** Aufenthaltsraum,
Frühstücksbuffet, bei HP/VP Menüwahl, Parkplatz, Garage
Betriebsferien: 4. Januar bis 15. Februar.

Der ehemalige Stadthof „Zum schwarzen Adler", Cabaret à l'aigle noir, der
nach der französischen Revolution zu den **„Deux-Clefs"** umbenannt wurde
und seit 1925 in Händen von Familie Schubnel ist, stellt heute einen der
schönsten Gasthöfe des Elsasses dar. In seinen Mauern vereinigen sich
typisch elsässischer Charme, Erbgut der Vergangenheit und moderne
Ansprüche an den Komfort.

Ü 350-520 FF, 2 Pers.: ÜF 454-624 FF, HP 700-870 FF, VP 880-1050 FF

Riquewihr   Hôtel Au Cerf **   5-7 rue de Gaulle, F-68340 Riquewihr Tel. 03 89479218 Fax 03 89490458

Unterkunft: Ü **Zimmerzahl:** 4 EZ, 15 DZ **Zimmer mit:** Telefon,
Minibar **Sonstiges:** Aufenthaltsraum, Parkplatz. Betriebsferien:
Januar und Februar. Das Restaurant „Au Cerf" steht in perfektem
Einklang mit der Stadt Riquewihr, einer unumgänglichen Etappe
der elsässischen Weinstraße. In einer herzlichen Atmosphäre

macht Sie Jean Jacques Schmidt mit den Köstlichkeiten der
elsässischen Gastronomie vertraut. Er ist selbst Harley-Fahrer.

ÜF EZ 324 FF, ÜF DZ 2 P. 436 FF, wenn die Gäste essen 10%,
aufs ganze Wochenende 5%

Stellplätze in geschlossenem Hof, Trockenraum, Tourenplanung auf Anfrage, Sonderangebote für Motorradfahrer.

Baldersheim   Pension Au Cheval Blanc **   27 rue Principale, F-68390 Baldersheim

Tel. 03 89454544 Fax 03 89562893

www.alsanet.com/chev-blanc-bal

Parkplatz, Garage und Trockenraum vorhanden.

Unterkunft: Ü, ÜF, HP, VP **Zimmerzahl:** 25 EZ, 41 DZ, 2 Suiten, 10 Drei-
u. 5 Vierbettzimmer **Zimmer mit:** DU/Bad/WC, Telefon, TV, Minibar
Sonstiges: Frühstücksbuffet, bei HP/VP Menüwahl, Hallenbad, Whirlpool,
Sauna.
Betriebsferien: 23. Dezember bis 4. Januar.
An der CD 201, nur 7 km entfernt von Mulhouse, 30 km von Colmar, steht in
der Dorfmitte von Baldersheim das berühmte Hôtel-Restaurant „Au Cheval
Blanc": gute Küche, reiche Menüs u. Speisekarte mit regionalen
Spezialitäten,erlesene Weine. Die Inhaber, Familie Landwerlin, bietet Ihnen
83 schöne Zimmer. Ausflugsmöglichkeiten: Vogesen, Mulhouse, Schweiz 30
km, Deutschland 15 km.

Ü 250 - 375 FF, ÜF 293 - 461 FF, HP 285 - 435 FF, VP 345 - 450 FF

Thannenkirch   Touring-Hôtel ***

Route du Haut-Koenigsbourg, F-68590 Thannenkirch

Tel. 03 89731001 Fax 03 89731179
e-mail: touringhotel.voila.fr
Unterkunft: ÜF, HP, VP **Zimmerzahl:** EZ, DZ **Zimmer mit:**
DU/Bad/WC, Telefon, TV **Sonstiges:** Frühstücksbuffet, Park,
Spielzimmer, Billard, Parkplatz. Betriebsferien: Januar bis ein-
schl. März.
Das am Fuß des Haut-Koenigsbourg und des Taennchel gele-
gene Touring-Hotel ist ein traditionsreiches, typisch elsässi-
sches Haus, das seit 1890, (seit 4 Generationen), in Familienbesitz ist. Zentrale Lage: 5 km zur
Weinstraße, 5 km zum Schloß Haut Koenigsbourg, 25 km bis Colmar und 65 km bis Straßburg.

ÜF 155 - 218 FF, HP 255 - 380 FF, VP 325 - 460 FF

Behilflich bei Tourenplanung, auf Wunsch Begleitung. Kostenlose Garage für Motorräder, Parkplatz und Trockenraum.
Sonderangebote für Motorradfahrer. Besitzer fahren selbst Motorrad (5 Motorräder!). 5% Rabatt bei Vorlage des Hotelführers!

Kruth Auberge de France ** Grand Rue 20, F-68820 Kruth Tel. 03 89822802 Fax 03 89822405

e-mail: aubergedefrance@wanadoo.fr

Unterkunft: Ü, ÜF, HP, VP
Zimmerzahl: 5 EZ, 11 DZ
Zimmer mit: DU/Bad/WC, Telefon, TV
Sonstiges: Parkplatz, Billard
Betriebsferien: Januar

Im Thur-Tal, in der Nähe der Skilifte und 2 km vom See entfernt gelegen. Angeln, Bogenschießen, Jagd, Hanggliding. Eintrag im Guide Michelin, Logis de France.

Ü 220 FF, ÜF 255 FF, HP 210 FF mind. 3 Tg., VP 250 FF mind. 3 Tg. Familiäre Atmosphäre.

Parkplatz und Trockenraum vorhanden.

Saint Maurice sur Moselle Hôtel le Rouge Gazon

F-88560 St. Maurice sur Moselle Tel. 03 29251280 Fax 03 29251211

Unterkunft: Ü, ÜF, HP, VP **Zimmerzahl:** 10 EZ, 10 DZ, 6 Mehrbettzimmer **Zimmer mit:** z.T. DU/Bad/WC, z.T. Etagen-DU/-bad/WC, Telefon, TV **Sonstiges:** Aufenthaltsraum, Frühstücksbuffet, bei HP/VP Menüwahl, Spielzimmer, Parkplatz, Garage. Betriebsferien: November.

Im Herzen der Vogesen gelegen ist der zum Landschaftsschutzgebiet erklärte Rouge Gazon ein mythischer Ort, der zum Verweilen einlädt. Rouge Gazon bietet ein großflächiges Skigebiet sowie zahlreiche Möglichkeiten der Freizeitgestaltung: Angeln, Wandern, Mountainbiking, diverse Ausflüge. Unser Restaurant empfängt Sie in einer familiären u. gemütlichen Atmosphäre. Lassen Sie sich vom Küchenchef mit raffinierten und typischen Gerichten und regionalen Spezialitäten verwöhnen. Wir bieten Ihnen ebenfalls Produkte vom Bauernhof zum Mitnehmen.

Parkplatz, Garage u. Trockenraum vorhanden. Ü 175 - 310 FF, ÜF 212 - 347 FF, HP 215 - 260 FF, VP 265 - 320 FF

Thury Hotel-Restaurant Bonpassage ** La grande Piece, F-21340 Thury Tel. 03 80202616 Fax 03 80202617

e-mail: bonpassage@wanadoo.fr   www.bonpassage.com

Unterkunft: Ü, ÜF, HP **Zimmerzahl:** 6 DZ, 1 Drei- u. 2 Vier- u. 1 Behindertenzimmer **Zimmer mit:** DU/Bad/WC **Sonstiges:** Aufenthaltsraum, Frühstücksbuffet, Vermietung von Allterrainbikes und Tandems, Terrasse, Logis de France-Hotel. Betriebsferien: 1. November bis Ostern.

Zwischen den Höhen des Morvan und den Weinbergen der Côte d'Or finden sie am Rande des Dörfchens Thury unser Hotel Bonpassage. Ein malerischer Ort, von der Natur „à la campagne" umgeben. Unsere Terrasse und der gemütliche Salon mit offenem Kamin laden zum Verweilen ein. Das kleine im alt-französischen Stil eingerichtete Restaurant bietet Ihnen ein Tagesmenü und weitere burgundische Spezialitäten. Wir sprechen auch Deutsch und freuen uns, Sie in Bonpassage zu begrüßen.

pro Zimmer: Ü 255 - 330 FF, Frühstück 40 FF, HP 120 FF Zuschlag p.P.

Behilflich bei Tourenplanung, Parkplatz. 3 Nächte zum Preis von 2 bei Reservierung mit HP.

La Petite Verrière Auberge de la Chaloire ** Le Bourg, F-71400 La Petite Verrière

Unterkunft: Ü, ÜF, HP, VP **Zimmerzahl:** 4 Zi. f. 2 Pers., 2 Zi. für 3 Pers., 1 Zi. f. 4 Pers. **Zimmer mit:** 4 Zi. DU/WC + TV, 3 Zi. DU/Etagen-WC, alle Zi. Telefon **Sonstiges:** Frühstücksbuffet, anerkannt gute u. preiswerte Küche, Garten, Terrasse, Parkplatz. Ganzjährig geöffnet. Wir sprechen fließend deutsch.

Behilflich bei Tourenplanung. Parkplatz und Trockenraum.

Tel. 03 85541410 Fax 03 85541521

e-mail: chaloire.vdBrule@wanadoo.fr
Familiäre Atmosphäre. Mitten im Morvan-Massiv gelegen.

p.P. i. DZ: Ü 122,50 - 177,50 FF, ÜF 172,50 - 227,50 FF, HP 237,50 - 292,50 FF, VP 297,50 - 352,50 FF

Dompierre les Ormes — Relais du Haut-Clunysois **

RN79, F-71520 Dompierre les Ormes

Tel. 03 85502767 Fax 03 85502511

www.oda.fr/aa/haut-clunysois

Unterkunft: ÜF, HP
Zimmerzahl: 8 EZ, 6 DZ, 2 Suiten
Zimmer mit: z.T. DU/Bad/WC, z.T. Etagen-DU/-bad/WC, TV
Sonstiges: Frühstücksbuffet, bei HP Menüwahl, Garten, Spielplatz, Parkplatz, Garage

Modernes Haus im Grünen. Preiswerte regionale Küche.

ÜF 315 FF, HP 240 - 320 FF
(Preise ganzjährig gleich)

Parkplatz und Trockenraum vorhanden.

In der Nähe gelegene Sehenswürdigkeiten: Cluny, die Wiege der romantischen Baukunst; Schloß Cormatin aus dem 17. Jh.; Arboretum mit 400 verschiedenen Baumarten; zahlreiche Wanderwege; Höhlen von Azé und Blanot; prähistorische Felsen von Solutré und Vergisson.

Champagnole Hotel du Parc *** — rue Paul Cretin, F-39300 Champagnole   Tel. 03 84521320 Fax 03 84522762

e-mail: hotelparc@aricia.fr   www.aricia.fr/champagnole/hparc.html

Unterkunft: Ü, ÜF, HP **Zimmerzahl:** 1 EZ mit großem Bett, 14 DZ mit großen Betten, 6 FeWo **Zimmer mit:** DU/Bad/WC, Telefon, Radio, TV F), Fön,Minibar **Sonstiges:** Aufenthaltsraum, bei HP Menüwahl, kplatz, Garage, Schwimmbad in der Stadt. Betriebsferien: November. Champagnole: Perle des Juras, 550 m ü.d.M., liegt in der Nähe der Seenregion am Ufer des Flusses Ain und bietet zahlreiche Spazier- u. Bademöglichkeiten, Angeln u. andere sportliche Aktivitäten. Ein familiäres Hotel für Geschäftsreisende und Touristen. Ein gepflegtes Restaurant mit regionalen Spezialitäten. Komfortabelst ausgestattete Zimmer mit Direktwahltelefon. Große Parkgarage.

Ü 270 - 320 FF f. 2 Pers., Frühstück + 35 FF, HP 270 - 290 FF p.P.

Kostenlose abschließbare Garage und Trockenraum für Lederkleidung vorhanden. Chef und Söhne fahren Honda 900 CBR.

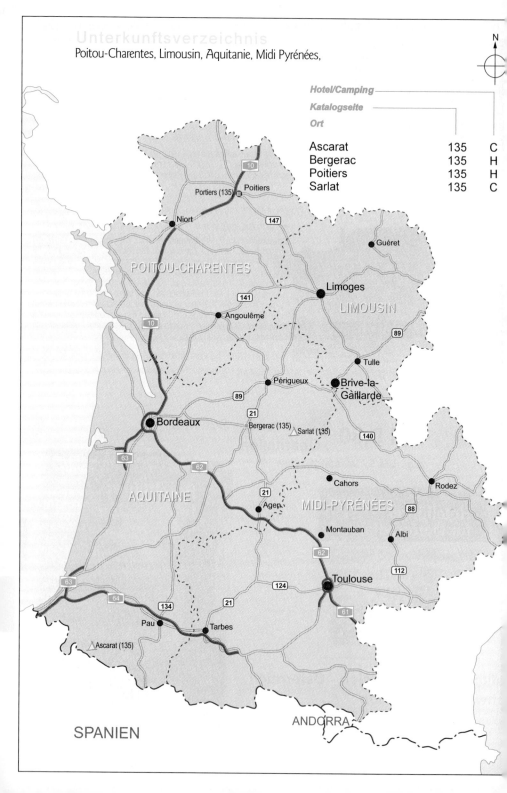

N

Hotel/Camping

Katalogseite

Ort

Ascarat	135	C
Bergerac	135	H
Poitiers	135	H
Sarlat	135	C

Portiers (135)   Poitiers

Niort

147

Guéret

POITOU-CHARENTES

141   Limoges

LIMOUSIN

Angoulême

10

89

Tulle

Périgueux   Brive-la-Gaillarde

89

21

Bordeaux

Bergerac (135)   Sarlat (135)

140

63

62

Cahors   Rodez

AQUITAINE

21   Agen

MIDI-PYRÉNÉES

88

Montauban   Albi

62

112

Toulouse

63

124

64

61

134   21

Pau   Tarbes

Ascarat (135)

ANDORRA

SPANIEN

Poitiers   Chateau de Vaumoret * ** *** **   Rue de Breuil Mingot, F-86000 Poitiers Tel. 05 49613211 Fax 05 49010454

Unterkunft: ÜF Zimmerzahl: 2 EZ, 2 DZ, 2 Dreibettzimmer **Zimmer mit:** DU/Bad/WC, 1 Dreibettzi. m. TV **Sonstiges:** Aufenthaltsraum mit TV, Parkplatz, Garage. Ganzjährig geöffnet. 10 Min. vom Futuroscope (größter europäischer Vergnügungspark mit audiovisuellen Vorführungen futuristischer Techniken) entfernt. Kleines Schloß aus dem 17 Jh. Hübsch eingerichtete Zimmer mit Bad, Küchenbenutzung möglich. Sehr ruhig gelegen,

großer Park. Umgebung: Sportaktivitäten aller Art und Sehenswürdigkeiten (romanische Kunst).

Parkplatz, Garage und Trockenraum vorhanden.

ÜF 350 - 430 FF 2 Pers. inkl. kleinem Frühstück, 90 FF f. jede weitere Pers.

Bergerac   Hôtel de France *   18 Place Gambetta, F-24100 Bergerac Tel. 05 53571161 Fax 05 53612570

Unterkunft: Ü, ÜF
Zimmerzahl: 20 DZ
Zimmer mit: z.T. DU/Bad/WC, z.T. Etagen-DU/-bad/WC, Telefon, Radio, TV, Minibar
Sonstiges: Frühstücksbuffet, Schwimmbad, Parkplatz, Garage. Ganzjährig geöffnet.

Modernes Haus mit allem Komfort, Doppelfenster, Klimaanlage, Fernsehen mit Kanal+, 1 deutscher Sender, Minibar, Fön. Unser Hotel liegt sehr zentral und nur 2 Min. von der Fußgängerzone der Altstadt entfernt, wo unsere Kunden Gänseleber und Monbazillac, den berühmten Wein dieser Region, verkosten können, wobei die Motorräder in unserer Garage untergestellt bleiben können.

Ü 290 - 350 FF, Frühstück 40 FF p.P., Garage f. Motorräder 25 FF

Sarlat   Camping „Les Périères" **   Laffilay-Obert, Les Périères, F-24203 Sarlat

www.campings-dordogne.com/les-perieres
Größe/Boden: 6 ha, 100 Stellplätze, 15 Bungalows, vorrangig Wiese **Sanitär/Energie:** 31 WK, 23 DU, 31 WB, 15 GB, 17 Sitz-WC, 100 Stromanschl. 6 A, 100 CCE-Stromanschl. 6 A , Gasanschlüsse, Ab-/Frischwasseranschlüsse **Verpflegung:** Lebensmittelversorg., Imbißmöglichkeit **Allgemein:** Hunde erlaubt 10 Min.zu Fuß von der mittelalterlichen Stadt Sarlat entfernt liegt

Tel. 05 53590584 Fax 05 53285751

les Perrieres. Beheiztes Hallenbad, Freischwimmbad, Tennis. Wir sprechen deutsch.

Hochsaison: 1 Platz, 3 Pers. 164 FF, 2 Pers. 144 FF
Nachsaison: 2 Pers. 111 FF

Ascarat   Europ' Camping **   F-64220 Ascarat Tel. 05 59371278 Fax 05 59372982

Größe/Boden: 93 Stellplätze, 10 Wohnmobile, vorrangig Wiese **Sanitär/Energie:** 16 DU, 22 WB, 16 GB, Ausguß für Chemikal-WC, Stromanschl. 6 A, 93 Ab-/Frischwasseranschlüsse **Verpflegung:** Lebensmittelversorg., Imbißmöglichkeit, Gaststätte/Restaurant **Allgemein:** Hunde in Wohnmobilen nicht erlaubt

2 km von Saint-Jean-Pied-de-Port entfernt, 8 km von der Spanischen Grenze und dem Dorf Arnéguy, 20 km vom Walde Iraty, 40 Auto-Min. von den Stränden der Baskischen Küste, 300 m vom Fluß „Nive" (Bademöglichkeit) und seinen Forellen.

Erwachsene 34 FF, Kinder 17 FF, Platz + Auto 48 FF, zusätzl. Auto 23 FF, Elektrizität 24 FF, Taxe p.P./Tag 1,50 FF

alles rund um die **freizeit** mit dem **motorrad**

www.motorradfreizeit.de

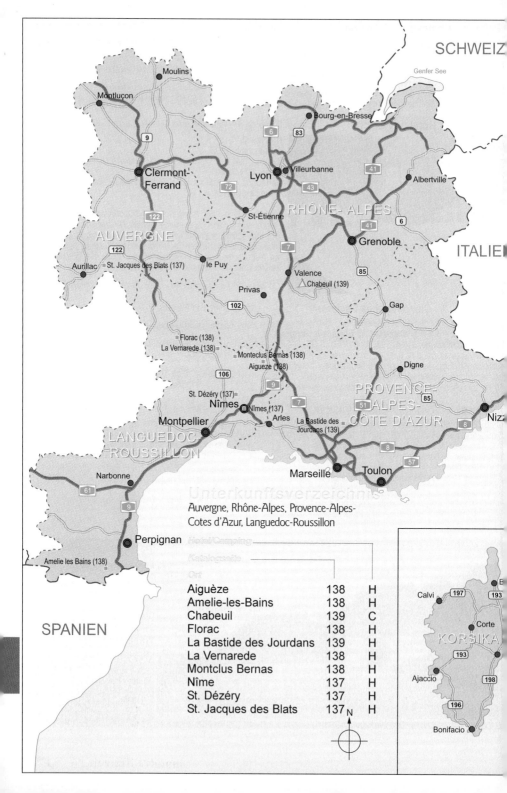

SCHWEIZ

Genfer See

Moulins

Montluçon

`9`

Bourg-en-Bresse

`6` `83`

Clermont-Ferrand

Lyon

Villeurbanne

`41`

Albertville

`72`

`43`

RHÔNE-ALPES

St-Étienne

`122`

AUVERGNE

`6`

`41`

Grenoble

ITALIE

`122`

`7`

Aurillac St. Jacques des Blats (137) le Puy

Valence

`85`

△Chabeuil (139)

Privas

Gap

`102`

Florac (138)

La Vernarede (138)

Monteclus Bernas (138)

Digne

Aigueze (138)

`106`

St. Dézéry (137)

`9`

Nîmes

Nîmes (137)

`7`

PROVENCE-

`51`

ALPES-

`85`

Montpellier

Arles

La Bastide des Jourdans (139)

CÔTE D'AZUR

`8`

Nizz

LANGUEDOC-

ROUSSILLON

`8`

Narbonne

Marseille

Toulon

`57`

`61`

`9`

Perpignan

SPANIEN

Amelie les Bains (138)

KORSIKA

Calvi

`197`

`193`

Corte

Corte

`193`

Ajaccio

`198`

`196`

Bonifacio

N

St. Jacques des Blats

Überdachter Parkplatz vorhanden.

Saint Jacques des Blats - Cantal

Ü 200 - 255 FF, ÜF 232 - 287 FF, HP 220 - 285 FF,
VP 235 - 275 FF

Parkplatz, Garage f. max. 4 Motorräder, Trockenraum.

Hôtel des Sources

Route de la Gare, F-15800 St. Jacques des Blats
Tel. 04 71470533 Fax 04 71470533

Unterkunft: HP **Zimmerzahl:** 8 Zi mit 1 großen Bett (140x190 cm), 2 Zi. mit 2 kleinen Betten (90x190 cm) **Zimmer mit:** Etagen-DU/WC
Sonstiges: Aufenthaltsraum, Parkplatz.
Betriebsferien: November.

Inmitten einer Berglandschaft in 1000 m Höhe gelegenes ruhiges Hotel. Die Besitzer sind Engländer und bewirtschaften das Hotel seit 11 Jahren. Es wird deutsch gesprochen. Familiäre Atmosphäre.

HP 195 FF. Pauschale für 5 Übernachtungen mit HP 800 FF.

Hôtel des Chazes **

Les Chazes, F-15800 St. Jacques des Blats
Tel. 04 71470568 Fax 04 71470010

e-mail: hotel.chazes@wanadoo.fr   www.hotel-cantal.com

Unterkunft: Ü, ÜF, HP, VP **Zimmerzahl:** 5 EZ, 15 DZ, 4 Studios **Zimmer mit:** DU/Bad/WC, Telefon, TV **Sonstiges:** Parkplatz, Garage

Unser Hotel befindet sich im grünen Herzen Frankreichs, im Zentralmassiv, mitten im Vulkanpark der Auvergne. Das Haus liegt etwas außerhalb des Ortes St. Jacques des Blats an der Nationalstraße 122. Vom Hotel eröffnet sich Ihnen ein einzigartiges Panorama auf den „Plomb du Cantal" (1848m). Es ist ein idealer Ausgangspunkt für die Erkundung dieser herrlichen Landschaft.
Im Restaurant verwöhnen wir Sie mit regionalen Spezialitäten.
Besitzerin ist Deutsche.

Nimes   Hôtel Acotel ** 99 ZAC du Mas de Ville Bd Allende, F-30000 Nimes Tel. 04 66290962 Fax 04 66290178

Unterkunft: ÜF, HP, VP
Zimmerzahl: 15 EZ, 16 DZ, Drei- und Vierbettzimmer
Zimmer mit: DU/Bad/WC, Telefon, SAT-TV, Fax, Btx
Sonstiges: Frühstücksbuffet, bei HP/VP Menüwahl, Parkplatz

Ganzjährig geöffnet.

Vorsaison (1.10.99 - 30.3.00): ÜF 150 FF, HP 230 FF, VP 310 FF,
Hauptsaison (1.4.00 - 30.9.00): ÜF 180 FF, HP 260 FF, VP 340 FF.
Die Preise verstehen sich pro Person im DZ.

Abgeschlossener Parkplatz vorhanden.

St. Dézéry   Pension Les Olivettes Chem. des Olivettes, F-30190 St. Dézéry Tel. + Fax 04 66812179

www.poki.de/reiseziele/frankreich/lesolivettes

Unterkunft: ÜF, HP nach Vereinbarung
Zimmerzahl: 4 DZ, 2 Vierbettzimmer, 6-8 Zeltplätze
Zimmer mit: DU/WC, Radio, Kühlschrank, Kaffeemaschine
Sonstiges: Aufenthaltsraum, Frühstücksbuffet, Pool, Parkplatz

Endlose Motorradstraßen, Mittelmeer-Kulturstädte, Cevennen-Nationalpark, Arderche praktisch vor der Haustüre. St. Dézéry liegt ca. 20 km nördlich von Nimes! Motorradtransport von D nach F möglich.

ÜF 160 FF p.P. i. DZ, 260 FF p.P. i. EZ

Schrauberwerkstatt, Pannenhilfe, Tourenplanung, Mietmotorräder.
*Wir sind nicht **motorradfreundlich** - Wir sind **Motorradfahrer!***

La Vernarede

Hôtel Lou Cante Perdrix **

Le Château, F-30530 La Vernarede Tel. 04 66615030 Fax 04 66614321
www.canteperdrix.fr

Unterkunft: Ü, ÜF, HP, VP **Zimmerzahl:** 2 EZ, 12 DZ, 1 Suite **Zimmer mit:** DU/Bad/WC, Telefon, TV **Sonstiges:** Aufenthaltsraum, Frühstücksbuffet, bei HP/VP Menüwahl, Schwimmbad, Tennis, PingPong, Park, Motorrad-Boxen, Werkstatt. Betriebsferien: Januar.

Mitten im Grünen sowie ruhig und abseits der großen Straßen am Fuß des Mont Lozère gelegen. Unweit eines Nationalparks mit Panoramablick auf die Cevennen. 450 m ü.d.M.. Straßen wenig befahren. Pont du Gard - Corniche des Cevennes - Gorges du Tarn (Tarnschlucht) - Gorges de l'Ardèche, usw.

Ü 44,21 - 50,31 EU, ÜF 50,16 - 56,25 EU, HP 41,92 - 45,28 EU, VP 53,81 - 57,17 EU

Parkplatz, Garage, Trockenraum, Tourenplanung, sachkundig geführte Ausflüge, Sonderangebote f. Motorradfahrer.

Montclus Bernas

Parkplatz und Trockenraum vorhanden.

Ü 45,73 - 91,47 EU, ÜF 54,88 - 101,62 EU, HP 66 - 112,80 EU

Hôtel La Magnanerie de Bernas ***

le Hameau de Bernas,
F-30630 Montclus Bernas
Tel. 04 66823736 Fax 04 66823741

e-mail: contact@magnanerie-de-bernas.com
www.magnanerie-de-bernas.com

Unterkunft: Ü, ÜF, HP **Zimmerzahl:** 1 EZ, 12 DZ, 2 Vierbettzimmer **Zimmer mit:** DU/Bad/WC, Telefon, TV **Sonstiges:** Aufenthaltsraum, Frühstücksbuffet, bei HP Menüwahl, Schwimmbad, großer Garten Betriebsferien: 15. 11. bis 27. 12. und 15.02. bis 30. 02

Katrin + Patrick Keller sind Schweizer und empfangen Sie deshalb in ihrer Muttersprache. Die Aussicht von Bernas ist ausgenommen schön. Der 18 m lange Pool kommt auch gut an bei unseren Gästen.

Aiguèze

Residence de Tourisme „Le Castelas" **

F-30760 Aiguèze Tel. 04 66821876 Fax 04 66821498

Zimmerzahl: EZ, DZ, App.
Zimmer mit: z.T. DU/Bad/WC, z.T. Etagen-DU/-bad/WC
Sonstiges: Frühstücksbuffet, Schwimmbad

keine festen Betriebsferien.

20 km von der A7 (Ausfahrt Bollène) entfernt. Am Ausgang der Ardèche-Schlucht und am Fuß der Cevennen auf einem steil zur Ardèche abfallenden Felsen gelegenes, mittelalterliches Dorf. Schloßruinen.

300 - 900 FF

Garage und bewachter Parkplatz vorhanden.

Florac   Hotel le Rochefort **   Route de Mende, F-48400 Florac Tel. 04 66450257 Fax 04 66452585

e-mail: ledolmen.lerochefort@wanadoo.fr
causses-cevennes.com/tourisme/hotel-restaurant/rochefort
Unterkunft: Ü, ÜF, HP, VP **Zimmerzahl:** 18 EZ, 6 DZ
Zimmer mit: DU/Bad/WC, Telefon, TV **Sonstiges:** Frühstücksbuffet, Menü bei HP/VP, Restaurant, Parkplatz, Garage
Betriebsferien: 15. Oktober bis 15. April

Mitten im Grünen, 2 km vom Stadtzentrum von Florac am Eingang der Tarn-Schlucht und am Fuß des langgestreckten Hochplateaus der Causses gelegen. Regionale Küche. Menüs von 65 - 195 FF.

Ü 260-400 FF, ÜF 336-552 FF, HP 230-370 FF, VP 303-420 FF

Amelie-Les-Bains   Hôtel Castel Emeraude **   Tel. 04 68390283 Fax 04 68390309

e-mail: castelemeraude@wanadoo.fr
Unterkunft: Ü, ÜF, HP, VP **Zimmerzahl:** 31 EZ, 26 DZ
Zimmer mit: DU/Bad/WC, Telefon, TV, Minibar
Sonstiges: Aufenthaltsraum, Frühstücksbuffet, Schwimmbad, Park, schattige Terrasse, Parkplatz.

Parkplatz, Garage und Trockenraum vorhanden.

BP10 Route de La Corniche, F-66112 Amelie-Les-Bains

Betriebsferien: Dezember, Januar und Februar.
In der Nähe der spanischen Grenze.

Ü 260-360 FF, ÜF 340-440 FF, HP 480-580 FF, VP 620-720 FF

Chabeuil **Camping Le Grand Lierne ****   F-26120 Chabeuil Tel. 04 75598314 Fax 04 75598795

e-mail: contact@grandlierne.com
www.grandlierne.com
Größe/Boden: Stellplätze, Zelt-Bungalow mit
4 Schlafplätzen
Ausstattung: 2 Schwimmbäder (davon ein
beheiztes Hallenbad), Sportanlagen, Bar,
Restaurant, Gerichte zum Mitnehmen, Grill,
Waschmaschine, Wäschetrockner, Fernseher
auf der Terrasse, Animation

Parkplatz vorhanden.

p.P.: 15.4.-30.6. + 25.8.-15.9. Camping 50 FF, Bungalow 95 FF,
1.7.-25.8. Camping 80 FF, Bungalow 125 FF, HP + 105 FF, VP + 180 FF

Ideal gelegener Campingplatz für Ausflüge ins
Vercors oder für einen Zwischenstopp auf der
Fahrt in den Süden (Ausfahrt Autobahn A7:
Valence Sud, Richtung Grenoble, dann
Chabeuil).

La Bastide des Jourdans   **Hôtel Le Mirvy ***   Route de Manosque, F-84240 La Bastide des Jourdans

www.ch-demevres.com/
Unterkunft: ÜF, HP **Zimmerzahl:** 15 DZ, 1 Suite
Zimmer mit: DU/Bad/WC, Telefon, TV, Minibar **Sonstiges:** Auf-
enthaltsraum, Frühstücksbuffet, bei HP Menüwahl, Parkplatz,
Schwimmbad, Tennis, großer Garten, ruhige Lage, Parkplatz
während der Nacht abgeschlossen. Betriebsferien: Februar.

Tel. 04 90778323 Fax 04 90778192
2 km außerhalb des kleinen provenzalischen Dorfs La Bastide-
des-Jourdans inmitten eines baumbestandenen Parks gelegenes
Haus im provenzalischen Stil. Panoramablick. Geschmackvoll eingerichtete Zimmer, herzliche Atmosphäre. Feine, leichte Küche.

f. 2 Pers.: ÜF 700 - 750 FF, HP 850 - 950 FF

2-monatige Zeitschrift mit den schönsten Touren, Hotelführer für Motorradfahrer, regionale Spezialausgaben, Reiseführer als Buch und CD-ROM, regionale Tourenkarten

fordern Sie unsere
kostenlose Infobroschüre an.

gebüßt hat.

Bild: Französisches Verkehrsamt

St. Michel in der Normandie ist eines der bekanntesten Ausflugsziele

Sehenswürdigkeiten/Aktivitäten Allein in Paris lässt sich ohne Mühe ein Urlaub von mehreren Wochen verbringen, ohne das Langeweile aufkommt. Je nach Geschmack sollten Kurzurlauber aber den Eiffelturm, den Place de la Concorde, den Louvre mit Museum, die Champs-Elysées, Notre-Dame oder das Disneyland und den Parc Astérix besichtigen. Die Picardie lockt mit architektonischen Glanzstücken in Thiérache, Kathedralen in Laon, Noyon, Amiens und Beauvais, Schlössern in Pierrefonds, Compiègne, Chantilly, dem Museum von Saint-Quentin oder den Festspielen in Saint-Riquier und herrlichen Bootstouren auf den

Allgemeines zur Region Der Nordosten Frankreichs verspricht viel Abwechslung: da sind die sanft geschwungenen Hügel, die satten Täler und die riesigen Wälder der Picardie, das pulsierende Leben in der Weltstadt Paris mit den geschichtsträchtigen Parks, legendären Einkaufsstraßen, historischen Bauwerken und einzigartigen Museen. Da ist die rätselhafte Vergangenheit der rauhen aber charmanten Bretagne, die Loire-Regionen mit ihrer kunstgeschichtlichen Vergangenheit, Nord Pas-de-Calais mit ihren Festen und Feiern und die Normandie, die trotz allem wenig von ihrem unverwechselbaren Charakter eingebüßt hat.

Bild: Französisches Verkehrsamt

Paris: Die Stadt der Liebe und des Verkehrschaos

Bizarre Steilküste
von Etretat in der
rauhen abei
bezaubernden
Bretagne

Bild: Französisches
Verkehrsamt

zahllosen Kanälen. Ebenso Nord Pas-de-Calais mit den Kirchen und Klöster von Cassel, Hazebrouck, Notre Dame de Saint-Omer und Douai, den Plätzen in Arras und Bergues oder den Museen in Lille, Dünkirchen und Valenciennes. In der Bretagne locken die Monolithen von Carnac, zerklüftete Küsten, kirchliche Bauten wie in Quimper, Vitré, Daoulas, Pleyben und Städte wie Saint-Malo oder Concarneau. Die Vielfalt und Zartheit der Pays de la Loire spiegelt sich in der Vendée, in Nantes oder den Schlössern der Loire wieder, nicht zuletzt auch in den Weinen von Anjou. Das Centre Val-de-Loire besticht durch seine großen Klöster wie Marmoutier oder Saint-Benoît-sur-Loire und Bischofssitze wie Bourges, Orléans und Tours, den Burgen von Langeais, Montbazon

oder Montrichard, Monumenten wie in Chambord, Amboise, Blois und Chenonceau und besonders durch die Weinbaugebiete wie Vouvray, Montlouis oder Chinon. In der Normandie warten die Kathedralen von Rouen, Caen oder Mont Saint Michel, die Schlösser von Gaillard oder Lisors, die Hafenstädte Le Tréport, Dieppe, Honfleur oder Portbail, Camembert, Crème

Fraiche und natürlich Cidre und Calvados.

Adressen Französisches Fremdenverkehrsamt, Westendstr. 47, 60325 Frankfurt/M., Telefon (0190) 570025, Fax 599061, e-mail: maison_de_la_france@t-online.de

Bild: Französisches
Verkehrsamt

Schlösser wie Chambord gibt's an der Loire bis zum Abwinken

Das Futuroscope in Vienne

Bild: Französisches Verkehrsamt

Cognac oder Poitiers. Der Limousin steht für Abteien wie die von Beaulieu, Solignac und Aubazine, Tapisserien aus Feletin und Aubusson, oder Email und Porzellan aus Limoges. Aquitaine ist bekannt für ihre Kunstschätze und geschichtliche Zeugen wie Cro-Magnon, Eyzies, im Périgord, in Bordeaux und Cadouin, aber auch für die Weine wie Bordelais und Médoc und Küsten von Arcachon, Côte d´Argent und Biarriz. Midi-Pyrénées besticht durch

Allgemeines zur Region Vom Sandstrand über grüne Wiesen und tiefe Schluchten, bis hin zum Hochgebirge ist alles dabei. Poitou-Charentes - vom Meer, weiten Ebenen und Wald geprägt, die wunderschöne Landschaft des traditionsreichen Limousin ist dank viele Flüsse, Seen und Bächen immer grün und in der Aquitaine drängen sich Gebirge, Küsten, landwirtschaftliche Nutzflächen und Kunstschätze dicht an dicht. Ganz dem Abenteuer hat sich Midi-Pyrénées verschrieben ob Luft- oder Wallfahrt, ob

Fischmarkt in La Rochelle

Bild: Französisches Verkehrsamt

sportlich oder kulinarisch - hier gibt es viel zu entdecken.

Kulinarische Highlights Poitou-Charentes: Ziegenkäse, Austern, Krebsen, Angéliques, Nougatinen und Pineau. Aquitaine: Flüssiges wie roter und weißer Bordeaux, Grand Cru-Weine, Montbazillac, Jurançon. Midi-Pyrenees: Weine wie Cahors und Gaillac, Enten, gefüllte Hühner, flambierte und getrüffelte Pintade, Ziegen und Schimmelkäse.

Sehenswürdigkeiten/Aktivitäten Im Poitou-Charentes lockt der Strand von Royan, die Kirchen in Aulnay und Civray, Naturpfade, die Sümpfe des Poitou, das grüne Venedig von Coulon, die Quellen der Touvre und Städte wie La Rochelle, Rochefort, Saintes,

Pässe, Schotterstrecken, Natur pur – die Pyrenäen bezaubern jeden

die Kathedralen von Toulou-

Frankreich ist schlechthin das Eldorado für Liebhaber mittelalterlicher Burgen, Kirchen, Klöster und Schlösser

Bild: Französisches Verkehrsamt

se, Moissac, Conques und Rocamadour, weltliche Bauten wie in Ordat, Mauvezin und die Brücke in Cahors, Schlösser wie Montal und Caumont. In den Pyrenäen ockt das Schloß und die Basilika von Lourdes, die Kirchen n Luz und Zirkus von Gavarie, bei Toulouse kann man)eim Bau der Airbus-Flugzeuge zusehen und dabei eckeren Ziegen-, Roquefortäse und andere Köstlichkeien verspeisen.

Bild: Französisches Verkehrsamt

e-mail: maison_de_la_france@t-online.de

Adressen Französisches Fremdenverehrsamt, Westendstr. 47, 0325 Frankfurt/M., Telefon 0190) 570025, Fax 599061,

Die „Pont Valentre" in Cahors gehört zu den schönsten Brücken im ganzen Land

Bild: M. Hepper

Leckereien im Übermaß. Trotz der Schwerindustrie besticht Lorraine (Lothringen) durch weite Naturlandschaften und einzigartige Motorradstrecken, zur Besinnung mahnen aber auch Zeugen der neueren Vergangenheit - Bunkeranlagen, Konzentrationslager und Kriegsgräberstätten. So auch die Region Champagne-Ardenne, doch hier nimmt der Tourist meist die erfreulichen Eindrücke wie die wunderschönen Wälder und den berühmten Schaumwein.

Sehenswürdigkeiten/Aktivitäten Das Burgund ist voll von überschäumender Lebenskunst, Weine wie der Chablis, Mâconnais und Speisen wie Schinken und pochierte Eier in Weißwein zeugen davon Weltbekannte Städte wech-

Deftig raffiniert gibt sich die Küche im Elsaß und treiben Gourmets den Schweiß auf die Stirn.

Allgemeines zur Region Zwischen weiten Wälder und fließenden Sprachübergängen findet sich ein unbeschreibliches Eldorado für Gaumengenüsse, Kurvensüchtige und Kunstliebhaber. Im farbenfrohen Burgund werden Weine gezogen, die zu den größten der Welt zählen und unbeschreibliche Köstlichkeiten auf den Tisch gestellt, in der strategisch günstig gelegenen Franche-Comté sorgen derweil die unterschiedlichsten Landschaftsformen für eine abwechslungsreiche Tour und die Region Alsace (Elsaß) Burgen, Schlösser und deftige

Bild: Französisches Verkehrsamt

Traumjob aller Alkoholiker

Bild: Franz. Verkehrsamt

Kleiner Moselschiffer

seln sich ab mit kleinen Ortschaften: Vézelay, Kloster Cluny, Paray-le-Monial, Dijon, Beaune und Mâcon. Franche-Comté besitzt große Festungsanlagen wie Besançon und Belfort, zahlreiche Flüsse und Seen wie Doubs, Loue oder Ain, Ornans mit dem Courbet-Museum, Dole die Geburtsstadt von Pasteur, das Schloß in Montbéliard und den Salinen von Ledoux in Arc-et-Senans. Die bewegte Geschichte des Elsaß spiegelt sich in der Sprache, den Gerichten und der Mentalität wieder. In Strasbourg wartet die Kathedrale, der Issenheiner Altar, in Mulhouse das Automobilmuseum, an den Hängen der Vogesen das Kloster Mont Sainte-Odile und natürlich die Weinstraße. In Lothringen gibt's die Kathedralen von Metz und Toul, klassische Kunst in Nancy, Lunéville und Metz, die Zitadelle in Bitche, die Bilderbogen aus Epinal, die herrlichen Seen bei Geradmer, Kurstädte wie Vittel, Contrexville oder Plombières und das dunkelste Kapitel der französisch-deut-

schen Geschichte: Verdun. In der Region Champagne-Ardennen findet sich neben dem von Mönch Dom Pérignon erfundenen Blubberwasser die Stadt Châlons-sur-Marne mit der Notre-Dame-en-Vaux und St. Etienne, die Festungsstädte Rocroi, Langres und Sedan, die Kathedralen Notre-Dame von Laon, Reims, Troyes und Langres.

Adressen Französisches Fremdenverkehrsamt, Westendstr. 47, 60325 Frankfurt/M., Telefon (0190) 570025, Fax 599061, e-mail: maison_de_la_france@t-online.de

Viele historische Gemäuer beherbergen heute Hotels, Gasthäuser oder Cafés

Bilder: Französisches Verkehrsamt

Bedingungslos modern: Ronchamps

Das Bikerparadies schlechthin: Der Grand Canyon du Verdon

Bild: M. Hepper

Allgemeines zur Region Bergmassive, Küstenorte, Naturlandschaften und erloschen Vulkane - hier gibt es alles was das Bikerherz begehrt. Wein, phantastische Bauwerke, wilde Schluchten und einsame Landstriche sind typisch für das Languedoc-Roussillon. Mistral und Sonne, unberührte Natur, Meer und Berge dafür steht die Region Provence-Alpes-Côte d'Azur, aber auch für Blumen, Düfte, Parfums, Wein und Obst. An der Riviera Côte d'Azur herrscht süßes Nichtstun, mildes Klima und Sonnenschein. Korsika - Insel der Gebirge, Strände und guter Küche. Die höch-

sten Alpenpässe, Parks die sich als wahre Schmuckkästchen der Naturwunder entpuppen und Käse finden sich in den Alpes du Nord. Das Vallée du Rhône ist für seine Gastronomie, Schluchten und allerlei Extremsportarten berühmt; die Auvergne dagegen für ihre sanften Senken, erloschene Vulkane, fruchtbare Flußläufe und karge Bergrücken.

Sehenswürdigkeiten/Aktivitäten Im Languedoc-Roussillon nimmt einmal mehr der Wein eine wichtige Stellung ein, Bauwerke in Saint-Guilhem-le-Désert, Carcassonne, Fontfro-

ide, Maquelone oder Uzès Städte wie Pézenas, Nîmes und Montpellier, die Meerbäder von La Grande Motte, Port Barcarès und Port Leucate und der Nationalparks der Cevennen. Provence-Alpes-Côte d'Azur steht für römische Ruinen in Orange, Vaison-la-Romaine, Fréjus und Venasque, gotische Bauten in Sain Maximin und Avignon, Paläste in Aix-en-Provence und ir der Region um Nizza, Naturliebhaber freuen sich an de Camargue oder den Parks vor Lubéron und Queyras. Lebhafter geht es da an der Rivier Côte d'Azur zu: Filmstars ir Cannes, Museen von Chagall Dufy, Picasso, Matisse un

Riviera-Côte d' Azur, Alpes du Nord, Vallée du Rhône, Corse

Landschaftlicher Leckerbissen: Die Auvergne

Cocteau, exklusive Badeorten Saint-Tropez und Saint-Raphaël oder auf den Dächern von Nizza. Korsika dagegen ist das Paradies für Biker und Badeurlauber. Alpes du Nord steht für herrliche Strecken, Relikte aus dem Mittelalter wie die Kirche in Saint-Chef, der Markt in Crémiau, das Schloß von Annecy, Aixles-Bains. Bergtourismusorte wie Les 2 Alpes, Albertville, Val d'Isère, Naturparks wie Vanoise, Vercors oder Ecrins und Thermalorte wie Evian und Thonon-les-Bains. Im Vallée du Rhône finden sich die Städte Lyon und Vienne, Kirchen wie in Charlieu, Cruas oder Valence, Schlösser wie die von Crussols, Rochemaure, befestigte Marktflecken wie Pérouges. Die Bilderbuchlandschaft Auvergne glänzt mit Schlössern und zivilen Bauwerken wie Montferrand, Salers, Riom, Thiers, Polignac, Kirchen in Orcival oder Le Puy, Kathedralen in Clermont, Moulins oder Saint-Flour.

Adressen Französisches Fremdenverkehrsamt, Westendstr. 47, 60325 Frankfurt/M., Telefon (0190) 570025, Fax 599061, e-mail: maison_de_la_france@t-online.de

Bild: Französisches Verkehrsamt

Europas größte Festungsanlage: Carcassonne

Notizen:

otizen:

Deutschland - Frankreich

je DM 9,80

Österreich - Schweiz
Oberitalien

Als CD-ROM für WIN95/9
Deutschland - Frankreic
Österreich - Schweiz
Oberitalien **DM 14,8C**

Als CD-ROM
für WIN95/98

DM 39,-

DM 14,80
Katalog Format A5